Früher war mehr Strand

Hinterhältige Reisegeschichten

Herausgegeben von Daniel Kampa

Diogenes

Inhalt

Doris Dörrie

Winnetous rechter Fuß

»Wohin wollen Sie denn, honey?«, fragte die grün uniformierte Frau von der Autovermietung und schob Charlotte eine Karte von New Mexico über die Theke, eine Landkarte, so leer und weiß wie ein abgegessener Teller mit ein paar farbigen Klecksen an den Rändern.

»Nach Gallup«, sagte Charlotte. Der Name gefiel ihr, er klang nach Galopp, Pferden und Indianern, und er kam in dem Lied vor »Get your kicks on route 66« und bei Jack Kerouac, bei dessen Erwähnung die Männer in Deutschland prompt einen sehnsüchtigen Blick bekamen und über Charlottes Kopf hinweg zur nächsten Tür sahen und durch die Tür hindurch in gleißende Mittagssonne, Wüste, Weite und ein anderes, besseres Leben.

»Gallup, Kindchen«, sagte die Frau von der Autovermietung, »ist eine Ansammlung von betrunkenen Indianern. Sonst nichts.« Sie sah sich schnell um, dann beugte sie sich weit über die Theke.

Ihr Atem roch nach Kaugummi mit Erdbeergeschmack. Er passte zu ihren roten, hochtoupierten Haaren.

»Leere Flaschen auf den Straßen, Dreck, Dreck und noch mal Dreck«, fuhr sie fort, »besoffene Indianer, die weißen Mädchen nachsteigen. Die torkeln nur so durch die Gegend. Gehirne so klein wie Spatzen. In Gallup wird man entweder vergewaltigt, ausgeraubt, oder man bekommt Depressionen. Hier, Santa Fe, Taos – da ist es schön. Da fahren alle hin.« Sie nahm einen Kuli und malte dicke Kreise um beide Orte. Das Telefon, so grasgrün wie ihre Uniform, klingelte. Sie nahm ab und sagte sofort:

»Beth, Darling, hör auf zu heulen, der kommt wieder. Alle Männer kommen irgendwann wieder. Das Gras ist immer grüner auf der anderen Seite, daran muss man sich gewöhnen.« Wie Songtexte kamen die Wörter aus ihrem Mund, als bewege sie nur die Lippen wie zu einem Playback. Gleichzeitig schob sie Charlotte den Automietvertrag über die Theke, ließ sie neben einem ihrer lila Fingernägel, die gebogen waren wie Raubtierkrallen, unterschreiben und gab ihr schließlich den Autoschlüssel.

»Ein guter Mann ist eben schwer zu finden«, sagte sie ins Telefon und sah Charlotte an. Charlotte wurde von diesem Satz so unerwartet getroffen wie jemand in einem Slapstickfilm von einer Torte oder einem Wasserstrahl. Sie taumelte rückwärts und stolperte über ihre eigenen Füße. Als sie sich wieder gefangen hatte und sich aufrichtete, winkte ihr die Autovermieterin zum Abschied zu, legte die Hand über den Telefonhörer und rief: »Machen Sie einen großen Bogen um Gallup, hören Sie, Kindchen!« Das Leihauto war ein behäbig aussehender Chevrolet etwas älterer Bauart mit der Typenbezeichnung »Cavalier«. Auf dem gelben Nummernschild stand »New Mexico – Land of Enchantment«. Beide Wörter, Kavalier und Verzauberung, nahm Charlotte als gutes Omen. Sie setzte sich in die warme, wattige Stille des Autos und sah durch die Windschutzscheibe, die am oberen Rand blau gefärbt war, den Flugzeugen zu, wie sie dick und schwer ganz langsam über den Parkplatz schwebten. »A good man is hard to find«, dieser Satz der Autovermieterin klebte an ihr wie ein Kaugummi unter der Schuhsohle, sie wurde ihn nicht mehr los. Sie dachte ein bisschen an Robert, den sie im Sommer heiraten wollte oder auch nicht und an den sie sich im Moment so schlecht erinnern konnte. Die Sonne schien hier so hell. Heller als anderswo. Sie ließ die Schatten schwärzer und die Farben blasser, wie Pastellfarben, wirken. Charlotte breitete die Karte auf dem Beifahrersitz aus. Sie sah den lila Fingernagel der Autovermieterin vor sich, wie er gebieterisch auf Santa Fe und Taos im Nordosten deutete. Gallup lag genau in der entgegengesetzten Richtung. Charlotte wollte in einem großen Bogen quer durch die Reservate fahren, das weiße Niemandsland, wo es keine Orte gab, keine Straßen, nur gestrichelte Sandpisten und, wie Charlotte hoffte, die weite Prärie und die Indianer. Sie stellte sich ihr Auto und sich selbst darin aus der Vogelperspektive vor, ganz klein wie ein Spielzeugauto in einem großen Sandkasten. Sie schloss die Augen. Die Flugzeuge brummten in der Ferne wie große Rasenmäher an einem Sonntagnachmittag auf dem Land. Sie träumte, sie sei mit Robert im Kino. Sie erkannte Iltschi auf der Leinwand, das Pferd von Winnetou, das über Schluchten und Abgründe fliegen kann, wenn man ihm die Hand zwischen die Ohren legt. Und da war auch Winnetou, er wandte sich vom Publikum ab, aber sie erkannte ihn sofort. Sie flüsterte Robert zu: Da ist Winnetou, ich erkenne ihn selbst von hinten. In demselben Moment bemerkte sie, dass in ihrem Schoß eine Fernbedienung lag, und als sie sie in die Hand nahm, sprang das Bild auf der Leinwand plötzlich um, und es lief ein ganz anderer Film. Das Kinopublikum schrie empört auf. Charlotte drückte auf die Tasten der Fernbedienung, um den Winnetoufilm wiederzufinden, aber es gelang ihr nicht. Die Leute hinter ihr pfiffen und schrien, beschimpften sie. Mit schweißnassen Händen schaltete sie auf der Fernbedienung herum von einem Film zum andern, aber Winnetou fand sie nicht wieder. Sie spürte Roberts missbilligenden Blick von der Seite, fühlte, wie er von ihr abrückte, nicht mehr zu ihr gehören wollte. Sie sah, wie seine Hosenbeine neben ihr zuckten. Er stand auf. Er ging. Charlotte hielt ihn am Jackett fest, bleib bei mir, bitte, bleib doch bei mir, flehte sie ihn an, aber er schüttelte sie wortlos ab wie eine Fliege, dabei streifte er mit dem Ärmel die Fernbedienung in ihrem Schoß, wieder sprang der Film um – und Winnetou ritt auf sie zu und hob die Hand. Die Leute verstummten mit einem Schlag und setzten sich wieder hin. Charlotte sah, wie Roberts breiter schwarzer Rücken, ein Rücken wie ein Bergmassiv, sich dem Ausgang zubewegte. Jetzt blieb er stehen, er drehte sich langsam um, sah auf die Leinwand und kam dann, ohne den Blick von Winnetou zu wenden, zu seinem Platz neben Charlotte zurück und ließ sich schwer in den Sitz fallen. Charlotte dankte Winnetou.

Sie wachte auf und fühlte sich pappig und aufgequollen. Sie öffnete das Fenster. Die Luft war frisch wie ein Pfefferminz.

Sie fuhr auf den Highway 85 Richtung Osten. LKWS donnerten an ihr vorbei wie Gewitter. Ich fahre allein durch Amerika, dachte Charlotte stolz. Sie fühlte sich frei und übermütig. »Ein einziges Mal noch in meinem Leben möchte ich ganz allein sein«, hatte sie zu Robert gesagt. In Bernalillo bog sie von dem großen Highway auf eine kleine Straße mit der Nummer 44 ab. Bei dem Ort Nageezi führte laut ihrer Karte eine Sandpiste ins Reservat. Aber einen Ort Nageezi gab es nicht. Nur einen geschlossenen »tradingpost« und eine verwaiste Tankstelle, von wo aus eine ungeteerte Straße nach Süden führte. Nach wenigen Meilen umgab sie nichts als leeres Land. Es gab keine Strommasten mehr, keine Zäune, keine Straßenschilder, nichts. Nur die Autospuren auf der Sandpiste vor ihr erinnerten noch an Menschen. Sie fuhr immer geradeaus durch graugrünes Gestrüpp auf roter, zerfurchter Erde, an ockerfarbenen Felsen und Cañons vorbei. Darüber wölbte sich ein babyblauer Himmel. Die Farben waren ganz sanft, wie in Milch getaucht. Die Leere und Stille betäubten sie. Nach einer Weile war es, als löste sich die Materie in Farben auf, als führe sie durch farbige Luft. Sie hielt an, um zu pinkeln. Als sie aus dem Auto stieg, bekam sie plötzlich Angst, als hätte sie ihren sicheren Kokon verlassen. Ihr wurde klar, wie sehr sie es gewohnt war, irgendwo in der Entfernung immer ein Zeichen menschlichen Lebens ausmachen zu können. Einen Bauernhof, eine kleine Straße, Strommasten, einen Heuschober – irgendetwas. Hier gab es nichts. Überhaupt nichts.

Sie hockte sich hinter ihr Auto und sah zu, wie sich das Rinnsal zwischen ihren Füßen einen Weg durch den roten, bröckeligen Sand grub. Es führte ihr im Kleinen die Entstehung der ausgetrockneten Flussbetten und Cañons vor, an denen sie vorbeigekommen war. Eine Landschaft wie unter Wasser, nur fehlte inzwischen das Wasser. Ein brutales, menschenfeindliches Land.

Sie flüchtete zurück ins Auto und drehte das Radio an. Ein Mann redete in einer seltsamen Sprache, es klang wie eine Mischung aus Japanisch, Chinesisch und Arabisch. Ab und zu erkannte Charlotte englische Wörter. Sie ragten wie Monolithen aus dem eigenartigen, monotonen Singsang heraus. Das klang etwa so:

»Hanahoa SPECIAL OFFER wahenavajoawazehoa CASHBACK henoha wapa CHEVY DEALER wetsahoabenavahoahoha MCDONALDS hano sazinhe CHICKEN MC NUGGET anaweja DOUBLEWHOPPER haemana.«

Irgendwann schnappte Charlotte das Wort »navajo« auf, und sie begriff, dass sie Werbespots in der

Sprache der Navajoindianer lauschte. Ohne Punkt und Komma las der Mann sie vor, ohne jede Betonung, fast wie eine Beschwörung. In der Entfernung erhob sich jetzt aus der Ebene ein seltsam geformter Berg, sein Gipfel war wie mit einem großen Messer geköpft, wie ein Tisch so glatt. Seine Form war so erstaunlich, so ungewöhnlich für einen Berg, dass er Charlotte bedeutungsvoll vorkam. Magisch. Er war umgeben von rötlichgelben Felsen in bizarren Formationen, die aussahen wie abgebrochene Borkenschokolade. Die Straße führte in Kurven um die Felsen herum, und ganz plötzlich, ohne jede vorherige Ankündigung, befand sich Charlotte in einem lieblichen grünen Tal. Es war, als käme sie von der beängstigenden Weite draußen in ein gemütliches Zimmer. Keine Menschenseele war zu sehen. Charlotte hielt und stieg aus. Sie setzte sich auf einen Stein. Hier war es windgeschützt und warm. Ein paar Bäume und Sträucher wuchsen in der Nähe der Ruinen. Auf einer Wiese blühten Gänseblümchen. Charlotte zog ihre Jacke aus und schloss die Augen. Eine Fliege summte. Aus dem offenen Auto drang die Stimme des Navajo zu ihr. »Hoahenaznehhaioa RADIATION DAMMAGE ahezuna HOSPITAL shehane hanehoa FREE CHECK UP hoahenezupe RADIATION hehoanaze ...«

Sie brauchte eine Weile, bis sie diese immer wiederkehrenden Wörter in einen sinnvollen Zusammenhang gebracht hatte. Offensichtlich wurde in einem Krankenhaus den Navajos eine kostenlose Untersuchung auf Strahlenschäden angeboten. Vollkommen ausdruckslos wie zuvor die Werbespots leierte der Mann im Radio die Nachricht herunter. Charlotte lauschte ihm erschrocken. Ihr Gehirn spielte plötzlich verrückt. Es überflutete das Tal vor ihr mit Bildern von Indianern. Blut floss in breiten Strömen über die gelben Felsen, das grüne Gras war übersät mit toten Indianern, niedergemetzelten Frauen und Kindern, herumstolpernden Pferden, sie hörte Todesschreie, Gewimmer und Weinen. Sie sprang auf und lief zum Auto. Aber als sie die Hand nach dem Radio ausstreckte, um den Navajo mit seinem fürchterlichen Singsang zum Schweigen zu bringen, kam ihr das plötzlich vor wie ein weiterer Mord, und sie zog die Hand zurück. Mit hängenden Schultern stand sie da und starrte auf die rote Erde, die ja vielleicht radioaktiv verseucht war, sie fühlte sich hilflos und verlassen, Tränen tropften auf ihre Jeans und bildeten dort dunkelblaue Punkte. Sie sehnte sich nach Robert wie nach einem großen Pflaster, das sie auf ihr blutendes Herz kleben könnte. Der Mann im Radio verstummte. Es entstand eine Pause. Dann fing ein anderer heiserer, alter Mann an zu singen. Ganz langsam und tief. Eine dunkle Melodie von nur wenigen, rhythmisch wiederkehrenden Tönen. Er sang zuerst ganz leise, dann immer lauter. Charlotte fuhr aus dem grünen Tal hinaus durch eine schmale Öffnung zwischen den Felsen zurück in die gelbe, große Ebene. »Hoahoahoahe«, sang der alte Mann. Nach einiger Zeit tauchten in der Entfernung Wohnwagen auf wie große weiße Tiere. Sie waren im Viereck angeordnet, in der Mitte war Feuerholz in der Form eines Tipi aufgeschichtet. Kleine, hellbraune Hunde liefen herum, und auf den kargen Weiden stand Vieh. Charlotte begegnete das erste Auto seit Stunden. Am Steuer saß ein dunkler Mann mit langen, lackschwarzen Haaren. Im Vorbeifahren sah er Charlotte kurz an. Sein Blick war scharf und schnell wie ein Pfeil. Seine Augen blieben ihr im Gedächtnis. Sie hatte ihren ersten Indianer gesehen. Die Sandpiste endete am Highway 371. Sie verließ das Reservat und bog nach Süden ab. Wenig später verstummte der alte Mann im Radio. Der Sender fing an zu rauschen. Charlotte drehte am Radio hin und her, aber die Navajostation blieb verschwunden. Sie fand sie nie mehr wieder. Kurz vor Crownpoint hielt sie vor einem riesigen Supermarktkomplex mit einer Betonsäule davor, die ein bisschen an einen Totempfahl erinnerte.

Sie ging in den Supermarkt und kam sich vor wie in einem Raumschiff. Draußen war es hell, heiß, windig und weit, hier drin plötzlich kühl, dunkel, dumpf. Indianerfamilien schoben mit stoischen Mienen schwerbeladene Einkaufswägen durch die Reihen. Nur die Kassiererinnen waren Weiße. Ihre Kassen konnten sprechen. »P-O-T-A-T-O-C-H-I-P-S, N-I-N-E-T-Y-N-I-N-E«, sagte eine Computerstimme zu der verwirrten Charlotte, »C-O-K-E. F-I-F-T-Y-F-O-U-R«. Ungerührt standen zwei alte Navajofrauen in bunten Röcken und behängt mit schwerem Silberschmuck neben ihr. Charlotte lächelte sie an. Sie lächelten nicht zurück.

»So was habe ich noch nie gesehen«, sagte Charlotte. Die eine Alte zuckte mit den Schultern.

Die untergehende Sonne zog dünne Schleier in immer neuen Farben über den Himmel wie zarte Chiffonschals. Als Charlotte in Gallup ankam, war der Horizont ein hellgrünes Band, das sich nach oben in silbriges Blau verlor. Davor flackerten die Neonreklamen wie Weihnachtsbäume. Charlotte fuhr an zahllosen Motels vorbei, auf der Suche nach der Stadt. Es schien sie nicht zu geben. Sie drehte und fuhr an der Bahnlinie entlang zurück. Auf einem Schild stand: US HIGHWAY 66. Die Dächer der Motels waren mit Neonröhren eingefasst in Rosa,

Blau oder Grün, deren Flackern der Stimmung auf den leeren Parkplätzen etwas Unruhiges, Nervöses verlieh. Charlotte entschied sich für das Ambassador-Motel in Neonpink für $ 19.95 die Nacht. Es lag am Highway 66 wie ein großes rosa Bonbon. Ein kleiner, alter Mann kam nach einer Weile aus seinem Wohnzimmer im Hintergrund ins Büro geschlurft. Umständlich legte er Charlottes Eurocard und das Formular in die Maschine ein.

»Woher in Europa?«, fragte er.

»Deutschland«, sagte Charlotte. Er deutete auf sich, »Abruzzen«, sagte er. Er erzählte Charlotte, dass er vor achtundsechzig Jahren aus einem kleinen Dorf in den Abruzzen nach Gallup gekommen sei.

»Warum gerade nach Gallup?«, fragte Charlotte. Er schaute einen Moment lang abwesend aus dem großen Fenster seines Büros auf den rosa Parkplatz, dann sagte er: »Vielleicht, weil ich vier Jahre später hier meine Frau kennengelernt habe.«

»Und wo kam sie her?«, fragte Charlotte.

»Abruzzen«, sagte er.

Hinter der Tür lag roter Wüstensand. Er war weit ins Zimmer geweht. Das rosa Neonlicht strömte herein wie dicke Puddingsoße. Charlotte zog die grauen Plastikvorhänge bis auf einen kleinen Spalt zu. Sie schlug die löchrige Tagesdecke auf dem Bett zurück und machte den Fernseher an. Es war kalt. Sie drehte im Badezimmer das heiße Wasser der Dusche auf und setzte sich aufs Bett. Der Wasserdampf kroch langsam ins Zimmer wie eine große Raupe. Sie hatte Durst.

Zu Fuß ging sie den Highway 66 entlang Richtung Stadt. Kein Mensch war auf der Straße. Ein Zug donnerte vorbei. Auf den Waggons stand SANTA FE RAILWAY. Sie ließ die glitzernden Neonreklamen der Motels hinter sich und bog ab auf die düstere, verlassene Main Street. Sie überlegte, ob sie umkehren sollte, aber dann kam sie an einem erleuchteten Waschsalon vorbei und sah durch die Scheiben hinein wie in ein Aquarium. Navajofrauen luden bergeweise Wäsche in die Waschmaschinen und Trockner, die Männer saßen in einer Ecke und tranken Bier, die Kinder lungerten um die Videospiele herum. Ein kleines, fettes Mädchen stand vor einem Videospiel mit einem großen Gewehr und knallte mit stoischer Präzision irgendetwas auf der Videomattscheibe ab. Die Kinder um sie herum klatschten bei jedem Treffer in die Hände. Das fette Mädchen kümmerte sich nicht um den Beifall. Gleichgültig zielte es und schoss. Immer wieder. Es war höchstens acht, neun Jahre alt, aber sah schon genauso aus wie die Frauen an den Waschmaschinen: unförmig, rund, mit einem breiten, flachen, ausdruckslosen Gesicht, auf dem eine schwere, dunkle Brille saß. Vor einem Liquorshop neben dem Waschsalon lungerten ein paar betrunkene Indianer. Ein junger Mann mit glasigen Augen kam auf Charlotte zu und streckte die Hand aus, ein anderer berührte sie leicht an der Schulter und torkelte dann gegen ein Auto. Zwei Männer ohne Schuhe lehnten an der Hauswand. Der Kies zu ihren Füßen war voller Scherben. Charlotte gab jedem einen Dollar. Auf der Erde saß eine Frau mit staubigen Haaren und einer blutigen Schramme auf der Stirn. Charlotte gab auch ihr einen Dollar und ging dann schnell in den Laden.

Sie kaufte ein paar Nüsse und eine Cola. An der Kasse stand ein etwa sechzigjähriger, dicker Mann mit einer Haut so weiß wie das Neonlicht über ihm.

»Wo ist Ihr Auto?«, fragte er Charlotte.

»Beim Motel«, sagte sie und riss die Coladose auf.

»Welches?«

»Ambassador.« Der dicke Mann nickte.

»Sie sollten hier nicht allein herumlaufen«, sagte er und deutete auf die betrunkenen Indianer draußen.

»Ach«, sagte Charlotte, »die tun mir schon

nichts.« Er zog eine Augenbraue hoch. »Aha«, sagte er. »Woher sind Sie?«, fragte er dann. Er hielt ihr Wechselgeld in der Hand.

»Deutschland«, sagte Charlotte mürrisch und streckte die Hand nach ihrem Wechselgeld aus. Er hielt es noch zurück.

»Und Sie?«, fragte Charlotte, nur um irgendwas zu sagen. »Woher kommen Sie?«

»Abruzzen«, sagte der dicke Mann und gab ihr das Geld.

Als Charlotte aus dem Laden kam, wurde sie sofort wieder von den Indianern umringt und angebettelt.

»Aber ich habe Ihnen doch gerade eben was gegeben«, murmelte Charlotte hilflos. Sie reagierten nicht, streckten ihr stumm die Hände entgegen. Charlotte gab ihnen ihr Wechselgeld. Sie beugte sich hinunter zu der Frau auf der Erde mit der Schramme im Gesicht und drückte ihr einen Quarter in die Hand. Die Frau war sehr viel jünger, als sie angenommen hatte, vielleicht Mitte zwanzig. Sie hatte schöne Augen und eine ganz glatte Haut wie ein Kind. Ihr T-Shirt und ihre Jeans waren dreckverkrustet. Als Charlotte sich wieder aufrichtete, spuckte die Frau aus. Sie traf Charlotte am Turnschuh. Charlotte wandte sich erschrocken ab. Sie sah, wie der dicke, weiße Mann sie von innen durch die Scheibe beobachtete. Nur um vor ihm nicht klein beizugeben, drehte sie jetzt nicht um, sondern ging eilig weiter die dunkle, düstere Straße entlang.

Taumelnde Gestalten bewegten sich vor ihr entlang der Hauswände, manchmal lösten sich die Schatten und kamen auf sie zu, streckten die Hände aus. Es waren alles Indianer. Charlotte ging schneller. Sie fing an zu laufen. Sie kam an ein paar dunklen Geschäften vorbei, einem geschlossenen mexikanischen Café, einem pleitegegangenen Kino. Neben dem Kino brannte über einem mit silbernen Mosaiksteinchen besetzten Eingang eine Reklame »American Bar«.

Atemlos betrat Charlotte den großen und ziemlich leeren Raum. Im Hintergrund spielten zwei Männer Pool, ein alter Indianer in einem rotkarierten Hemd saß bewegungslos an einem Tisch. Hinter der Theke stand eine kleine, gedrungene Mexikanerin. Charlotte setzte sich in ihre Nähe an die Bar. Ein paar Stühle weiter saß ein junger Navajo mit langen, schwarzen Haaren. Er drehte sich nach ihr um. Charlotte bestellte einen Four Roses und trank ihn in einem Zug aus. Der junge Navajo sah sie anerkennend an.

»Nicht schlecht für eine Lady«, sagte er.

»Danke«, sagte Charlotte und bestellte noch einen. Die kleine Mexikanerin kicherte.

»Sie kommen aus Deutschland«, sagte der Navajo. Er wartete ihre Antwort nicht ab, sondern kniff die Augen zusammen und sagte langsam und vorsichtig, als könnten die Wörter auf seiner Zunge zerplatzen: »Hansi, Angelika, Achim, Müller, Gabi…« Er machte die Augen wieder auf und grinste Charlotte an.

»Die kommen jedes Jahr zur großen Stammeszeremonie im August. So viele Deutsche kommen hierher… weiß der Teufel, warum. Alles Deutsche. Immer im August. Aber jetzt gibt es doch hier nichts zu sehen, außer ein paar besoffenen Indianern.«

»Der Name Gallup klingt so schön«, sagte Charlotte.

»Der Name klingt so schön«, wiederholte der Navajo und sah sie zweifelnd an. Charlotte war plötzlich ganz aufgeregt. Sie hatte eine richtige Unterhaltung mit einem richtigen Indianer! Sie gab ihm ein Bier aus. Er hieß John.

»Sind Sie verheiratet?«, fragte John.

»Ja«, sagte Charlotte, »mein Mann ist im Motel geblieben.«

Nach ihrem vierten Four Roses erzählte sie John von Winnetou, dem großen Häuptling der Apachen.

»Es gab ihn zum Ausschneiden in einem Heft«, erzählte sie, »in Lebensgröße. Jede Woche ein anderer Teil von ihm. Ich hatte nicht das Geld, mir dieses Heft zu kaufen, aber ich bettelte alle Freundinnen an, und irgendwann hatte ich Winnetou in meinem Zimmer in Lebensgröße an der Wand hängen. Ihm fehlte nur noch der rechte Fuß. Aber das Heft konnte ich nie mehr auftreiben. Nichts zu machen. Jeden anderen Körperteil von ihm hatte ich schließlich doppelt, aber seinen rechten Fuß bekam ich nie.«

»Sie hatten sonst *jeden* Körperteil?«, fragte John grinsend. Charlotte machte eine Handbewegung. »Ich war ein kleines, unschuldiges Mädchen. Jeden Abend stieg ich vor dem Zubettgehen auf einen Hocker, um Winnetou zu küssen, und ich träumte davon, ihn eines Tages zu heiraten und mit ihm durch die Prärie zu reiten.«

»Winnetou«, sagte John und schüttelte den Kopf. »Hast du das gehört?«, fragte er die kleine Mexikanerin hinter der Theke. Sie lächelte verständnislos. Charlotte rutschte vom Barhocker und fragte nach den Toiletten. Die kleine Frau wies wortlos nach hinten. Etwas unsicher auf den Beinen ging Charlotte durchs Lokal. Als sie an dem alten Indianer vorbeikam, der immer noch bewegungslos am Tisch saß, merkte sie, dass es eine Puppe war. Sie stupste die Puppe mit dem Finger an. Die beiden Poolspieler hielten in ihrem Spiel inne und beobachteten sie. Auf dem Klo betrachtete Charlotte in einem fleckigen, kleinen Spiegel über dem Waschbecken ihr vom Alkohol verrutschtes Gesicht.

Als sie zurückkam, war die Stimmung umgeschlagen. John brütete vor sich hin, sah sie nicht mehr an.

»Kann ich noch ein Bier haben?«, fragte Charlotte die kleine Frau. Die kleine Frau schüttelte den Kopf.

»Es ist nach Mitternacht«, sagte sie streng, »und bereits Sonntag.«

»Ach, bitte, nur noch eins für John und mich«, sagte Charlotte. Die kleine Frau sah sie feindselig an. Schließlich holte sie zwei Dosen Bier aus dem Kühlschrank und stellte sie auf die Theke.

»Ach«, sagte John zu der kleinen Frau. »Mir wolltest du keins geben, hm?« Er wandte sich an Charlotte.

»Sonntags gibt's in der ganzen Stadt keinen Tropfen Alkohol, damit es ein bisschen länger dauert, bis die bekloppten Indianer sich alle zu Tode gesoffen haben.« Er hob seinc Bierbüchse und wollte mit Charlotte anstoßen. Charlotte dachte angestrengt nach. Sie wollte etwas Nettes, Tröstliches, Versöhnliches sagen, sie wollte ihm zeigen, dass es ihr nicht gleichgültig war, was mit ihm geschah, sie wollte so gern eine wunderbare Person sein, dass ihr ganz heiß wurde vor Anstrengung.

»Es tut mir so leid«, sagte sie schließlich, »was mit euch geschehen ist und weiter geschieht.« John sah sie lange an, so lange, dass Charlotte schließlich nervös mit den Händen über die Theke wischte.

»Das ist nett«, sagte John schließlich, »Charlotte, das ist wirklich nett von dir.« Er grinste.

»Aber es geht dich nichts an«, fuhr er fort. Er stand vom Barhocker auf. Er war kleiner, als Charlotte gedacht hatte, und er hatte einen kleinen Bierbauch, der über seinen Gürtel mit einer gewaltigen Silberschnalle fiel. Er nahm seinen Cowboyhut und balancierte ihn auf den Fingerspitzen. »Es geht dich nichts an«, wiederholte er. Er grinste immer noch. Dann sagte er: »Auf der anderen Seite weiß man ja nie. Deine Urgroßeltern hätten nach Amerika auswandern und ein paar Indianer umbringen können. Haben sie nicht getan. Sie sind in Deutschland geblieben und haben Kinder gekriegt, und die haben Kinder gekriegt, und die haben dann ein paar Juden umgebracht...« Charlotte schnappte verletzt nach Luft. Was weißt du schon, du versoffener Indianer, dachte sie. »Ja«, sagte sie und nickte ernsthaft, »das stimmt vielleicht. Meine Eltern zwar nicht, die waren nämlich...« John unterbrach sie. »Wie hieß dieser Apache noch gleich?«

»Winnetou«, sagte Charlotte.

»Ach ja, Winnetou«, wiederholte John lachend. Er strich seine langen, lackschwarzen Haare zurück, setzte seinen Hut auf, nickte ihr zu und wandte sich zum Gehen. Er hat einen fetten Hintern, dachte Charlotte.

Als sie zum Motel zurückging, war der Liquorshop geschlossen. Die Indianer lagen unter den Autos und schliefen ihren Rausch aus. Es blies jetzt ein kalter Wind. Die Luft roch nach Schnee. Charlotte überquerte den rosa Parkplatz des Ambassador-Motels, auf dem jetzt noch drei weitere Autos außer ihrem standen. Als sie ihre Zimmertür aufschloss, spürte sie etwas im Rücken. Sie drehte sich um. Vor ihr stand die Indianerin vom Liquorshop mit der Schramme im Gesicht, die nach ihr gespuckt hatte.

»Hey, sister«, sagte sie und kam schwankend näher. Sie blies Charlotte ihre Fahne ins Gesicht.

»Ein Bett«, sagte sie undeutlich. »Kalt. Ein Bett.« Charlotte schüttelte den Kopf. »Nein«, sagte sie, »nein.«

»Ja«, sagte die Indianerin, »ja.« Und dann wieder: »Hey, sister.«

Später, als die Indianerin in ihrem Bett lag und Charlotte in einem unbequemen Plastiksessel hockte, ärgerte sie sich, dass sie auf dieses »sister« hereingefallen war. Ein mieser Trick, dachte sie, und natürlich funktioniert er bei mir sofort. Die Frau in ihrem Bett schnarchte. Ihre Kleider rochen scharf nach Schweiß und Dreck. Charlotte öffnete das Fenster einen Spalt. Das rosa Neonlicht strömte ins Zimmer und ergoss sich über die schlafende Indianerin wie eine fluoreszierende Plastikdecke. Charlotte wachte davon auf, dass der Fernseher lief. Die Indianerin hockte im Schneidersitz auf dem Bett und sah fern. Charlotte sah auf ihre Uhr. Es war kurz nach vier. Im Fernsehen lief ein Verkaufsprogramm. Eine Blondine mit kirschrot geschminktem Mund pries in blumigen Worten und mit öliger Stimme Nippes, Schmuck, Tischdecken und Grillgeräte zum Verkauf an. Mit unbewegtem Gesicht starrte die Indianerin auf die Mattscheibe.

»Hi«, sagte Charlotte. Die Indianerin hob die Hand, ohne den Blick von der Mattscheibe zu wenden. Charlotte setzte sich neben sie auf die Bettkante.

Die Blondine im Fernsehen bot zwei winzige Glaspferdchen für nur neun Dollar an.

»Hübsch«, sagte die Indianerin. Eine Frau aus Kansas City rief beim Fernsehsender an. Sie bestellte die beiden Glaspferdchen und erzählte, dass sie jede Nacht das Verkaufsprogramm sähe und schon viele hübsche Dinge gekauft habe. Die Indianerin holte ein Kaugummi aus der Tasche, wickelte es aus, biss es in zwei Teile und bot Charlotte die Hälfte an. Das Stückchen Kaugummi war übersät mit winzigen Krümeln. Charlotte bedankte sich und tat so, als würde sie es sich in den Mund stecken, behielt es aber in der geschlossenen Hand und ließ es unters Bett fallen. Sie kaute mehrmals mit leerem Mund und lächelte die Indianerin an. Sie fragte sie nach ihrem Namen. Die Indianerin verstand sie erst beim dritten Mal.

»Sharon«, sagte sie.

»Sharon«, wiederholte Charlotte.

»Nein, Sharon«, sagte Sharon. Charlotte wiederholte mehrmals ihren Namen, aber Sharon war mit der Aussprache nicht zufrieden.

»Nicht Sharon, Sharon«, wiederholte sie. Dann sagte sie nichts mehr. Auf Charlottes Frage, wo sie wohne, und ob sie Familie habe, kicherte sie und schwieg. Einmal noch sagte sie »hübsch«, als im Fernsehen ein lebensgroßer Dalmatiner aus Porzellan vorgeführt wurde. Wenig später ließ sie sich nach hinten in die Kissen fallen und schlief weiter.

Charlotte hätte gern Robert angerufen und ihm von Sharon erzählt. Er hätte gefragt, warum sie es zuließ, dass eine stinkende Indianerin in ihrem Bett lag und sie deshalb im Sessel übernachten musste. Charlotte schlich aus dem Zimmer auf den rosa Parkplatz, setzte sich ins Auto und drehte das Radio an. »Stand by your man«, sang Tammy Wynette.

Als sie aufwachte, war der Parkplatz nicht mehr rosa, sondern weißgelb in der hellen Sonne. Die Tür zu ihrem Zimmer mit der Nummer 59 stand offen. Sharon war verschwunden. Nur eine Mulde in der Bettdecke erinnerte noch an sie und ein leichter Geruch von Schweiß, der in der Luft hing. Charlotte rief Robert an. Sie lauschte dem vertrauten Tuut-tuut der Deutschen Bundespost, aber Robert nahm nicht ab, oder er war nicht zu Hause. Sie legte sich auf das Bett, in die Mulde, die Sharon zurückgelassen hatte, und versuchte an das Leben, das vor ihr lag, zu denken, aber es entwich ihr immer wieder, als wolle sie einen Fisch im Wasser fassen. Sie hatte die Wahl, jetzt zu weinen oder frühstücken zu gehen.

Abermals trottete sie den Highway 66 entlang. Die Indianer waren verschwunden. Der Schotter auf dem Bürgersteig war übersät mit leeren Flaschen und Glasscherben. Im PLAZA CAFE, einer Wellblechbude direkt am Highway, saßen große weiße Männer auf kleinen Barhockern, ihre Hintern quollen über die Sitze, und ihre Jeans waren im Rücken so tief heruntergerutscht, dass man ihre Pofalte sehen konnte. Sie trugen Cowboystiefel und Cowboyhüte und hatten fette Schlüsselbunde an ihren Gürteln hängen. Die stark geschminkte, mexikanische Kellnerin knallte Charlotte einen Teller mit Pfannkuchen so groß wie Wagenräder auf den Tisch und wünschte ihr viel Spaß damit. Sie waren weich und süß und fühlten sich an wie Schwämme. Charlotte aß alle drei, weil sie nicht wusste, was sie sonst tun sollte.

Später ging sie immer weiter an der Bahnlinie entlang und zählte die Waggons der Züge, die vorbeiratterten. Außer ihr war kein Mensch zu Fuß unterwegs. Die Männer in den vorbeifahrenden Autos verdrehten sich nach ihr die Köpfe. Sie kam an Läden mit Indianerschmuck vorbei, manche von ihnen waren Leihhäuser. Als sie feststellte, dass einige von ihnen sogar heute, am Sonntag, geöffnet hatten, befiel Charlotte das Jagdfieber wie zu Hause in den Kaufhäusern zum Sommerschlussverkauf. Mit angehaltenem Atem und klopfendem Herzen schaute sie in jede Vitrine, sah Hunderte von silbernen Armbändern, Ketten und Ringen mit dicken Türkisen, die die Farbe des Himmels von New Mexico hatten. An manchen Schmuckstücken hingen Zettel: Dead Pawn, totes Pfand, nicht abgeholt. Und alles war so preiswert! Sie bekam einen trockenen Mund vor Aufregung. Alles, alles wollte sie haben: den Schmuck, die Tonschalen der Hopis und die Ka'chinas, die geschnitzten Götterfiguren, die feingewebten Teppiche der Navajos, die Fetische der Zunis, kleine blankpolierte Tiere aus Stein; perlenbesetzte Mokassins, Cowboystiefel aus Schlangenleder, dicke indianische Wolldecken und Adlerfedern, bündelweise. Sie wollte alles und konnte sich letzten Endes für nichts entscheiden. Erschöpft, unglücklich und mit einem Gefühl leichter Übelkeit, als hätte sie zu viel gegessen, ließ sie sich schließlich mitten in einem Laden auf einen Stapel Teppiche fallen. Sie beobachtete, wie zwei junge Navajofrauen in Jogginganzügen mit ihrer steinalten Großmutter, die verschiedene bunte Röcke und Pullover übereinandertrug, dem weißen Ladenbesitzer Türkisschmuck zeigten, den sie aus einer Plastiktüte holten. Sie verhandelten nicht mit ihm, sondern warteten mit gesenkten Köpfen ab. Mürrisch schob der Besitzer ihnen schließlich Geld und Pfandscheine über den Ladentisch. Die Frauen zählten das Geld nach und verließen wortlos den Laden.

Vor den Geschäften parkten Autos, vollgepfropft mit Kindern und Frauen. Kein einziger Mann war zu sehen. In einem alten, zerbeulten Straßenkreuzer saß das fette Mädchen aus dem Waschsalon. Es hielt ein Baby auf dem Schoß. Die Mutter kam zurück, eine Plastiktüte in der Hand. Das fette Mädchen sah sie erwartungsvoll an. Die Mutter schüttelte den Kopf.

In der heißen Mittagssonne trottete Charlotte zurück zum Motel. In einem chinesischen Restaurant aß sie eine Wontonsuppe. Sie war der einzige Gast. Die chinesische Kellnerin starrte aus dem Fenster auf die vorbeiratternden Züge. Einmal klingelte das Telefon. Die Kellnerin setzte sich langsam in Bewegung, aber bevor sie es erreichte, hörte es auf zu klingeln.

Auf dem Parkplatz des Ambassador-Motels stand nur noch Charlottes Auto. Charlotte schloss erschöpft ihre Zimmertür vor der kadmiumgelben Sonne und dem türkisfarbenen Himmel. Im Zimmer roch es leicht nach verbrannten Tannennadeln, ein bisschen wie nach Weihnachten. Charlotte legte sich aufs Bett, lauschte ihrem Atem und fürchtete sich vor ihrem Leben.

Später fand sie ein schmales, silbernes Armband mit leuchtenden Türkisen im Badezimmer. Es lag mitten im Raum auf der Erde auf einem Kleenex. An jeder der vier Ecken des Papiertaschentuchs lag ein Häufchen Asche. Charlotte legte das Armband um. Es sah schön aus auf ihrer gebräunten Haut. Sie trat vor die Tür, lief in die Mitte des Parkplatzes und hielt ihren Arm mit dem Armband in die Sonne. Das Silber blitzte auf.

»Hey, sister«, flüsterte Charlotte.

Leon de Winter

Der Schmetterlingsfänger

Vor fünfzehn Jahren, als ich gerade mein erstes Buch veröffentlicht hatte, wollte ich nach Odessa, in die Stadt des von mir bewunderten Isaak Babel. Meine Reise sollte mich über Frankfurt, Wien und Bukarest in den rumänischen Küstenort Constanta bringen, von wo aus ich versuchen wollte, per Schiff nach Odessa zu gelangen.

Vor den vielen Unbilden so einer Reise per Anhalter schützten die Kleider in meinem Rucksack Babels *Briefe*, Čechovs *Die Braut*, Tolstois *Kindheit, Knabenjahre, Jugendzeit* und Puškins *Die Hauptmannstochter*.

Am ersten Tag kam ich in drei Etappen bis zum Frankfurter Flughafen, der drauf und dran war, in einem sintflutartigen Wolkenbruch zu ertrinken. Ich verbrachte die Nacht in einem Sessel in einer der großen, lauten Hallen und erhielt erst am Morgen die nächste Mitfahrgelegenheit, von einem Schweizer. Er musste nach Bern, und ich stieg dankbar ein, obwohl ich damit von meiner Idealroute abwich.

Aber meine langen Haare, die geflickten Jeans und die verschlissenen Turnschuhe machten mich nicht gerade zu einem begehrten Mitfahrer.

Mit Hilfe des Schweizers tüftelte ich eine neue Route aus: Mailand, Triest, Zagreb, und dann über Belgrad nach Bukarest. In Bern bekam ich ziemlich schnell eine Mitfahrgelegenheit nach Vevey am Genfer See, wo ich abends ankam und mir für viel Geld ein Zimmer in einem teuren Hotel nehmen musste.

Am nächsten Tag wurde ich gegen zwölf Uhr, nachdem ich im Speisesaal die vom Frühstück übriggebliebenen Brötchen und Konfitüredöschen in eine Papierserviette gewickelt hatte, von einem niederländischen Ehepaar mitgenommen, das mich im dort sehr breiten und dichtbewachsenen Rhônetal nahe Martigny absetzte. In Vevey hatte ich mir vor der Weiterfahrt eine Plastikflasche Evian gekauft, und ich verließ nun die stark befahrene Straße mit der Absicht, irgendwo am Rhôneufer meine Hotelbrötchen zu essen und mit der Lektüre von *Die Hauptmannstochter* zu beginnen. Ich folgte einem Pfad, der sich zwischen den Bäumen hindurchschlängelte, und fand eine rundum von Bäumen und Gebüsch eingerahmte Lichtung, auf der ich es mir gemütlich machte. Ich öffnete die Marmeladedöschen, bestrich mir ein Brötchen und schlug das Buch auf:

»Mein Vater Andrej Petrowitsch Grinjow hatte in seiner Jugend unter dem Grafen Münich gedient und nahm im Jahre 17... seinen Abschied als Major 1. Klasse. Seit jener Zeit lebte er in seinem Dorfe im Gouvernement Simbirsk, wo er dann auch die Jungfrau Awdotja Wassiljewna J. heiratete, die Tochter eines dortigen armen Edelmannes.«

Nach wenigen Zeilen fiel ein Klecks Marmelade vom Brötchen auf das Buch, den ich vorsichtig mit dem Finger wegzuwischen versuchte, was natürlich nicht gelang und in einem Fluch, einem ekligen Fleck und klebrigen Fingern resultierte.

Als ich die Seite gerade umschlagen wollte, setzte sich plötzlich ein Schmetterling darauf, von einer Größe und Farbe, wie ich noch keinen gesehen hatte. Der Schmetterling nahm die gesamte obere Hälfte des Buches ein und war von einem dunklen, aber dennoch transparenten Blau. Die hauchdünnen Flügel zitterten, als spürte der Schmetterlingsgeist die Gefahr von dem nahen Lebewesen, welches das Buch mit einer simplen Handbewegung zuschlagen und den Schmetterling ein für allemal in einer Erzählung von Puschkin gefangen halten konnte.

Der Schmetterling ließ sich die Marmelade schmecken, die die Angst vor mir offenbar hinlänglich kompensierte, und staunend betrachtete ich seinen zarten, feingliedrigen Bau und die Zeichnung auf seinen Flügeln. Da hörte ich einen Zweig knacken, schaute auf und sah zwischen den Stämmen der Bäume einen älteren Mann näher kommen. Er war hochgewachsen und trug eine bräunliche Strickjacke, weite, graue kurze Hosen, deren Beine oberhalb der Knie endeten, und schwere Wanderschuhe. In der rechten Hand hielt er ein großes Schmetterlingsnetz.

Er keuchte, und sein kahler Schädel glänzte vor Schweiß. Auf Englisch flüsterte er mir zu, ich solle mich ja nicht bewegen, schlich mit einer für seine Größe und sein Alter erstaunlichen Eleganz heran und fing mit einer blitzschnellen Bewegung, bei der er mich schmerzlich am Handgelenk traf, *Die Hauptmannstochter* samt dem vergebens aufflatternden Schmetterling.

Der Mann lächelte, wandte sich mit seiner Beute von mir ab, als dürfe ich nicht zum Augenzeugen einer solchen Intimität werden, und barg den Schmetterling in einer Dose, die er aus einer Art Knappsack genommen hatte, welchen er auf dem Rücken trug. Dann wandte er sich wieder zu mir um und fragte mich, während er sich mit einem Taschentuch den Schweiß von Stirn und Nacken wischte, ob ich verletzt sei. Ich antwortete, dass es nicht so schlimm sei, woraufhin er auf die Plastikflasche

Evian zeigte und fragte, ob er einen Schluck Wasser nehmen dürfe. Ich reichte ihm die Flasche. Er bedankte sich und setzte die Flasche an den Mund. Gierig tanzte sein Adamsapfel unter den dicken Falten seines Halses. Er vergoss etwas Wasser, das ihm an den Mundwinkeln entlang auf die Strickjacke hinuntertropfte, und er nahm prustend die Flasche vom Mund und beugte sich vor, um die Tropfen von seinem Kinn auf das trockene Moos fallen zu lassen. Mit dem Rücken der linken Hand wischte er sich über die Lippen und gab mir die Flasche zurück.

»Tut mir leid, dass ich dich bei der Lektüre deines Sience-fiction-Romans so überfallen habe, aber das ist ein ...« (den lateinischen Namen verstand ich nicht), »den ich unbedingt haben musste«, sagte er auf Englisch.

»Ich kenne mich mit Schmetterlingen nicht aus«, erwiderte ich, »aber er war schön. Er ist von der Marmelade angelockt worden, die ich auf meinen russischen Science-fiction-Roman gekleckert hatte. *Die Hauptmannstochter* von Puškin.«

Er blickte auf den Bucheinband und danach mit einem ironischen Lächeln auf mich. Ich schätzte ihn auf etwa sechzig.

»Seit wann lesen Hippies Puškin?«, fragte er mit kumpelhaftem Spott und ließ sich aufseufzend im Moos nieder.

»Keine Ahnung. Ich weiß nicht, ob Hippies Puškin lesen. Ich jedenfalls lese Puškin.«

Ich sah ihn an, und wir grinsten beide. Er hob den Kopf, blinzelte mit zugekniffenen Augen in den Himmel über der Lichtung und setzte zu einer heftigen Tirade gegen eine Reihe von Dingen an, die ich – ich war damals Anfang zwanzig – für selbstverständlich hielt: lange Haare, Popmusik, die Kofferradiokultur, das Fernsehen, den Massentourismus. Hin und wieder schaute er mich dabei triumphierend an, als wolle er mich herausfordern. Ich widersprach in einem fort und versuchte dem Schmetterlingsfänger vor Augen zu führen, dass alle von ihm angegriffenen Phänomene durchaus verständlich und plausibel seien. Ein paarmal strich ich mir dabei meine mehr als schulterlangen Haare hinter die Ohren.

Dann fragte er mich, wohin ich unterwegs sei, und zu meinem großen Erstaunen (man begegnet in einem Schweizer Wald ja nicht alle Tage einem Schmetterlingsfänger, der Odessa kennt) stellte sich heraus, dass er in Odessa gewesen war – in früher Jugend, noch vor der Revolution. Er schaltete, ohne sich merklich an unseren Meinungsverschiedenheiten gestört zu haben, auf einen entspannten Tonfall um und erzählte von seinen Erinnerungen an diese Stadt. Dann zeigte er auf das Brot und fragte mich, ob ich gerade zu Mittag hatte essen wollen. Ich nickte und bot ihm von dem Brot an, woraufhin er mich lachend zu einem richtigen Mittagessen in einem Restaurant an der Straße einlud.

Rund zweieinhalb Stunden habe ich in der Gesellschaft dieses Mannes verbracht. Er hatte alles gelesen, was noch in turmhohen Stapeln auf mich wartete (und wartet), und füllte alle meine Wissenslücken in puncto russische Schriftsteller mit wunderbaren Anekdoten auf. Manchmal lachte er über seiner gebratenen Ente in Himbeersauce schallend auf vor Spaß an der eigenen Geschichte oder legte sich lautstark mit mir an. Ich erinnere mich noch an die missbilligenden Blicke der steif gekleideten Gäste in dem noblen Restaurant ob der durch seinen Überschwang verursachten Störung der gedämpften Ordnung.

Beim Kaffee schaute er auf seine Armbanduhr und sagte, dass er jetzt wegmüsse. Ich könne ruhig noch sitzen bleiben und mir die *profiteroles* schmecken lassen, die ich bestellt hatte. Ich bedankte mich bei ihm und sagte ihm auf Wiedersehen, und ich hätte in diesem Zusammenhang wohl kaum mehr als eine allmählich verblassende Anekdote zu erzählen gehabt, wenn ich nicht, nachdem er gegangen war, neben seinem Stuhl vier klein zusammengefaltete, beschriebene Seiten Papier auf dem Teppich entdeckt hätte. Hatte er sie beim Bezahlen mit aus der Hosentasche oder seinem Knappsack gezogen? Ich las die vier Seiten. Sie enthielten den schönsten Text, den ich je vor mir gehabt hatte.

Schon viele Male habe ich versucht, den Text nachzuerzählen, aber es gelingt mir nicht, verzweifelt taste ich nach den Nuancen, nach den Glanzlichtern, die mich damals völlig blendeten und die tiefe Sehnsucht in mir entfachten, irgendwann in meinem Leben auch einmal einen solchen Text zu schreiben. Eine Geschichte über die Sehnsucht.

Ich verfügte über den schönsten Text, der je geschrieben wurde, und hätte mich ohrfeigen können, dass ich nicht nach dem Namen des Mannes gefragt hatte – und er nicht nach meinem.

Zwei Tage später wurde mir in Triest der Rucksack geklaut, und ich musste meiner Reise nach Odessa und dem Text des Schmetterlingsjägers ade sagen.

Im Jahr nach diesem Sommer las ich zum ersten Mal etwas von Vladimir Nabokov, *Lolita*, woraufhin ich binnen eines halben Jahres alles verschlang, was ich nur von ihm auftreiben konnte. Ich brachte ihn aber zunächst nicht mit dem unwahrscheinlichen Erlebnis in jenem absurden Sommer in Verbindung, das mir immer unglaubwürdiger und lächerlicher erschien. Wenn ich Freunden erklären wollte, was dieser Text denn nun ausgedrückt hatte, verfiel ich in ohnmächtiges Gestotter. Er handelte von einem Sommertag, sagte ich dann, von einem Jungen mit Schmetterlingsnetz, der in einem Haus die Treppe herunterkommt und in den Garten hinausgeht. Ist das alles?, fragten sie dann. Ja, antwortete ich, das ist alles, dieser Junge, an diesem Tag, in diesen Worten.

1977 sah ich ein Foto von Nabokov neben der Meldung von seinem Tod. Natürlich hatte ich auch früher schon Bilder von ihm gesehen, aber dieses, auf dem er ein Schmetterlingsnetz in der Hand hielt, schuf einen neuen Bezug. Auf der Stelle schlug eine bange, überwältigende Vermutung bei mir ein. Es war natürlich unmöglich. Es war wahnwitzig. Es war das gestörte Wunschbild eines Kranken. Es war das leere Konstrukt eines Phantasten.

Seither laufe ich mit einer fixen Idee herum. Ich habe die schönste Erzählung gelesen, die je ein Mensch geschrieben hat. Aber ich kann sie niemandem zeigen, niemanden nachempfinden lassen. Sie ist in meinem Kopf, flattert dort herum, singt, macht Sturzflüge, kreist wie ein Adler, tanzt wie ein Kolibri.

Ich habe den schönsten Text im Kopf, ohne dass ich ihn nacherzählen oder aufschreiben könnte. Ob sich ein Duplikat dieses Textes in Nabokovs Nachlass befindet? Ob Vera, seine Witwe, ihn je zur Veröffentlichung freigibt? Oder gibt es irgendeinen unbekannten, sonderlichen Schmetterlingsfänger, der die Gaben Homers, Shakespeares und Joyces in sich vereint, und wird er seine Schönheit ein für allemal mit sich nehmen, wenn er stirbt?

Ich habe eine Geschichte im Kopf wie einen Schmetterling in einem Glas, und ihre unberührbare Schönheit quält mich.

Elke Heidenreich

Kleine Reise

Ich hasse Berlin, habe es immer gehasst. Ich mag den Dialekt nicht, den sie dort sprechen, ich mag die grauen Häuser nicht, den Geruch aus der U-Bahn, das ganze hysterische Deutsche-Reich-Getue. Ich mag ihr Bier nicht und muss kotzen, wenn ich ihre Buletten nur sehe, und überall alte Leute und Hundescheiße. Und inzwischen haben wir auch noch die ganze Stadt, als wäre die Hälfte nicht mehr als genug gewesen. Am meisten hasse ich Berlins Taxifahrer. Wir leben in lausigen Zeiten, und Taxifahrer wird man nicht aus Spaß, sondern weil man keinen besseren Job kriegt, bei der Polizei rausgeflogen ist oder was weiß ich. Jedenfalls sind die Berliner Taxifahrer wie geladene Gewehre, sie fahren aggressiv, fluchen, haben Stiernacken und quatschen dich voll mit ihren rassistischen Parolen. Da ist sie, die Stimme des Volkes, und zu mir hat sie schon oft genug gesagt: »Weismann? Ochn jüdischer Name, wa? Wohl vajessen zu vajasen, hahaha.«

Ich steige immer nur hinten ein. Wenn einer das Reden anfängt und die Klappe auch dann noch nicht hält, wenn ich hartnäckig auf taubstumm mache, lasse ich ihn rechts ranfahren, geb ihm sein Geld und steig aus. Lieber steh ich in der Kälte und warte auf den Nächsten und hab Glück, dass der schon jenseits von allem ist und kein Gespräch mehr will.

Hat übrigens lange gedauert, bis ich so ganz selbstverständlich hinten einsteigen konnte. Mein Vater war nämlich direkt nach dem Krieg Chauffeur, und ich kann mich an die Herrschaftsattitüde gut erinnern, mit der das gnädige Fräulein die Tür aufriss, sich auf den Rücksitz flegelte, und vorne saß mein Vater mit Mütze und Handschuhen.

Heute kann ich das auch. Ich sitze hinten und zahle dafür, mir die Kerle nicht auch noch ansehen zu müssen auf der Fahrt zum Bahnhof, zum Hotel, zum Flugplatz. Ich wohne in Berlin immer im selben Hotel, immer im selben Zimmer. »Tut mir ja so leid«, sagte der Portier, »war diesmal nicht zu machen, alles rappelvoll, ich kann Ihnen Ihr Zimmer heute nicht geben, aber ich hoffe, Sie fühlen sich trotzdem wohl bei uns«, und zwinkerte mir so zu.

Wohl fühlen? Hat sich schon mal jemand in einem Hotel wohl gefühlt? Bei festmontierten Duschen, Aircondition, nicht zu öffnenden Fenstern, bei Musikberieselung im Fahrstuhl, der Bibel auf dem Nachttisch, ekelhaften Bonbons auf dem Kopfkissen und Moosröschen im Bad? Bei Frühstücksbüfetts mit Butter in Kleeblattform, und wenn du auf der Terrasse einen Espresso willst, heißt es: »Im Garten nur Kännchen!« Wohl fühlen? Meine Glücktests mach ich woanders, du Simpel. Zwölfter Stock. Der stumme Schwarze fuhr mit, trug mein Köfferchen, zeigte mir den Weg. Er grinste beim Aufschließen: Sie haben mir die Suite gegeben, weil nichts anderes frei war – aber vielleicht wollen sie mich auch nur davon überzeugen, wie phantastisch ihr Hotel ist – zwei Zimmer, zwei Bäder, vier Telefone, Dachterrasse, imitierte Antiquitäten, Chinateppiche wie Bildchen aus dem Poesiealbum, symmetrische Lampen aus blauem Porzellan neben einem weißgeblümten Sofa, Marmorbad mit beleuchteter Alabasterwanne. Auf dem Tisch Champagner im Kübel, zwei Gläser, die Direktion heißt willkommen. Was nun?

Die Zeiten, in denen ich irgendeinen Kerl mit hoch nahm, um die Minibar nicht allein leer zu saufen, sind vorbei. Heute werfe ich lieber fünf Mark in den Hotelvideo, ziehe mir einen Schocker rein und riskiere nicht mehr, dass einer plötzlich sagt: »Ich heiß übrigens Johann. Ich liebe dich.« Aber so eine Suite und dann keiner da für das zweite Glas, und draußen tobte Berlin seinen ewigen Frust aus – das macht schon matt. Niemand, der mich über den Chinateppich schreiten und in der Alabasterwanne liegen sieht …

Ich bin dann gleich runtergegangen in die Hotelhalle und hab mir einen Gimlet bestellt, den sie nirgends so schlecht mixen wie hier. Der Pianist mit den öligen Haaren war immer noch da, wenn er mich kommen sieht, leitet er jedes Mal unauffällig über zu »That's why the Lady is a tramp«, und es ist eigentlich alles gar nicht zu ertragen. Verdammt noch mal, warum mache ich immer noch diesen Job, warum verlasse ich meine Wohnung und reise in diese Stadt, in der die Rentner sich mit Stöcken und Schirmen über die Straße kämpfen und die Fixer dir die Spritze hinhalten und sagen, los, Knete her, oder du hast die Spritze im Arsch und kriegst auch Aids.

Aber die Zeitung, für die ich arbeite, schickt mich mit Vorliebe hierher, meine Reportagen würden aus Berlin immer so besonders fuchtig, sagen sie. Diesmal musste ich mit ein paar Nutten reden, die eine Demo für das steuerliche Absetzen von Reizwäsche gemacht haben, so was wollen die Leute lesen, und dafür bin ich zwei Tage unterwegs.

Auf dem Weg zu den Nutten musste ich an den schwulen Bruno denken. Zufällig hatte ich in der

Hotelhalle in einer Zeitung gelesen, dass er an diesem Abend in einem Club auftreten würde, und irgendwie wusste ich: Das geht schief. Der passte noch weniger nach Berlin als ich, und ich weiß genau, dass der schwule Bruno das, was er können will, eben nicht kann. Er ist nicht locker, er ist nicht cool, er sieht bescheuert aus in seinen schwarzen Lederklamotten, und seine Lieder sind einfach Scheiße. Sie würden ihn einmachen, ich spürte das. Wie ein Barometer den Wetterumschwung, so spüre ich, was mit Bruno ist. Schließlich haben wir uns fast mal geliebt. Eine Nacht mit abstrusen Verrenkungen haben wir zusammen verbracht und uns lauter gefährliche Heimlichkeiten erzählt. So was bleibt zwischen zwei Verrückten in der Luft wie Verbindungsfäden, und wenn das Leben an einem reißt, merkt es der andere auch. Dabei muss ich sagen, dass der schwule Bruno im Grunde eine ziemlich miese Ratte ist, aber nie mit mir, und was soll's auch. Am liebsten wär ich jetzt in diesen Club gegangen, hätte ihn rausgeholt und gesagt, Bruno *avanti*, jetzt gehen wir in meine Suite, legen uns auf den Chinateppich und gucken *Rocky IV*, und du wirst sehen, Bruno, diese Nacht geht genauso rum wie die Nacht damals im September.

Stattdessen musste ich zu den Nutten, in eine Bar mit Kinostühlen und lauter Spiegeln an den Wänden. Die Mädels waren ganz okay und irrsinnig engagiert, für und gegen dies und das, ein einziges Geplapper und Wichtiggetue, gar keine netten weichen Nutten mehr, wie mein Vater sie so geliebt hat. Heute diskutieren sie und marschieren in der ersten Reihe für Menschenrechte und Reizwäsche, und danach schreiben sie dann Tagebücher über ihr wildes Leben. Aber diese hier waren wirklich ganz nett, beantworteten alle meine Fragen und segelten dann bis auf eine ganz in lila auch ziemlich bald wieder ab. Die in lila war Philosophiestudentin und machte das nur nebenbei, für die Miete, und irgendwie werd ich nie verstehen, wie sie das hinkriegen. Ich seh mir manchmal im Lokal, im Zug, auf der Straße, im Flugzeug, im Kaufhaus die Kerle an und stelle mir vor: der und der und der und der, und es ist dein Job, und du kannst nicht nein sagen – ich würde mich oder ihn oder die ganze Welt erschießen und staune über die Mädels, die das bringen und anschließend aufs Klo und dann ins Philosophieseminar gehen: »Der Neukantianismus – die akademische Reduzierung der Philosophie auf Erkenntnistheorie und Methodologie«.

Quer durch die Kneipe kam dann so ein vergilbter Alternativer angesegelt, schwarzer Anzug, Stirnglatze, aber Zopf, ziemlich kleine Pupillen von irgendwas Geschnupftem und eine Gauloise blonde im Mund. Hey, sagte er, setzte sich zu uns und erzählte uns einen Albtraum, den er letzte Nacht hatte: Jemand hatte ihn auf einer Müllkippe abgeladen, und er kam nicht mehr runter und versank immer tiefer und hatte die Ratten schon auf Augenhöhe, und die ganze Zeit legte er seine feuchte Pfote auf mein Knie und wollte wissen, was das alles zu bedeuten hätte, dabei hatte ich gerade angefangen, so ein kleines bisschen mit einem gesunden Blonden, Baujahr 60, zu flirten, der einen so wunderbaren Haaransatz und eine eckige Stirn hatte. Aber der Müllträumer ließ nicht locker, ich heiße Fritz, sagte er, und oft bin ich wahnsinnig depressiv, und ob ich mir darunter was vorstellen könnte? »Keine Ahnung, Fritzchen«, hab ich gesagt, »ich bin einfach immer gut drauf, aber wenn du's hinter dich bringen möchtest, kann ich dir genau sagen, wie du es machen musst, ohne dass sie dir den Magen auspumpen oder dich zusammenflicken.« So genau wollte er es dann doch nicht wissen und ging schließlich mit der lila Philosophienutte weg, aber da war der Blonde auch schon nicht mehr da, und ich kriegte an der Theke noch ein bisschen Krach mit einem von der TAZ, der eine Theorie über den Marxismus aufstellte, die ich jetzt vergessen habe, es ging jedenfalls darum, dass man ohne Marx die Welt nicht verstehen könne, dass Marx aber auch nicht ausreiche, um die Welt zu verstehen, und ich sagte: »Liebe ist auch so ein Problem, das Marx nicht gelöst hat«, und da schrie mich der Typ von der *TAZ* wer weiß wie an, dabei ist das gar nicht von mir, sondern von Anouilh, aber diese jungen Journalisten kennen ja immer nur das Allerneuste, da hat Anouilh keine Chancen.

Irgendwann bin ich dann ziemlich angeschlagen, aber allein, in meiner Suite gelandet, in diesem Bett, in dem vor mir schon Gina Lollobrigida geschlafen hat, wie mir der Portier noch mit auf den Weg in den 12. Stock gab. Ich hab vom schwulen Bruno geträumt und von seiner beschränkten kleinen Frau, die immer noch glaubt, er würde mal Karriere machen, ganz groß rauskommen und sie lieben, dabei saß er jetzt wahrscheinlich mit einem gekauften Stricher in einer Kneipe und heulte, und vielleicht sprang Fritz gerade vom 18. Stock in die Spalierbirnen, um sein Tief loszuwerden, und die lila Nutte lag unter einem fetten Versicherungsvertreter und memorierte Ernst Cassirers *Philosophie der symbolischen Formen*, und meine Freundin Wanda kam auch in dem Traum vor, Wanda, die seit drei Jahren nicht mehr mit mir spricht – schlimme Nacht.

Nach solchen Nächten möchte ich am Flughafen am liebsten umbuchen: Mexico City oder Quito oder Lima, und nie mehr zurück, aber wie hätte ich das meiner Katze erklären sollen. Und wahrscheinlich geht ja in Mexico City auch schon alles drunter und drüber, also kann ich es auch lassen bei zehn Uhr fünfzehn, Frankfurt.

War keine gute Idee an diesem Samstagmorgen. Alle wollten weg, irgendwelche Ferien hatten angefangen, und da müssen die Berliner ja immer sofort weg nach Liechtenstein, Teneriffa oder an den Tegernsee. Ich verstehe zwar jeden Berliner, der aus dieser Stadt rauswill, aber das sind ja alles solche, die danach wieder zurückkommen. Noch dazu war in der Nacht mal wieder eine Ami-Disco in die Luft geflogen, und entsprechend gründlich waren die Kontrollen. Ob der schwule Bruno mit seiner Vorliebe für Schwarze in der Ami-Disco gewesen war? Mir fiel dieser Abend in der Eisbärbar ein, wo wir vierzehn Tequila getrunken und darüber geflucht hatten, dass immer nur die andern in Bars stehen, in denen geschossen wird, in Flugzeugen sitzen, die runterfallen, auf Schiffen, die untergehen. Wir hatten nie solche Chancen, wir mussten unser ganzes Schicksal selber machen, kein Eingriff von oben. Nein, der schwule Bruno war mit Sicherheit nicht in der Ami-Disco gewesen, der hatte diese ganze lange Nacht durchstehen müssen wie ich, und wie ich würde er seinen schweren Kopf auch heute noch auf diesen Flughafen tragen.

Zwischen Gate 11 und 12 ist ein Laden, in dem man was trinken kann, Selbstbedienung. Ich redete mir ein, es könnte ja auch mal ein Kaffee sein am frühen Morgen, aber dann kam alles anders wegen der Oma vor mir. Sie roch nach Pipi und hatte ihre Brille vergessen, ich musste ihr die Preise auf der Anzeigentafel vorlesen: Kotelett 4,80, Gemüsesuppe mit Brötchen 3,50, Hühnchen im Reisrand 7,20. Sie wollte Kotelett und ein Bier. Ich stell ihr alles aufs Tablett und mach ihr auch noch die Bierflasche auf, da lässt sie an der Kasse das Glas runtersegeln – tausend Scherben. Natürlich bück ich mich, und natürlich schneide ich mich. Ein tiefer Schnitt, quer über den Daumen, alles sofort voll Blut, und ich kann nur staunen, dass ich doch noch so lebendig bin. Die Oma war baff, sagte nett »und vielen Dank auch, Frolleinchen« und schob ab. Die Kassiererin rutschte von ihrem Stuhl, »ich kann kein Blut sehen!«, rief sie und hauchte noch dazu: »Und Vorsicht wegen Aids.«

Jetzt interessierten sich bis auf ein paar Japaner alle für mich und meinen Daumen, und es entstand eine Diskussion darüber, ob ich jetzt Aids kriege oder Aids verbreite.

»Das blutet ja wie bekloppt«, sagte einer, und die Kassiererin würgte und verschwand in der Küche. »Und ich sage euch, so fängt das an, hier, wo alles so versifft ist, da kriegt sie Aids.« – »Wie soll sie denn hier Aids kriegen«, sagte einer, »da müsste ihr schon 'n Junkie auffen Daumen spucken.« – »Oder Sperma«, wusste ein Student und erntete den wohl größten Lacherfolg seines Lebens. »Wichs ihr doch drauf«, riet die Punkliese mit den Ananashaaren und wollte sich gar nicht mehr einkriegen. Aus der Küche kam jetzt eine bleiche Gestalt in fettigen Klamotten – der Herrscher über Kartoffelsalat aus dem Eimer und Würste in Folie – mit Verbandskasten. Er schnitt ein großes Pflaster ab, klebte es rund über meinen Daumen, und ich erzähle das nur, um zu erklären, weshalb ich dann eben doch mit italienischem Rotwein anfing.

Das war die Woche mit dem Weinskandal, 28 Methanoltote allein in Italien, aber wie gesagt: Ich kann mich ja immer drauf verlassen, dass mir nichts passiert und ich mir meine Tode selber basteln muss.

Irgendwann musste ich mich ja dann doch mal in die Schlange vorm Eincheckschalter für den Airbus klemmen. Ich versuchte, im Stehen wegzusacken und ein bisschen zu dösen, aber da kam dieser österreichische Liedermacher im bodenlangen weißen Ledermantel. Vor Jahren hatte ich eine Reportage über ihn geschrieben, in Wien übrigens, auch so ein Kapitel – Wien bleibt Wien, das ist eine fürchterliche Drohung. Der Liedermacher erkannte mich wieder, Küsschen, Küsschen, »wos mochst denn du da in Berlin? I hob an Funk, waaßt, komm grad von Lanzarote, bissel ausspannen, servas, Butzi«, und als er denn endlich abzog in seiner Parfümwolke, schob sich eine gute Sechzigerin mit knallrotem Mündchen ganz in Chanel auf mich zu. »Gell«, sagte sie, »Sie sind's?« Ich nahm einfach mal an, dass ich es bin, denn ich war vor einer Woche im Fernsehen zu sehen in einer Sendung über die Sterilisation des Mannes, und da hatte ich mich mit einer rabiaten Feministin so ein bisschen geprügelt und eine gewisse Berühmtheit erlangt. »Nein so was«, sagte die Rotmundige mit den Krokoschühchen entzückt, und das müsse sie ihrem Mann sagen, der sei da vorne. »GREEEEEGOR!«

Ein Kopf mit schütterem Haar drehte sich um, lächelte müde, winkte fahrig, und sie ließ ihr helles Lachen perlen und rief: »Weißt du noch, Gregor, die Dame aus dem Fernsehen!«

Die Warteschlange freute sich, dass endlich was los war, und ich dachte wieder mal: Warum bin ich eigentlich nicht Deutschlehrerin in einer kleinen Stadt geworden und bringe den Kindern bei, dass Eduard Mörike zeit seines Lebens starke Affekte gemieden hat, jene krankhaften Poetenzustände der fliegenden Hitzen, wo man bunte Liköre trinkt statt echten Wein... meine neue Freundin befand sich in just so einem Zustand. »Ich bin«, raunte sie, »Schriftstellerin, und ich habe ein zauberhaftes Buch geschrieben über einen Hund, Gedanken eines Hundes. Ich werde es Ihnen schenken.« Sie rauschte zu Gregor, und ich betrachtete den Mann vor mir. Er trug einen Pepitamantel, hatte drei bordeauxrote Koffer, und auf seinem Kopf saß eine verrutschte Perücke. Ich hätte was drum gegeben, jetzt sofort auf einer einsamen Insel zu sein, am liebsten mit dem schwulen Bruno, und wir würden tagelang kein Wort reden, uns nicht einmal ansehen, einfach nur da sein. Vorne ging Gregor in die Knie und kramte in einer Reisetasche. Die Dichterin kam zurück und wollte mir das Buch nicht nur schenken, sondern auch widmen. »Vergriffen«, sagte sie, »aber für Überraschungsbekanntschaften habe ich immer eins dabei.« Sie kramte in ihrer Krokotasche nach einem Kugelschreiber und deutete meinen trostlosen Blick falsch.

»Ich weiß, was Sie jetzt denken«, sagte sie. »Heute würde ich so eine Tasche auch nicht mehr kaufen, aber damals hatte man ja das Bewusstsein noch nicht. Die Krokodile werden lebend gehäutet, das müssen Sie sich einmal vorstellen.« Ich stellte es mir vor, kam dabei ordentlich in Stimmung, und sie fand endlich einen Kugelschreiber. Wehgesichtig drehte sich die Perücke um und musste den Aktenkoffer als Schreibunterlage halten, einbezogen in den neuen Freundeskreis. Die Dichterin schrieb Worte des Entzückens und der gleichen Wellenlänge in ihr längst vergriffenes Buch, und im Flugzeug habe ich die Gedanken eines Hundes dann sofort in die Kotztüte geschoben, weil ich Bücher mit Widmungen einfach nicht ausstehen kann.

Der Mann mit der Perücke seufzte, die Widmerin war endlich fertig und beschwor mich: »Und wenn Sie mal nicht wissen, über wen Sie schreiben sollen – mein Leben war ja so reich, ich könnte stundenlang erzählen.«

Mein Daumen pochte, und ich dachte an Hiobs sinnlosen Streit mit dem Herrn darüber, warum er uns Plagen auferlegt: »Wenn ich mich gleich mit Schneewasser wüsche und reinigte meine Hände mit Lauge, so wirst du mich doch tauchen in Kot und werden mir meine Kleider greulich anstehen. Gefällt dir's, Herr, dass du Gewalt tust und mich verwirfst, den deine Hände gemacht haben?«

Wie wir wissen, gibt Hiob am Ende klein bei, und da endlich segnet ihn der Herr. Der Herr kann mich mal. »Ich war auch einmal Schauspieler.« Der Mann mit der Perücke bekannte das nun entschlossen und wollte mir die Hand reichen. Ich deutete auf den verbundenen Daumen, behielt meine Hand für mich und sagte: »Ach was.«

»In Offenburg. Aber heute mache ich ganz etwas anderes.«

Ich schwieg. Ich schwieg, aber sein Blick bat so demütig um Nachfrage, die ganze Gestalt lauerte meinem Interesse so fiebernd entgegen, dass meine preußisch-protestantische Erziehung, das ewige Gefühl, für alles persönlich verantwortlich zu sein, wieder einmal siegte, und statt aus der Schlange schweigend auszuscheren, eine Maschine später zu buchen und noch einen halben Liter reinzuschütten, sagte ich doch tatsächlich: »Was denn?«

Ich Idiotin. Warum sagte ich nicht wenigstens: »Ihre Perücke sitzt schief« oder »Fick dich doch ins Knie, Mann«? Jetzt baute sich diese Unglücksgestalt vor mir auf, schwoll an, bekam Züge eines entschlossenen Wanderpredigers und tönte mit beeindruckender Stimme: »Jetzt bin ich Vertreter für Kunstglieder.«

Und er beeilte sich hinzuzufügen: »Nicht Prothesen für Arme oder Beine, sondern Glieder. Ich bin Vertreter für Kunstpenisse.« Ich war jetzt sicher, dass der Mann zu Beginn seiner Berufslaufbahn einen dieser »Be-yourself-man«-Kurse auf Firmenkosten besucht hat, wo einem psychologisch geschulte Eintänzer beibringen, dass man sich niemals seiner selbst und seines Berufes wegen zu schämen hat und wann, wo und vor wem auch immer frei, laut und offen darüber sprechen kann. Ist es denn nicht auch, meine Damen und Herren, in der Tat ein schöner, ja, ein erregender Beruf, dem impotenten Teil der Menschheit zu neuen Freuden zu verhelfen? Ich stellte mir Scharen von Männern ohne Unterleib vor, Kunstpenisse aller Größen und Formen in Regalen an langen Wänden und in den drei bordeauxroten Koffern, und alle, die sich uns jetzt zuwandten – und es wandten sich uns ALLE zu –, stellten sich dasselbe vor.

»Vertreter für Kunstpenisse!« Er rief es federnd, rhythmisch, begeistert, er ließ mich nicht mehr aus den Augen, forderte nun Anerkennung, er sprühte, er brannte lichterloh, schilderte entsetzliche Schicksale. Wie vielen Bettlägerigen hatte er nicht schon helfen können! Den Querschnittgelähmten! Den Opfern schwerer Motorradunfälle! Den psychisch Kranken! Da schlägt keine Therapie mehr an, aber unser Kunstpenis bewirkt wahre Wunder, gibt das Selbstbewusstsein zurück, schenkt neuen Lebensmut, trocknet Frauentränen, denn – und noch einmal hob er entzückt die Stimme:

»Der Geschlechtsverkehr gelingt damit quasi mühelos.«

Quasi mühelos. Das Thema hatte nun alle Reisenden in der Warteschlange gepackt, bis auf die beiden verzweifelten kleinen Iraner ganz vorn, die unfreundlich gefilzt, ausgefragt und überprüft wurden. Berlins schlechte Nerven lagen wegen dieser Ami-Disco mal wieder offen auf dem Tisch.

Mein Retter der Menschheit erzählte jetzt tüchtig aus seinem Leben, von Reisen, Tagungen und Anstrengungen war da die Rede, von Aufopferung und unermüdlichem Einsatz, und, ja, doch auch von Erfüllung, nicht wahr, und von freudigen Momenten warmen Glücks, und warum ich ihn nicht einmal besuche, wenn ich nach Oberursel komme? Aber unbedingt, mein Freund, und dann zeigst du mir deine Sammlung mit Kunstpenissen, und den Schönsten nehm ich mit für den schwulen Bruno.

Geübte Reisende, die ich bin, kramte ich am Schalter so lange nach meinem Ticket, bis der Retter der Entmannten schon mal eingecheckt hatte bei Nichtraucher, und ich nahm dann natürlich Raucher. Und wenn ich die nächste Stunde neben einem sitzen müsste, der zwei Monte Christo à 18 Mark in fünfzig Minuten paffen würde – nur weg von diesem Kenner künstlicher Haare und Glieder.

»Oh«, sagte er, »Raucher, wie schade, wir sitzen nicht zusammen.«

Ich balancierte auf den letzten Nerven neben einen Dicken, der nach Schweiß stank, als er seine Jacke auszog, und der den *Rheinischen Merkur* las.

Ich schloss die Augen und versuchte, tot zu sein, obwohl ich noch gesehen hatte, dass der Blonde, mit dem ich gestern Abend eigentlich hatte anbandeln wollen, in die Maschine stieg. Aber so was Gesundes konnte ich jetzt wirklich nicht ertragen.

Wenn du im Flugzeug gerade wegsackst, begrüßen dich Captain Fisher und seine Crew an Bord ihres Clippers, wünschen dir einen guten Flug, erzählen dir, wie hoch wir sind und wie das Wetter in Frankfurt sein wird. Alles ist darauf aus, einen zu Tode zu quälen.

Pünktliche Landung, und dann der Achtzehn-Kilometer-Gang durch den Frankfurter Flughafen zur Gepäckausgabe. Immer wieder ein Albtraum – Menschen, Menschen, Menschen, in Nadelstreifen, in neongrellem Sportzeug, im Kostüm, im Kaftan, im Burnus, mit Turban, mit Hut, mit Baseballkappe, Geishas, Mohrenfürsten und Reisende in englischem Tuch, Gestank, Krach, Gedrängel. Graue Gesichter, alle sind eilig, keiner sieht einen Sinn in gerade dieser Reise, jeder schwirrt entwurzelt umher, will nach Hause, weiß nicht, wo das ist. Alles Exotische ist mir zuwider, bunte Völkervielfalt kann ich auf den Tod nicht leiden, alles lenkt mich ab von dem, was ich eigentlich denken will, aber ich weiß schon nicht einmal mehr, was ich denken will. Ich beneide Emily Dickinson, die sich mit

26 Jahren in ihr Zimmer zurückzog, da dreißig Jahre bei voller Gesundheit blieb und herb-schöne Gedichte schrieb, oder die fette Droste, eingeklemmt in ihren Bodensee-Turm. Warum gehe ich immer und immer wieder aus dem Haus, wo ich doch weiß, was mich da erwartet?

Eine Ansagerin aus dem Schweizer Fernsehen, ganz in Rosa, nickte mir zu, man kennt sich aus der Presse, und ich staunte darüber, dass selbst Schweizer ihre Heimat also ab und zu doch verlassen.

Darüber habe ich noch nie nachgedacht, und es sieht richtig rührend aus, eine Schweizerin im Ausland – ganz verloren. Von allen Völkern, die ich kenne, mag ich die Schweizer am wenigsten. Nein, die Österreicher. Nein, doch die Schweizer. Ist ja auch egal. Ich mag sie alle nicht.

Als der Koffer endlich kam, war der Anschlusszug weg. Ehe ich am Flughafen noch weiter Völkergemisch beobachte, fahre ich lieber mit dem Taxi zum Hauptbahnhof und warte da auf den nächsten IC. Ich kann dann durch die Kaiserstraße gehen, mit den Junkies schwatzen und einen Schlagring oder ein gutes Klappmesser kaufen, das kann man immer brauchen. In Frankfurt hat Deutschland die Strafe gekriegt, die es für diesen Krieg verdient hat. Das seh ich immer gern.

Der Taxifahrer war einer von diesen Cholerikern, die die Polizei hassen und danach gieren, die Straßenverkehrsregeln zu übertreten.

Ich sagte: »Zwanzig Mark Trinkgeld, wenn ich den IC zwölf Uhr zwanzig noch kriege«, und er sagte: »Hinten hinlegen.«

Endlich einer, der dich in ein entlegenes Waldstück bringt und erwürgt, dachte ich und legte mich auf die Polster, die nach Rauch und Gekotztem stanken. Der Kerl brauste los, »zweiundzwanzig Prozesse«, sagte er, »gegen die Polente, und alle gewonnen, denen zeig ich's, bis sie fix und fertig sind.«

Angefangen hatte alles mit einer alten Frau, eingegipst bis zum Bauch, die musste er die Treppe rauftragen. Einen Moment nur im totalen Halteverbot, kommt so ein Polizeiarsch und will ihn aufschreiben. »Den hab ich umgenietet«, sagte mein Ritter der Autobahn, »und den Prozess hab ich verloren, das war aber der Einzige.« Von nun an nur noch Übertretungen – zu schnell gefahren, falsch geparkt, rechts überholt, waren aber alles Notfälle – »Lassen Sie mich weiter, oder Sie haben ein Menschenleben auf dem Gewissen!« – »Hätte ich den Mann hintendrin sterben lassen sollen?«

Wir fuhren 170 Stundenkilometer, wo 80 erlaubt sind, und ich bekam Anweisung, bei Polizeistopp kein Wort zu sagen, nur röchelnd nach Luft zu schnappen und Spucke aus dem Mund laufen zu lassen, »Herzanfall, klaro?«

Klaro. Komischerweise bekam ich beinah wirklich einen Herzanfall, aber ich bin doch robuster, als man denkt, und wir waren schneller als die S-Bahn am Hauptbahnhof. »Hochkommen!« Das Trinkgeld lehnte er ab, war ihm ein Vergnügen, Spaß muss sein bei der Beerdigung.

Natürlich hatte der Zug zwanzig Minuten Verspätung, und ich konnte an einem klebrigen Stehtisch noch zwei Bier reinschütten und mir die Durchsagen anhören – Verspätung, Defekt in der Oberleitung, keine Heizung, kein Großraumwagen, kein Münztelefon im Zug.

Scheiße. Ich fahre nur im Großraumwagen, weil ich Sechsmannabteile mit Konversation und belegten Broten nicht aushalte. Ich setz mich im Großraumwagen immer ganz nach hinten in die Nähe des Münztelefons und hör den Trotteln zu, die in der Kabine brüllen: »Hier ist Papi. Ich telefonier im Zug! Im Zuuuug!!! Sprich doch mal lauter, Irene! Ja, Verspätung. Weiß ich nicht. Ist alles gutgegangen bei Bermann – Irene? Herrgott, sprich doch lauter. Ich hab keine Mark mehr, ich – Irene?«

Und mit hochrotem Kopf kommt er dann zurück vom Telefonieren, und ich stell mir Irene vor. Ihr Papi ist einer von den Typen, die im Speisewagen immer zu mir an den Tisch kommen und fragen: »Ist hier noch frei?«, und die keinen Hunger mehr haben, wenn ich antworte: »Ja, aber da drüben auch.«

Kein Großraumwagen, ein Abteil mit einem alten Ehepaar. Ich machte wieder die Augen zu und spielte Tod oder Schlaf.

»Also, Elli«, sagte der Alte, »wenn dich die Kinder fragen, was du dir zu deinem Siebzigsten wünschst …«

»Ich hab alles. Ich wünsch mir nichts.«

»Du musst dir aber etwas wünschen. Die Kinder wollen dir zum Siebzigsten was schenken.«

»Was soll ich mir denn wünschen, für die paar Jahre, die ich noch hab.«

Den Satz kenn ich von meiner Mutter, die seit dreißig Jahren mit wehem Blick die Kerzen anschaut und so tut, als wär dieses Weihnachten ihr letztes. Ich machte die Augen einen Spalt auf und sah mir die Alte an – ein Kernkraftwerk, wie meine Mutter. Die würde auch den Neunzigsten noch feiern, in leidender Demutshaltung, dem Tod so nahe, diese starken, bösen alten Frauen, die immer und immer den Deppen an ihrer Seite überleben, und dann kommen endlich die schönen Jahre. Seit mein Vater tot ist, trägt meine Mutter himbeerrote Schuhe.

»Wenn du dir nichts wünschst, bist du blöd,

Elli«, sagte der Alte. »Die Kinder haben genug Geld, die sollen ruhig zusammenlegen und dir was Anständiges schenken. Das seh ich doch gar nicht ein, einfach nichts. Das könnte denen so passen.«

»Eine schöne Wolldecke.«

»Wir haben doch eine Wolldecke.«

»Ich sag ja, ich brauch nichts.«

Jetzt wurde der Alte listiger. Er war doch nicht so dämlich, wie ich gedacht hatte: »Elli, wenn dich die Kinder also fragen, was du dir wünschst – und ich weiß, dass sie dich fragen werden, Renate hat mich neulich in Gütersloh schon gefragt, was wünscht sich Mutter eigentlich zum Siebzigsten...«

»Und was hast du gesagt?«

»Ich hab gesagt, Mutter wünscht sich ja immer nichts.«

»So ist es auch.«

»Wenn sie dich jetzt fragen, dann sagst du einfach: Ich wünsch mir nichts, aber Papa will nach Spanien.«

»Du willst nach Spanien?«

»Du willst ja nicht mit.«

»Das ist viel zu heiß für dich. Das macht dein Herz nicht mit.«

Wie rührend, sie dachte an sein Herz. Aber er ließ nicht locker. Er war im Bürgerkrieg gegen Franco, und jetzt war Ehemaligentreffen. Die paar

Kumpel von damals, die noch leben, die will er in diesem Herbst wiedersehen.

Ich öffnete die Augen und sah mir den Alten an. Ein gutes Gesicht, ich dachte: Bürgerkrieg, Donnerwetter, endlich mal ein alter Vater, der eine Lebensgeschichte hat und seine Kinder jetzt ausbeuten will, anstatt vor ihnen auf den Knien zu rutschen.

»Sollen sie das doch bezahlen, Elli. Sie haben genug Geld, und ich will nach Spanien. Das kannst du ihnen doch sagen.«

»Aber es ist doch mein Geburtstag«, knurrte die alte Hexe, doch er ließ nicht locker, und ich wurde ganz vergnügt bei dem Gedanken, wie die Kinder ihm die Reise zahlen würden, und er würde in Granada sitzen mit den alten Frontkämpfern, Karten spielen bei untergehender Sonne, er würde von damals erzählen und Postkartengrüße ohne Absender schicken an Elli, die in Gütersloh bei Renate hocken würde und sich irgendwie verarscht vorkäme.

In Karlsruhe mussten wir alle raus, Elli und der Alte wurden von einem zu kurz geratenen Sohn abgeholt, der Kindesliebe vortäuschte und sich nicht zu fragen traute, wie lange sie wohl diesmal bleiben wollten.

Ich musste in einen Bummelzug umsteigen und saß mit einer jungen Mutter im Abteil, die Kopfhörer trug und laut aufdrehte, damit sie ihre beiden quasselnden Kinder nicht hören musste. »Mama guck mal der Mann mit der roten Mütze jetzt pfeift er jetzt fahren wir ab wenn ich nach Hause komme mache ich sofort Fernsehen an ich will eine Apfelsine Mama ich muss mal Mammammamamma.« Mama scherte sich einen Teufel um die Gören mit ihren Rotznasen. Sie sah müde aus, hatte gebleichtes Haar, Tigerfellhosen und ein Lou-Reed-T-Shirt. Der billige Walkman quäkte laut, und sie sackte weg zu Annie Lennox, *Talk to me like lovers do*, und die Kinder zerrten an ihr herum und kommentierten die Gegend und redeten und waren so grässlich, wie Kinder eben sind, und sie saß da mit geschlossenen Augen, auf der Suche nach einer besseren Welt. *Talk to me like lovers do.*

Mein Daumen war heiß, pochte, tat weh, würde sich entzünden. In Rastatt stiegen Mutter und Kinder aus, und zum ersten Mal an diesem Tag war ich allein. Es war totenstill. Der Zug stand noch eine Weile, als hätte ihn jemand hier auf diesem gottverlassenen Provinzgleis vergessen. Ich hörte mein Blut klopfen, und endlich liefen mir die Tränen übers Gesicht.

Martin Suter

Ferienplanung

Wie jeden Juli fahren Leimbergers in die Provence. Und wie jeden Juli sucht Leimberger nach einem Grund, nicht die ganzen drei Wochen dabei sein zu müssen. Natürlich liebt er Anna und die Kinder, darum geht es nicht. Er ist einfach nicht so der Familienferientyp. Er kommt sich dabei sehr schnell überflüssig vor. Ein Zustand, den er höchstens zehn Tage aushält, ohne dass er ihm aufs Selbstvertrauen schlägt. Und es kann ja nicht der Sinn von Ferien sein, dass der Manager mit angeschlagenem Selbstbewusstsein aus ihnen zurückkehrt.

Diesmal lautet der Grund für die abgekürzten Ferien: der Göteborg-Auftrag. Er bietet sich an, weil der Begriff familienintern gut eingeführt ist. Es handelt sich dabei um einen Auftrag, um den sich die Firma lange bemüht hatte und der schon vorher manchmal als Grund für Wochenendarbeit und Spätschichten herhalten musste.

Es wirkte also durchaus glaubwürdig, als Leimberger eines Abends Anna mit einem Gin Tonic in der Küche überraschte, die Augen verdrehte und sagt: »Guess what – der Göteborg-Auftrag versaut uns die Ferien.«

Anna trägt es tapfer. Sie trinkt einen Schluck, seufzt traurig, trinkt noch einen Schluck und sagt: »Schade.« Kein Wort des Vorwurfs.

Sie besprechen die Details mit großer Sachlichkeit. Gemeinsame Anreise, acht Tage konsequentes gemeinsames Ausspannen und Quality Time für die Kinder, danach Abreise Leimbergers mit einer Option, dass er für die letzten drei Ferientage zurückkommt. Eine unwahrscheinliche Option, wie er Anna rücksichtsvoll verschweigt.

Leimberger beginnt sich auf acht Tage Familienferien und zwölf Tage Ferien von der Familie zu freuen, als plötzlich der Göteborg-Auftrag flöten geht. Den finanziellen Verlust kann Leimberger verkraften – er besitzt keine Aktien der Firma, die er managt. Aber den Verlust des Vorwands, die Familienferien abzukürzen, ist er nicht bereit hinzunehmen. Er erwähnt den Auftragsverlust zu Hause nicht. Und wenn beim Frühstück das Wort »Göteborg-Auftrag« fällt, verdreht er die Augen doppelt glaubwürdig.

Die Ferien rücken näher, und die kleine Notlüge – wie sie Leimberger bei sich nennt – wäre unentdeckt geblieben, hätte Anna nicht eine Freundin, deren Mann in der gleichen Branche wie Leimberger tätig ist. Sie treffen sich einmal im Monat zum Sushi, und bei dieser Gelegenheit erwähnt Anna, dass Leimberger die halben Ferien für den Göteborg-Auftrag opfern müsse.

»Aber der Göteborg-Auftrag ist doch futsch«, wundert sich die Freundin.

Einen Moment ist Anna stumm vor Schreck. Dann sagt sie: »Das hast du mir nicht gesagt, okay?«

Ingrid Noll

Der Schnappschuss

Ich erinnere mich, dass bei mir nur zweimal im Leben das Glück vor der Tür stand: ein wunderbares Gefühl, das seltsamerweise in jedem der beiden Fälle durch meine Frau ausgelöst wurde.

Beim ersten Mal war es vor allem meine Nase, die das Glück witterte. Es waren Ferien, ich lag im Garten und las. Die Sitte meiner Vorfahren, am Sonntagnachmittag Kaffee und Kuchen zu genießen, habe ich stets als nicht mehr zeitgemäß abgelehnt. Schließlich essen wir Deutschen ständig zu viel, darüber hinaus neige ich zu Magengeschwüren. An jenem sonnigen Septembertag hatte sich aber meine Frau über alle Anordnungen hinweggesetzt, wohl weil sie von einer Freundin einen großen Korb voller Zwetschgen erhalten hatte.

Da mein bisheriges Leben weitgehend emotionslos verlaufen war, erschien mir erstaunlicherweise jener Geruch nach frischem Pflaumenkuchen aus lockerem Hefeteig und saftigen blauen Zwetschgen als der erste, bewusst empfundene Glückszustand.

Allerdings wollte ich auf keinen Fall durch ein übertriebenes Lob erreichen, dass sich nun neue Sitten in unseren Haushalt einschlichen und Fiene am Ende jeden Sonntag backen wollte. Ich aß den köstlichen Kuchen ohne den erwarteten Beifall, den sie mir jedoch in ihrer trotzigen Art unbedingt entlocken wollte. »Schmeckt doch gut?«, lobte sie sich stattdessen selbst und sprach von schönen Erinnerungen an Kindergeburtstage, an denen es regelmäßig frischen Obst- oder Streuselkuchen gab, natürlich mit Schlagsahne. Ich mochte davon nichts hören, obwohl meine Verstellung nur bis zu einem gewissen Grad gelang. Zwar fiel ich nicht gierig über den lauwarmen Kuchen her, aber ich aß doch insgesamt vier Stücke, was sie mit einem maliziösen Lächeln zur Kenntnis nahm.

Ganz ohne Worte konnte sie stets den Eindruck erwecken, als ob sie alles besser wisse. Für dieses gemeine Grinsen hätte ich sie… Nun, lassen wir das. Als ich meine Frau kennenlernte, trug sie ein blaues Sommerkleid und hatte das goldene Haar hochgesteckt. Ein hübsches Bild, auf das ich hereinfiel, denn leider ergraute ihr helles Haar schon allzu früh. Auch ihre Fröhlichkeit, die mich anfangs verzauberte, ließ mehr und mehr nach, ihr Lachen verstummte. Es dauerte aber lange, bis mir klar wurde, dass wir uns hassten.

Im Grunde bin ich ebenso wenig ein eitler wie ein besonders gutaussehender Mann. Durchschnitt, würde ein neutraler Gutachter feststellen. Als Jugendlicher sah ich lange Zeit viel zu kindlich aus, man hielt mich noch mit Mitte zwanzig für einen Schüler, aber irgendwann war ich froh, jünger auszusehen als nach tatsächlich gelebten Jahren. Inzwischen ist mir mein Äußeres sowieso nicht mehr wichtig, aber ich möchte doch betonen, dass mein Bauch längst nicht so überlappend ist wie der mancher Altersgenossen, dass ich nie eine nachlässige Haltung angenommen habe, eine Brille nur zum Lesen brauche und mein Haar fast gar nicht schütter geworden ist. Stundenlanges Vor-dem-Spiegel-Stehen war und ist mir fremd, obwohl ich natürlich während meiner Berufstätigkeit darauf achtete, anständig gekleidet und gepflegt zum Dienst zu kommen. Abteilungsleiter haben eine gewisse Vorbildfunktion. Noch mit Mitte vierzig hatte ich keine besonderen Probleme damit, wenn mir meine Fotos vorgelegt wurden. Es gab eine Menge Kollegen, die auf Betriebsfeiern fleißig knipsten, und im Gegensatz zu vielen anderen Mitarbeitern habe ich nie in betrunkenem Zustand junge Sekretärinnen auf den Schoß gezogen und musste mich hinterher über ein peinliches Foto schämen. Auf manchen Bildern sah ich sogar richtig gut aus.

Deswegen war es mir anfangs ein Rätsel, dass ich auf Familienfotos stets recht unerfreulich gegen meine Kinder abfiel. Nun ja, sagte ich mir, mit hübschen jungen Mädchen kann ein Mann sowieso nicht konkurrieren. Später, als unsere alte Katze überfahren wurde und die Kinder nur noch an Weihnachten oder gar nicht mehr aufkreuzten, musste meine Frau mit mir allein vorliebnehmen.

War es Zufall? Unsere Töchter hatten mich früher gehänselt, wenn ich mich über ein besonders scheußliches Abbild ärgerte: So und nicht anders sähe ich nun einmal aus.

Das hätte ich sicher hingenommen, wenn ich nicht immer wieder Fotos gesehen hätte, die das Gegenteil bewiesen. Langsam dämmerte es mir, dass meine Frau den Ehrgeiz oder sogar eine sadistische Freude hatte, mich von Mal zu Mal ekliger darzustellen. Das Wort hässlich leitet sich nicht grundlos von Hass ab. Da quoll mein Bauch, der doch im Grunde fast flach ist, auf fast unanständige Weise über die Demarkationslinie, die Adern an den Händen traten wie Regenwürmer hervor, der Hals sah aus wie bei einem schlachtreifen Truthahn, wulstige Säcke hingen unter den Augen, belanglose Fältchen wühlten sich wie tief ausgehobene Gräben durchs Gesicht. Alle diese unvorteilhaften Anzeichen des Alterns wären indes noch als natürlicher Prozess zu entschuldigen gewesen, wenn Fiene mir nicht durch optische Tricks den Ausdruck großer Beschränkt- oder Gemeinheit angedichtet hätte.

Inzwischen weiß jeder, dass die Fotografie kein objektives Kriterium ist, weil sie durch Selektion und Manipulation einen gewünschten Eindruck hinterlassen kann, der keineswegs der Wahrheit entspricht. Nun verfügte Fiene allerdings nicht über ein Fotolabor, wo sie retuschieren konnte, und von digitalen Kameras und computergesteuerten Programmen konnte erst recht nicht die Rede sein; sie musste einen sechsten Sinn dafür besitzen, in meiner Gestalt und Persönlichkeit die abstoßendste Variante zu erkennen und zum Beispiel meinen offenstehenden Mund im richtigen Moment für alle Ewigkeit zu konservieren.

Fiene besaß keine Fotoalben, sondern Aktenordner, die sie mit Jahreszahlen beschriftete und mit ihren Werken füllte. Ab ihrem fünfzigsten Lebensjahr gab es kaum mehr ein anderes Motiv für meine Frau als mich. Ihr Lebenswerk ist zu einer gigantischen Sammlung menschlicher Hässlichkeit geraten, alle am Beispiel ihres eigenen Ehemanns.

Die Fotos pflegte sie mir weder zu zeigen noch zu verbergen. Da Fiene aber seit dreißig Jahren mit einem Fotoapparat herumschlich, nahm ich im Allgemeinen keine besondere Notiz von ihren Aktivitäten. Erst als ich aus einem völlig anderen Grund – ich suchte ein lustiges Jugendfoto für eine Festschrift – einen Ordner nach dem anderen zur Hand nahm, begriff ich das Ausmaß ihrer Obsession.

Von da an konnte ich ihre Gesellschaft nur noch schwer ertragen. Zwar gab es sowieso nicht mehr viele gemeinschaftliche Unternehmungen, aber aus Mangel an Phantasie verhielten wir uns immer noch so, wie es einer langjährigen Partnerschaft zukommt: Wir schliefen im gleichen Schlafzimmer, nahmen die Mahlzeiten gemeinsam ein und machten einmal im Jahr eine Bergtour. Auch da gab es feste Gewohnheiten, die sich nie änderten, denn schon zum zwanzigsten Mal wanderten wir rund um die Cardada.

Es ist nun schon fünf Jahre her, dass meine Frau verunglückte. In jenem Sommer war es besonders heiß, so dass ich in kurzen Hosen aufbrach. Ich wusste durchaus, dass mir Shorts nicht besonders gut stehen, und befahl deshalb meiner Frau, den Fotoapparat zu Hause liegenzulassen.

Als wir damals transpirierend und keuchend einen Gipfel erklommen hatten, hielten wir eine wohlverdiente Rast. Während ich hinter ihrem Rücken einen Schluck Grappa zu mir nahm, öffnete sie den Rucksack, um die Wasserflasche, Käsebrote und ein Pflaster für ihre wundgelaufenen Füße herauszuholen. Zufällig sah ich dabei, dass sie den Fotoapparat gegen meine Order doch mitgenommen hatte. Ich ärgerte mich so sehr, dass ich nach dem Picknick einen belastenden Beweis ihrer Bosheit erzwingen wollte.

Unrasiert, verschwitzt, mit fettigem Mund, offenem Hemd, zerzaustem Haar und krebsrotem Sonnenbrand war ich sicher ein gefundenes Fressen für ihre Perversion, aber ich wollte es noch auf die Spitze treiben. Am Rand des Abgrunds, der direkt vor unserem Rastplatz lag, pflanzte ich mich auf und urinierte hinunter. Wahrscheinlich konnte sie mich haarscharf im Profil anvisieren, und am leichten Klicken hinter mir erkannte ich, dass sie sich dieses Motiv auf keinen Fall entgehen ließ.

Du willst es so haben, dachte ich, kochend vor Wut. Ich zog das Hemd ganz aus, ließ den Hosenstall offen und kletterte nah am Abgrund herum, als wollte ich Enzian und Edelweiß pflücken. Inzwischen sah ich mit Fienes Augen, dass ich in diesem Augenblick geradezu hinreißend widerlich aussehen musste. Ohne dass ich hinzuschauen brauchte, hörte ich, wie sie aufstand und mir nachstieg. Es war nicht besonders schwer, sie näher und näher heranzulocken, bis ich mich plötzlich ruckartig umdrehte und mich drohend vor ihr aufbaute. Da ich noch niemals ähnlich reagiert hatte, erschrak sie maßlos, wich zurück und stürzte ab, ohne dass ich sie auch nur zu berühren brauchte. Zum zweiten Mal im Leben empfand ich so etwas wie reines Glück.

F. Scott Fitzgerald

Die rauhe Überfahrt

I

Wenn man einmal auf den langen überdachten Piers angelangt ist, dann ist man in einem gespenstischen Land, nicht mehr hier und noch nicht dort. Vor allem nachts. Es ist da ein dunstiges gelbes Gewölbe, erfüllt von brüllenden widerhallenden Stimmen. Es ist da das Rattern von Lastwagen, das harte Aufsetzen von Reisekisten, das kreischende Geräusch eines Kranes und der erste Salzgeruch des Meeres. Man eilt da entlang, obgleich man genug Zeit hat. Die Vergangenheit, der Kontinent liegt hinter einem; die Zukunft liegt in dieser hell leuchtenden Öffnung im Bauch des Schiffes; das matt erleuchtete Durcheinander dieses Ganges ist allzu wirre Gegenwart.

Oben auf Deck bietet die Welt wieder einen geordneteren Anblick, sie wird enger. Man ist Bürger eines Reiches, das kleiner ist als Andorra. Man kann keiner Sache mehr sicher sein. Merkwürdig unbewegt die Männer im Zahlmeisterkontor, die Kabine wie eine Zelle, abschätzig die Augen der Reisenden und ihrer Freunde, würdig und steif der Offizier, der auf dem menschenleeren Promenadendeck steht und sich seine eigenen Gedanken macht, während er auf die Menschenmenge unter sich schaut. Zuletzt noch ein absonderlicher Gedanke: Man hätte ja gar nicht zu kommen brauchen – dann die lauten, klagenden Dampfpfeifen, und die ganze Sache – gewiss nicht das Schiff, vielmehr ein Menschheitsgedanke, ein geistiges Konzept – drängt vorwärts in die große dunkle Nacht.

Adrian Smith, eine der Berühmtheiten, die an Bord waren, keine sehr große Berühmtheit, aber doch wichtig genug, um in das Blitzlicht eines Fotografen getaucht zu werden, der seinen Namen gehört hatte, aber nicht genau wusste, was sein Objekt »machte« – Adrian Smith also und seine blonde Frau Eva gingen hinauf zum Promenadendeck, vorbei an dem melancholischen Offizier; sie fanden einen stillen Aussichtserker und stützten sich mit den Ellbogen aufs Geländer.

»Wir fahren!«, rief er jetzt. »Wir sind entkommen. Jetzt kriegen sie uns nicht mehr.«

»Wer denn?«

Er machte eine unbestimmte Handbewegung in Richtung auf das funkelnde Menschengebilde.

»Die ganzen Leute dort. Da werden sie ankommen mit ihren Haftbefehlen und Durchsuchungsbefehlen und dem Verzeichnis der Verbrechen, die wir begangen haben, und läuten an unserer Tür an der Park Avenue und fragen nach den Adrian Smiths, aber ätsch!, die Adrian Smiths und ihre Kinder und Mädchen sind abgereist, nach Frankreich.«

»So wie du redest, glaube ich allmählich, dass wir wirklich was verbrochen haben.«

»Sie bekommen *dich* nicht«, sagte er stirnrunzelnd. »Das ist schon mal das eine, was sie von mir wollten – sie wissen, ich habe kein Recht auf einen Menschen wie dich, und sie sind wütend. Schon deshalb bin ich froh, dass wir weg sind.«

»Liebling«, sagte Eva.

Sie war sechsundzwanzig – fünf Jahre jünger als er. Sie war ein Juwel für jeden, der sie kannte.

»Mir gefällt dieses Schiff besser als die *Majestic* oder die *Aquitania*«, erklärte sie; sie zeigte keinerlei Loyalität gegen die Schiffe ihrer Flitterwochen.

»Es ist viel kleiner.«

»Aber es ist sehr elegant, und es hat all die kleinen Läden entlang der Korridore. Und ich finde, die Kabinen sind größer.«

»Die Leute sind sehr förmlich – hast du's auch gemerkt? So als meinten sie, alle anderen seien

Falschspieler. Und in ungefähr vier Tagen wird die Hälfte von ihnen die andere Hälfte duzen.«

Nun kamen vier Leute vorbei – ein Quartett junger Mädchen, die nebeneinandergingen und auf dem Deck einen Rundgang machten. Im Vorübergehen richteten sich alle acht Augen auf Adrian und Eva und schweiften automatisch wieder fort, außer einem Augenpaar, das einen Moment lang, mit plötzlicher Aufmerksamkeit, auf ihnen ruhte. Es gehörte zu einem der mittleren Mädchen, das von den vieren der einzige Passagier war. Sie war nicht mehr als achtzehn – eine kleine dunkle Schönheit mit zartem gläsernen Glanz, wie man ihn bei Brünetten an Stelle des Strahlenscheines einer Blondine findet.

»Wer ist denn das?«, überlegte Adrian. »Die habe ich doch schon mal gesehen.«

»Sie ist hübsch«, sagte Eva.

»Ja.« Er überlegte noch ein bisschen, und Eva überließ ihn einen Augenblick seiner Zerstreutheit; dann lächelte sie ihn wieder von unten her an und holte ihn wieder in ihre private Welt.

»Erzähl mir noch was«, sagte sie.

»Worüber?«

»Über uns – wie gut es uns gehen wird, und wie viel besser und glücklicher wir sein werden, und immer eng zusammen.«

»Wie können wir noch näher sein?« Sein Arm zog sie an sich.

»Aber ich meine, dass wir überhaupt nicht mehr über dumme Sachen herumstreiten werden. Weißt du, ich habe mich fest entschlossen, als du mir letzte Woche mein Geburtstagsgeschenk gegeben hast« – ihre Finger streichelten über die edlen Zuchtperlen an ihrem Hals –, »dass ich nie wieder etwas Böses zu dir sagen will.«

»Hast du doch auch nie getan, mein Schätzchen.«

Aber jetzt, noch während er sie an sich drückte, wusste sie, dass der Augenblick äußerster Einsamkeit vorübergegangen war, kaum dass er begonnen hatte. Schon waren seine Fühler ausgestreckt und beschäftigten sich mit dieser neuen Welt.

»Die meisten dieser Leute sehen ziemlich schlimm aus«, sagte er, »klein und schwärzlich und hässlich. Früher haben Amerikaner nicht so ausgesehen.«

Sie stimmte ihm bei. »Sie sehen trostlos aus. Wir wollen keinen kennenlernen, bloß unter uns bleiben, wir beide.«

Ein Gong wurde jetzt geschlagen, und Stewards riefen zu den Decks hinunter, »Besucher an Land, bitte!«; die Stimmen schwollen zu einem kreischenden Chor. Eine Zeitlang drängte es sich auf den

Laufplanken; dann waren sie leer, und die Menge pufte und stieß sich hinter der Sperre, man winkte und rief unverständliche Worte und trug ein freundliches Lächeln zur Schau. Als die Schauerleute anfingen, an den Tauen zu hantieren, erschien in großer Eile ein plattgesichtiger, etwas wirrer junger Mann, und ein Dienstmann und ein Taxifahrer halfen ihm den Laufsteg hinauf. Nachdem das Schiff ihn so gleichgültig verschluckt hatte, als ob er ein nach Beirut reisender Missionar wäre, setzte ein leises, mächtiges Zittern ein. Der Pier mit seinen Gesichtern fing an vorbeizugleiten, und einen Augenblick lang war das Schiff nur ein Stück, das sich zufällig davon abgelöst hatte; dann wurden die Gesichter ferner, stimmlos, und der Pier war nur noch einer unter vielen verwaschenen gelben Flecken am Ufer. Nun verschmolz der Hafen schnell mit dem Meer.

Auf einem nördlichen Breitengrad entstand ein Hurrikan und zog nach Süden; ein starker Westwind ging ihm voraus. Auf seiner Bahn würde er die *Peter I. Eudim* aus Amsterdam im Meer versenken und mit ihr 66 Mann Besatzung, er würde auf dem größten Schiff der Welt einen Mast umknicken und den Frauen vieler hundert Seeleute Not und Schmerz bereiten. Unser Dampfer, der New York am Sonntagabend verließ, sollte die Sturmzone am

Dienstag erreichen und am späten Mittwochabend in den Hurrikan geraten.

II

Am Dienstagabend suchten Adrian und Eva zum ersten Mal den Rauchsalon auf. Das entsprach zwar nicht ihren Vorsätzen – nachdem sie Amerika hinter sich gelassen hatten, wollten sie »nie wieder einen Cocktail sehen« –, aber sie hatten die stampfende Schiffseinsamkeit vergessen, und die Bar war hier der Mittelpunkt des Lebens. Also gingen sie für eine Minute hinein.

Es war voll. Einige waren hier seit dem Mittagessen, andere würden hier bis zum Abendessen sein, nicht zu reden von den wenigen Aufrechten, die sich schon seit neun Uhr morgens hier aufhielten. Eine gutbetuchte Versammlung, die sich hier beim Bridge entspannte, beim Solitaire, bei Krimis und Alkohol, Debatten und Liebschaften. Bis dahin hätte man dasselbe im Club- oder Kasinoleben in jedem Land finden können, aber hier war das alles von einer unterdrückten Nervosität durchsetzt, von einer kaum verdeckten Ungeduld, die Alt und Jung gleichermaßen ergriff. Die Reise hatte angefangen, und den Anfang hatten sie genossen, aber die Vorstellung war für die Zeit von sechs Tagen nicht abwechslungsreich genug, und schon wünschten sie, es wäre vorbei.

An einem Tisch in der Nähe sah Adrian das hübsche Mädchen, das ihn am ersten Abend auf Deck angestarrt hatte. Von neuem fesselte ihn ihr reizendes Aussehen; nichts stumpfte den leuchtenden Glanz ab, der durch das verrauchte Durcheinander des Raumes schimmerte. Er und Eva hatten aus der Passagierliste geschlossen, dass sie wahrscheinlich »Miss Elisabeth D'Amido und Bediente« war, und er hatte gehört, wie man sie Betsy nannte, als er mal beim Deck-Tennis vorbeigekommen war. Zu den jungen Leuten in ihrer Gesellschaft gehörte auch der plattnasige Jüngling, der am Abend ihrer Abreise im letzten Augenblick an Bord gekommen war; gestern war er missmutig auf Deck herumspaziert, aber offensichtlich lebte er jetzt auf. Miss D'Amido flüsterte ihm etwas zu, und er schaute mit neugierigen Blicken zu den Smiths herüber. Adrian war als Berühmtheit noch ein Neuling, er merkte es gleich und schaute weg.

»Das Schiff schaukelt ein bisschen. Merkst du es?«, fragte Eva. »Am besten, wir trinken mal einen Liter Champagner zusammen.«

Während er bestellte, fand an dem anderen Tisch eine rasche Unterhaltung statt; nun stand ein junger Mann auf und kam zu ihnen herüber.

»Sind Sie nicht Mr. Adrian Smith?«

»Doch.«

»Wir haben uns überlegt, ob Sie nicht bei der Deck-Tennis-Meisterschaft mitmachen könnten. Wir wollen eine Deck-Tennis-Meisterschaft veranstalten.«

»Also…« Adrian zögerte.

»Ich heiße Stacomb«, platzte der junge Mann heraus. »Wir kennen alle Ihre – Ihre Stücke, oder was es ist, die ganzen Sachen – und wir dachten, ob Sie vielleicht zu unserem Tisch rüberkommen könnten.«

Adrian war etwas überrumpelt und lachte; Mr. Stacomb wartete, lässig, leicht gebeugt; offensichtlich meinte er, ein sehr elegantes Kompliment von sich gegeben zu haben.

Adrian begriff das auch und erwiderte: »Danke, aber vielleicht kommen Sie besser hier rüber.«

»Wir haben einen größeren Tisch.«

»Aber wir sind älter und eher – ruhiger.«

Der junge Mann lachte freundlich, als wollte er sagen »Macht nichts«.

»Also, Sie können mich eintragen«, sagte Adrian. »Was muss ich zahlen?«

»'n Dollar. Sie können mich Stac nennen.«

»Warum?«, fragte Adrian erschreckt.

»Is kürzer.«

Als er fort war, lächelten sie breit.

»Himmel«, stöhnte Eva, »ich glaube, sie kommen rüber.«

Sie kamen. Unter gewaltigem Gläser-Austrinken, Kellner-Rufen, Stühlerücken machten sich drei junge Männer und zwei Mädchen auf den Weg zu Smiths Tisch. Wenn jemand schüchtern war, dann die Gastgeber. Die neu Hinzugekommenen jedenfalls setzten sich voller Eifer dazu; sie betrachteten Adrian respektvoll – vielleicht zu respektvoll –, als wollten sie sagen: »Wahrscheinlich war's ein Fehler, und es macht vielleicht keinen Spaß, aber vielleicht bringt es uns was, was uns im späteren Leben hilft, wie im College.«

Einen Augenblick später tauschte Miss D'Amido den Platz mit einem der Männer; die strahlende Gestalt saß nun an Adrians Seite und schaute ihn mit offener Bewunderung an.

»Den Augenblick, als ich Sie sah, hab ich mich in Sie verliebt«, sagte sie hörbar und völlig bedenkenlos; »ich nehme also die Schuld dafür auf mich, dass wir uns aufdrängen. Ich habe Ihr Stück viermal gesehen.«

Adrian rief einen Kellner, damit sie bestellen konnten.

»Wir werden ja in einen Sturm geraten«, fuhr Miss D'Amido fort, »und vielleicht sind Sie dann hingestreckt bis zum Ende der Reise, ich konnte also nicht mehr warten.«

Er bemerkte, dass in ihren Worten kein Unterton, kein Innuendo lag – war auch nicht nötig. Die Worte selbst waren genug, und die Art und Weise, mit der sie die jungen Leute vernachlässigte und ihre ganze Freundlichkeit ihm zuwandte, war irgendwie sehr rührend. Ein warmes Gefühl durchzog ihn; es war schon etwas mehr als ein kleines Vergnügen, was er hier empfand.

Eva wurde weniger gut unterhalten; aber der plattnasige junge Mann, der Butterworth hieß, kannte Leute, die sie auch kannte, und die Sache wurde dadurch etwas weniger unverbindlich. Sie war nicht gerne mit Leuten zusammen, wenn sie nicht »irgendwas beizutragen« hatten, und die großen Ströme von Menschen aller Typen, Verfassungen und Klassen, die durch Adrians Leben gingen, wurden ihr oft lästig und langweilig. Sie selbst »hatte alles«, das heißt, sie war wohlversehen mit Talenten und Charme, und nur dass es neue Leute waren, schien kein genügender Grund, um ihnen dauernd alles aufzuopfern.

Eine halbe Stunde später, als sie sich aufmachte, um nach den Kindern zu sehen, war sie befriedigt, dass die Episode vorbei war. Es war kälter an Deck, mit feuchter Luft, die fast schon Regen war, und eine Bewegung war spürbar. Als sie die Tür zu ihrer Kabine öffnete, fand sie zu ihrer Überraschung den Kabinensteward schlaff auf ihrem Bett sitzen, sein Kopf lag an dem hochgestellten Kissen. Er sah sie teilnahmslos an, als sie eintrat, machte aber keine Anstalten aufzustehen.

»Wenn Sie Ihren Schlummer beendet haben, können Sie mir einen neuen Kissenbezug bringen«, sagte sie energisch.

Der Mann rührte sich noch immer nicht. Sie bemerkte, dass sein Gesicht ganz grün war.

»Sie können hier nicht seekrank sein«, erklärte sie nachdrücklich. »Gehen Sie hinunter, und legen Sie sich in Ihr eigenes Quartier.«

»Das meine Seite«, sagte er schwach. Er versuchte sich zu erheben, gab einen leise krächzenden Schmerzenslaut von sich und sank wieder zurück. Eva schellte nach der Stewardess.

Ein ständiges Auf und Ab, Rollen und Schwanken hatte nun begonnen, es wurde ernst, und sie fühlte kein Mitleid mit dem Steward, wollte ihn nur so schnell wie möglich raushaben. Es war unerhört, dass ein Mitglied der Besatzung seekrank war. Als die Stewardess hereinkam, versuchte Eva das zu erklären, aber nun schwirrte es in ihrem Kopf, sie warf sich aufs Bett und bedeckte ihre Augen.

»Er ist schuld«, stöhnte sie, während dem Mann

hinausgcholfen wurde. »Ich war in Ordnung, von seinem Anblick ist mir schlecht geworden. Hoffentlich stirbt er.«

Nach ein paar Minuten kam Adrian herein.

»Oh, wie ist mir schlecht!«, rief sie.

»Ach du armes Kind«, er beugte sich zu ihr und nahm sie in die Arme, »warum hast du mir nichts gesagt?«

»Oben ging's mir ja noch gut, aber ein Steward war – ach, mir ist zu schlecht zum Reden.«

»Lass dir das Essen lieber ans Bett bringen.«

»Essen! Du lieber Himmel!«

Er stand bekümmert da, aber sie wollte seine Stimme hören, sie sollte das klagende Geräusch der Schiffsspanten übertönen.

»Wo warst du denn?«

»Ich hab geholfen, Leute für die Meisterschaft anzuwerben.«

»Wollen sie sie denn abhalten, wenn es so ist? Mit mir würdest du nur verlieren!«

Er antwortete nichts; sie öffnete die Augen und sah, dass er die Stirn runzelte.

»Ich wusste nicht, dass du mit mir zusammenspielen wolltest«, sagte er.

»Aber, das ist doch das ganze Vergnügen.«

»Ich habe mit dem Mädchen D'Amido ausgemacht, dass ich mit ihr spiele.«

»Oh.«

»Ich habe nicht überlegt. Du weißt doch, ich spiele viel lieber mit dir.«

»Warum hast du's dann nicht gemacht?«, fragte sie kühl.

»Ich hab einfach nicht dran gedacht.«

Sie erinnerte sich, dass sie auf ihrer Flitterwochenreise im Finale gewesen waren und einen Preis gewonnen hatten. Jahre waren vergangen. Aber Adrian runzelte nie die Stirn so, mit so einem Ausdruck des Bedauerns, wenn er nicht ein kleines Schuldgefühl hatte. Er stolperte umher und versuchte, aus dem Schrankkoffer etwas zum Umziehen herauszufischen, für das Abendessen; sie schloss die Augen. Als eine besonders heftige Schlingerbewegung sie wieder wachrüttelte, war er angezogen und band sich den Schlips. Er sah frisch und gesund aus, und seine Augen strahlten. »Na, wie steht's?«, fragte er. »Schaffst du es nach oben, oder nicht?«

»Nein.«

»Kann ich irgendwas für dich tun, bevor ich gehe?«

»Wohin gehst du?«

»Ich treffe diese Kinder an der Bar. Kann ich was für dich tun?«

»Nein.«

»Liebling. Ich mag dich gar nicht so allein lassen.«

»Ach, Unsinn. Ich möchte nur schlafen.«

Diese sorgenvollen Falten – wo sie doch wusste, dass er darauf brannte rauszukommen, raus aus der engen Kabine. Sie war froh, als sich die Türe schloss. Es gab nichts anderes als schlafen, schlafen.

Auf – ab – zur Seite weg. Heda, nicht so weit! Hol sie um die Ecke! Und jetzt Schaukeln – rechts – links – Quietsch! Quirl! Sturzflug!

Einige Stunden später wurde Eva sich undeutlich bewusst, dass Adrian sich über sie beugte. Sie wünschte, dass er seine Arme um sie legte und sie aus dieser wirren Mattigkeit hochzog, aber als sie schließlich ganz wach war, war die Kabine leer. Er hatte nur mal reingeschaut und war wieder fort. Als sie wieder aufwachte, war die Kabine dunkel und er im Bett.

Der Morgen war frisch und kühl, und das Meer gerade so viel ruhiger, dass Eva fand, sie könnte aufstehen. Sie frühstückten in der Kabine, und mit Adrians Hilfe bewerkstelligte sie eine wenig befriedigende provisorische Toilette, dann gingen sie hinauf auf das Bootsdeck. Der Tenniswettkampf hatte schon angefangen und bot eine Gelegenheit für ein Dutzend Amateur-Filmkameras, aber die Mehrheit der Passagiere bot sich als leblose Bündel in ihren Deckstühlen dar, mit unberührten Tabletts neben sich.

Adrian und Miss D'Amido spielten ihr erstes Spiel. Sie war geschickt und anmutig; in penetrant guter Form. Unter ihrer Elfenbeinhaut war noch mehr Wärme als in den Tagen zuvor. Der herumschlendernde Erste Offizier hielt an und sprach mit ihr; ein halbes Dutzend Männer, die sie noch vor drei Tagen nicht hatte kennen können, nannte sie nun Betsy. Schon war sie die Schönheit dieser Reise, Leitstern in den Augen ausgehungerter Schiffer.

Aber nach einer Weile beobachtete Eva lieber die Möwen auf den Radiomasten und das langsame Gleiten des bezogenen Himmels. Die meisten Passagiere sahen blöd aus mit ihren Filmkameras, die sie alle eilends herbeigeholt hatten; jetzt wussten sie nicht mehr, was sie damit machen sollten; aber die Seeleute, die die Stützen der Rettungsboote anmalten, waren ruhig und kaputt und verständnisvoll und wünschten wohl, wie sie auch, dass die Reise vorbei wäre.

Butterworth setzte sich neben ihrem Stuhl aufs Deck.

»Heute Morgen operieren sie einen von den Stewards. Muss schlimm sein bei diesem Seegang.«

»Operieren? Weswegen?«, fragte sie teilnahmslos.

»Blinddarmentzündung. Sie müssen jetzt operieren, weil wir wieder in schlechteres Wetter kommen. Deswegen haben wir heute Abend die Schiffsparty.«

»Oh, der arme Mann!«, rief sie; ihr wurde klar, dass es ihr Steward sein musste.

Adrian wollte jetzt Eindruck machen, indem er sehr höflich und rücksichtsvoll spielte.

»Entschuldigung. Haben Sie sich weh getan?... Nein, es war mein Fehler... ziehen Sie jetzt lieber Ihren Mantel an, Partnerin, sonst erkälten Sie sich.«

Das Spiel war vorbei, und sie hatten gewonnen. Rot im Gesicht und frisch trat er zu Evas Stuhl.

»Wie geht's dir?«

»Schrecklich.«

»Die Sieger geben an der Bar einen aus«, sagte er entschuldigend.

»Ich komme auch«, sagte Eva, aber ein plötzliches Schwindelgefühl ließ sie wieder in den Stuhl zurücksinken.

»Bleib lieber hier. Ich schicke dir was rauf.«

Sie spürte, dass er sie in der Öffentlichkeit ein bisschen weniger sanft behandelte.

»Kommst du wieder?«

»Aber ja, gleich.«

Sie war allein auf dem Bootsdeck, abgesehen von

einem einsamen Schiffsoffizier, der in schräger Haltung auf der Brücke hin- und hermarschierte. Als der Cocktail kam, zwang sie sich, ihn zu trinken; darauf ging es ihr besser. Sie versuchte sich mit angenehmen Gedanken abzulenken, und kam auf die hoffnungsvollen Gespräche zurück, die sie und Adrian vor der Abreise geführt hatten: Da gab es die kleine Villa in der Bretagne, und die Kinder lernten Französisch – das war alles, was sie jetzt denken konnte – die kleine Villa in der Bretagne, die Französisch lernenden Kinder – so sagte sie sich die Worte immer wieder vor, bis sie so bedeutungslos wurden wie der weite weiße Himmel. Warum sie überhaupt hier waren, das war ihr plötzlich entfallen; sie fühlte sich ohne Ansporn, zufällig, und sie wollte, dass Adrian schnell zurückkam, ganz einfühlsam und zärtlich, um ihr wieder Sicherheit zu geben. Es war die Hoffnung, es gäbe dort irgendein Geheimnis eines Lebens voller Anmut, einen handfesten Ausgleich für das verlorene, sorglose Selbstvertrauen mit einundzwanzig, weswegen sie ein Jahr in Frankreich verbringen wollten.

Dunkel verging der Tag, nur wenige Leute waren zu sehen, und ein nasser Himmel sank herab. Plötzlich war es fünf Uhr, und sie waren alle wieder in der Bar, und Mr. Butterworth erzählte ihr aus seiner Lebensgeschichte. Sie trank eine Menge Champagner, aber dazwischen war sie noch immer etwas seekrank, als ob die Krankheit ihre Seele sei, die noch immer versuchte, durch irgendeine sich verhärtende Schicht eines abnormen Lebens durchzudringen.

»Körperlich sind Sie so, wie ich mir eine griechische Göttin vorstelle«, sagte Butterworth.

Es war angenehm, körperlich Mr. Butterworths Vorstellung einer griechischen Göttin zu sein, aber wo war Adrian? Er und Miss D'Amido waren draußen, auf einem Vordeck, um die Gischt zu spüren. Eva hörte sich selbst sagen, sie wolle ihre Farben holen und heute Nacht für die Party den Eiffelturm vorne auf Butterworths Hemd malen.

Als Adrian und Betsy D'Amido, von der Gischt durchweicht, unter Schwierigkeiten die Tür gegen den Winddruck aufstießen und in den inzwischen abgedeckten Schutzraum des Promenadendecks eintraten, hielten sie an und wandten sich einander zu.

»Na?«, sagte sie. Aber er stand nur da, den Rücken am Geländer, und sah sie an; er hatte Angst vor Worten. Sie schwieg auch, weil sie wollte, dass er zuerst sprach; einen Augenblick geschah nichts. Dann machte sie einen Schritt auf ihn zu, und er nahm sie in seine Arme und küsste ihre Stirn.

»Ich tue Ihnen nur leid, sonst nichts.« Sie fing ein bisschen zu weinen an. »Nur Freundlichkeit.«

»Ich habe ein schreckliches Gefühl dabei.« Seine Stimme war angespannt und zitterte.

»Dann küss mich.«

Das Deck war menschenleer. Er beugte sich rasch über sie.

»Nein, küss mich richtig.«

Er konnte sich nicht erinnern, wann er je etwas so Junges und Frisches wie ihre Lippen gespürt hatte. Regentropfen lagen wie Tränen, die sie für ihn vergossen hatte, auf den sanft schimmernden Porzellanwangen. Sie war ganz und gar neu und unbefleckt, und ihre Augen waren wild.

»Ich liebe dich«, flüsterte sie. »Ich kann es nicht ändern, dass ich dich liebe, oder? Als ich dich zuerst sah – ach nein, nicht auf dem Schiff, schon vor über einem Jahr – Grace Heally nahm mich zu einer Probe mit, und plötzlich, in der zweiten Reihe, sprangst du auf und erklärtest ihnen, was sie machen sollten. Ich schrieb dir einen Brief und zerriss ihn.«

»Wir müssen gehen.«

Sie weinte, als sie auf dem Deck entlanggingen. Noch einmal, vor ihrer Kabinentür, wandte sie ihm unvorsichtig ihr Gesicht zu. Als er weiterging, zur Bar, pulste das Blut durch ihn, in heftigem Aufruhr.

Er war dankbar, dass Eva ihn anscheinend kaum

bemerkte und kaum wusste, dass er fort gewesen war. Einen Augenblick später beobachtete er mit gespieltem Interesse, was sie da machte.

»Was ist denn das?«

»Sie malt mir heute den Eiffelturm vorn auf mein Hemd«, erklärte Butterworth.

»Na bitte.« Eva legte den Pinsel weg und wischte ihre Hände ab. »Was sagen Sie jetzt?«

»Ein Meisterwerk.«

Ihre Augen wanderten an der Gruppe der Zuschauer entlang, blieben ein wenig an Adrian hängen.

»Du bist durchnässt. Geh und zieh dich um.«

»Komm mit.«

»Ich möchte noch einen Champagner-Cocktail.«

»Du hast genug gehabt. Es ist Zeit zum Umziehen, für die Party.«

Unwillig machte sie ihren Farbkasten zu und ging vor ihm her.

»Stacomb hat einen Tisch für neun Personen«, bemerkte er, während sie den Korridor entlanggingen.

»Dieser Kükenschwarm«, sagte sie mit unnötiger Bitterkeit. »Ach, dieser Kükenschwarm. Und du amüsierst dich aufs beste – mit einem Kind.«

Sie hatten eine lange Debatte in der Kabine, von

ihrer Seite her unangenehm, und von seiner ausweichend; sie endete, als das Schiff plötzlich einen gewaltigen Satz machte, und Eva, bei der die Wirkung des Champagners nachgelassen hatte, wieder seekrank wurde. Man konnte nichts anderes tun, als einen Cocktail in der Kabine einnehmen, und danach beschlossen sie, zur Party zu gehen – sie glaubte ihm jetzt, oder es war ihr egal.

Adrian war zuerst fertig – er kleidete sich nie sehr ausgefallen.

»Ich geh schon mal rauf. Mach nicht so lange.«

»Bitte warte auf mich; es schaukelt so.«

Er setzte sich auf ein Bett und verbarg seine Ungeduld.

»Es macht dir doch nichts aus zu warten, oder? Ich möchte da oben nämlich nicht allein herumstolzieren.« Sie möbelte sich etwas auf, mit einem orientalischen Kostüm, das sie vom Friseur geliehen hatte.

»Auf Schiffen werden die Leute ganz durchgedreht«, sagte sie. »Ich finde, sie sind schrecklich.«

»Ja«, murmelte er abwesend.

»Wenn es sehr schlimm wird, dann tue ich, als sei ich oben auf einem Baum und schaukelte hin und her. Aber es ist alles nur als ob, und ich muss schließlich so tun, als sei ich normal, wenn ich's gar nicht bin.«

»Wenn du so anfängst zu denken, dann wirst du verrückt.«

»Schau mal, Adrian.« Sie hielt die Perlenkette hoch, bevor sie sie anlegte. »Sind sie nicht reizend?«

Für den ungeduldigen Adrian schien sie sich in der Kabine wie eine Figur in einem Zeitlupenfilm zu bewegen. Einen Moment später fragte er nach:

»Machst du noch lang? Man kriegt hier keine Luft.«

»Also geh schon!«, sagte sie heftig.

»Ich will nicht –«

»Bitte geh jetzt! Du machst mich nervös, wenn du mich immer so drängst.«

Scheinbar widerwillig verließ er sie. Einen Augenblick zögerte er, dann ging er eine Treppe tiefer zum nächstunteren Deck und klopfte an eine Tür.

»Betsy.«

»Noch eine Minute.«

Sie trat in den Gang heraus und trug eine rote Bordjacke und Hosen, die sie vom Liftboy geliehen hatte.

»Haben Liftboys Flöhe?«, fragte sie. »Ich habe vorsichtshalber alles Mögliche drunter angezogen.«

»Ich musste dich sehen«, sagte er schnell.

»Vorsicht«, flüsterte sie. »Mrs. Worden, die eigentlich meine Anstandsdame ist, wohnt gegenüber. Sie ist krank.«

»Ich bin krank vor Sehnsucht nach dir.«

Plötzlich küssten sie sich, eng umschlungen in dem engen Gang, und schwankten hin und her mit der Bewegung des Schiffes.

»Geh nicht fort«, murmelte sie.

»Ich muss aber. Ich ...« Ihre Jugend schien in ihn einzuströmen, versetzte ihn in eine zarte romantische Ekstase, die jenseits der Leidenschaft lag. Er konnte es nicht aufgeben; er hatte etwas entdeckt, was er zusammen mit seiner Jugend für immer verloren geglaubt hatte. Als er durch den Korridor ging, wusste er, dass er aufgehört hatte zu denken, dass er nicht mehr zu denken wagte.

Er traf Eva auf dem Weg zur Bar.

»Wo warst du?«, fragte sie mit einem gepressten Lächeln.

»Ich habe mich um den Tisch gekümmert.«

Sie sah reizend aus; ihre vornehme Kühle gewann die Oberhand über das banale Kostüm und ergriff ihn mit einer neuen Welle der Zustimmung und des Stolzes. Sie setzten sich an einen Tisch.

Der Sturm nahm stündlich zu, und beim bloßen Durchqueren eines Durchgangs wurde man hart gebeutelt. In jeder Kabine waren die Kabinenkoffer an die Waschtische geschnallt, und das Unglück der *Vestris* wurde in allen Einzelheiten in der Vorstellung nervöser Damen nachvollzogen, die durchgeschüttelt, krank und elend auf ihren Betten lagen. Im Rauchsalon war ein dicker Herr rückwärtsgeschleudert worden und bekam böse Schnittwunden am Kopf; und jetzt wurden die leichteren Stühle und Tische aufeinandergestapelt und an der Wand vertäut.

Die Gruppe, die sich in Phantasiekostüme geworfen hatte und nun zusammen aß, war auf sechzehn angewachsen. Die einzige Qualifikation zur Mitgliedschaft bestand in der Fähigkeit, den Rauchsalon zu erreichen. Das Spektrum reichte von einem Anwalt von Groton-Harvard bis zu einem ungeschliffenen Makler, dem sie den Spitznamen »Messer Schlitzohr« gegeben hatten, aber die Unterschiede waren verschwunden; in diesem Moment waren sie Samurai, unter vielen hundert ausgewählt wegen ihres ruhmreichen Widerstands gegen den Sturm.

Das Festessen, über dem in wilder Ironie Lampions und Girlanden aufgehängt waren, wurde gelegentlich von großen gemeinschaftlichen Rutschpartien quer durch den Raum unterbrochen, und durch unvermitteltes Verschwinden und verschütteten Wein, während das Schiff brüllte und sich darüber beklagte, dass es unter dem schmückenden Anschein eines Palastes schließlich doch nur ein Schiff war. Oben versuchte anschließend ein Dutzend Pärchen zu tanzen, wobei sie hierhin und dorthin rutschten oder trippelten, wie in einem verrückten Fandango, und auf phantastische Weise von einem fremden Willen umhergeschoben wurden. In Anbetracht der Verfassung mehrerer Hundert weiter unten bekam es fast etwas Ungehöriges, wie ein Gelage in einem Trauerhaus, und nun fand ein Auszug der immer mehr zusammenschrumpfenden Überlebenden in Richtung auf die Bar statt.

Während der Abend verging, hatte Eva ein immer stärkeres Gefühl von Unwirklichkeit. Adrian war verschwunden – vermutlich mit Miss D'Amido –, und ihre Vorstellung, verzerrt von Übelkeit und Champagner, blähte den Umstand immer mehr auf; anfänglicher Ärger verwandelte sich langsam in dunkle, brütende Wut, Kummer und Verzweiflung. Sie hatte nie versucht, Adrian an sich zu ketten, es war nie nötig gewesen – denn sie waren ernsthafte Menschen mit vielerlei gemeinsamen Interessen, und voneinander ganz ausgefüllt –, aber das war Vertragsbruch, das war grausam. Wie konnte er annehmen, dass sie nichts merkte?

Es schien mehrere Stunden später, als er sich in der Bar über ihren Stuhl beugte, wo sie gerade irgendeiner Frau einen leidenschaftlichen Vortrag über Babys hielt, und sagte:

»Eva, wir gehen besser zu Bett.«

Sie kräuselte ihre Lippen. »Damit du mich dann allein lassen und zu deiner Achtzehnjährigen zurück –«

»Sei still.«

»Ich komme nicht ins Bett.«

»Na schön. Gute Nacht.«

Noch mehr Zeit verging, und andere Leute waren am Tisch. Die Stewards wollten den Raum abschließen; beim Gedanken an Adrian – ihren Adrian – der irgendwo anders zu jemand Reizendem, Frischem Zärtlichkeiten sagte, fing Eva zu weinen an.

»Aber er ist ins Bett gegangen«, versicherten ihr die letzten Kellner. »Wir haben es gesehen.«

Sie schüttelte den Kopf. Sie wusste es besser. Adrian war verloren. Der lange Traum der sieben Jahre war zerbrochen. Vielleicht war das die Strafe für etwas, was sie getan hatte; als ihr dieser Gedanke kam, fingen die quietschenden Balken über ihr zu murmeln an, dass sie es endlich erraten hatte. Das geschah ihr wegen der Selbstsucht ihrer Mutter, die nicht wollte, dass sie Adrian heiratete; wegen aller Sünden und Unterlassungen ihres Lebens. Sie stand auf und sagte, sie müsse hinaus und etwas Luft schnappen.

Das Deck war dunkel und erfüllt von Regen und Wind. Das Schiff schoss durch Täler, auf der Flucht vor schwarzen Wasserbergen, die brüllend hinterherstürzten. Eva blickte in die Nacht hinaus und sah, dass sie beide keine Chance hatten, wenn sie nicht ein Sühneopfer brachte, um den Sturm zu versöhnen. Adrians Liebe wurde von ihr gefordert. Sie öffnete langsam den Verschluss ihrer Perlenkette, hielt sie an die Lippen – denn sie wusste, an ihr hing der schönste und reinste Teil ihres Lebens – und schleuderte sie in den Sturm hinaus.

III

Als Adrian aufwachte, war es Mittagszeit, aber er wusste, dass ein schwereres Geräusch als der Hornruf ihn aus den Tiefen des Schlafes gerufen hatte. Dann bemerkte er, dass der Schrankkoffer sich von seiner Befestigung losgerissen hatte und zwischen dem Schrank und Evas Bett hin- und hergeworfen wurde. Mit einem Ausruf sprang er auf, aber es war ihr nichts geschehen – sie lag, noch immer im Kostüm, in tiefem Schlaf ausgestreckt. Nachdem der Steward ihm geholfen hatte, den Koffer wieder festzumachen, öffnete Eva ein einzelnes Auge.

»Wie geht's dir?«, fragte er und setzte sich neben sie auf ihr Bett.

Sie schloss ein Auge und öffnete es wieder.

»Wir sind jetzt in einem Orkan«, berichtete er ihr. »Der Steward sagt, es ist der schlimmste, den er seit zwanzig Jahren erlebt hat.«

»Mein Kopf«, murmelte sie. »Halt meinen Kopf fest.«

»Wo denn?«

»Vorne. Meine Augen gehen kaputt. Ich glaube, ich sterbe.«

»Unsinn. Willst du einen Arzt?«

Sie gab ein komisches kleines Keuchen von sich, das ihn erschreckte; er schellte und schickte den Steward nach dem Arzt.

Der junge Doktor war blass und müde. Auf seinem Gesicht waren Bartstoppeln. Beim Eintreten machte er eine kleine Verbeugung, wandte sich an Adrian und fragte ohne viele Umstände:

»Was ist los?«

»Meine Frau fühlt sich nicht gut!«

»Und, was wollen Sie denn haben – etwas Brom?«

Adrian war ein bisschen über seine Knappheit verärgert und sagte: »Untersuchen Sie sie mal lieber, dann sehen Sie, was sie braucht.«

»Sie braucht ein Beruhigungsmittel«, sagte der Arzt. »Ich habe Anweisung gegeben, dass sie auf diesem Schiff keinen Drink mehr bekommt.«

»Wieso nicht?«, fragte Adrian erstaunt.

»Wissen Sie nicht, was letzte Nacht passiert ist?«

»Aber nein, ich habe geschlafen.«

»Mrs. Smith ist eine Stunde lang im Schiff herumgewandert, ohne zu wissen, was sie tat. Ein Seemann musste hinter ihr hergehen, und dann versuchte die Arzthelferin sie ins Bett zu befördern, und Ihre Frau beschimpfte sie.«

»Oh, mein Gott!«, rief Eva schwach.

»Die Schwester und ich sind die ganze Nacht auf gewesen, beim Steward Carton, der heute Morgen gestorben ist.« Er nahm sein Köfferchen. »Ich schicke ein Beruhigungsmittel für Mrs. Smith herunter. Wiedersehen.«

Ein paar Minuten herrschte Stille in der Kabine. Dann legte Adrian schnell seinen Arm um sie.

»Macht nichts«, sagte er. »Das bringen wir schon in Ordnung.«

»Jetzt weiß ich es wieder.« Ihre Stimme war ein furchtsames Flüstern. »Meine Perlen. Ich habe sie über Bord geworfen.«

»Über Bord geworfen!«

»Dann habe ich nach dir gesucht!«

»Aber ich war hier, im Bett.«

»Ich habe es nicht geglaubt; ich dachte, du wärst bei dem Mädchen.«

»Ihr wurde während des Essens schlecht. Ich habe hier unten etwas geschlafen.«

Stirnrunzelnd läutete er und bestellte beim Steward ein Mittagessen und eine Flasche Bier.

»Tut mir leid, aber wir dürfen kein Bier in Ihre Kabine bringen, Sir.«

Als er fortging, explodierte Adrian. »Das ist unerhört! Du bist ganz einfach wegen des Sturms durchgedreht, und die sollen mal nicht so hochnäsig sein. Ich gehe zum Kapitän.«

»Ist das nicht schrecklich?«, murmelte Eva. »Der arme Mensch ist gestorben.«

Sie drehte sich um und schluchzte in ihr Kissen. Dann klopfte es an der Tür.

»Darf ich eintreten?«

Der unverdrossene Mr. Butterworth, keineswegs mitgenommen und überraschend gesund, trat in die sonderbar schräg liegende Kabine.

»Nun, was macht die Magierin?«, erkundigte er sich bei Eva. »Wissen Sie noch, wie Sie gestern Nacht die Elemente beschworen haben?«

»Ich will an nichts von gestern Nacht erinnert werden.«

Sie erzählten ihm die Sache mit dem Steward, und durch das Erzählen verlor die Situation ihren Ernst; sie lachten zusammen.

»Ich werde Ihnen etwas Bier zu Ihrem Essen besorgen«, sagte Butterworth. »Sie sollten aufs Deck heraufkommen.«

»Gehen Sie bitte nicht«, sagte Eva. »Sie sehen so nett und froh aus.«

»Nur für zehn Minuten.«

Als er fort war, bestellte Adrian Bäder für beide.

»Was wir tun sollten, ist unsere besten Sachen anziehen und drei stolze Runden auf Deck machen«, sagte er.

»Ja.« Nach einem Augenblick sagte sie abwesend: »Ich mag den jungen Mann. Er war heute Nacht furchtbar nett zu mir, als du verschwunden warst.«

Der Bade-Steward erschien mit der Auskunft, dass es heute zu gefährlich zum Baden sei. Sie waren mitten im schlimmsten nordatlantischen Orkan seit zehn Jahren; heute Morgen hatte es bei Versuchen, ein Bad zu nehmen, schon zwei gebrochene Arme gegeben. Eine ältere Dame war eine Treppe hinuntergestürzt, und man fürchtete um ihr Leben. Außerdem hatten sie heute Morgen von mehreren Schiffen SOS-Signale empfangen.

»Kommen wir ihnen zu Hilfe?«

»Sie sind alle hinter uns, Sir; wir werden sie also der *Mauretania* überlassen müssen. Wenn wir bei dieser See zu wenden versuchen, würden unsere Bullaugen zerschlagen werden.«

Das Ausmaß der Katastrophen machte ihren eigenen Ärger winzig klein. Nachdem sie eine Art

Mittagessen verzehrt und das von Butterworth besorgte Bier getrunken hatten, zogen sie sich an und gingen auf Deck.

Ungeachtet der Tatsache, dass man sich nur Schritt für Schritt fortbewegen konnte, indem man sich an einem Tau oder Geländer festhielt, waren mehr Leute herausgekommen als am Tag zuvor. Die Angst hatte sie aus ihren Kabinen getrieben, wo die Koffer aufbumsten und die Wellen auf die Bullaugen einschlugen; sie erwarteten jeden Augenblick das Kommando, auf die Rettungsboote zu gehen. Und tatsächlich, als Adrian und Eva auf dem Querdeck über der zweiten Klasse standen, hörte man einen Hornruf, und danach versammelten sich Stewards und Stewardessen auf dem Deck darunter. Aber das Schiff war in Ordnung; es hatte einen seiner Seeleute überdauert – Steward James Carton wurde im Meer bestattet.

Es war sehr britisch und traurig. Reihen von steifen, disziplinierten Männern und Frauen standen in dem peitschenden Regen, und über dem Wasser war ein Umriss von etwas unter der Flagge des Empires. Der Oberzahlmeister verlas die Predigt, ein Kirchenlied wurde gesungen, dann schlitterte der Körper hinaus in den Orkan. Nach einem heftigen Tränenausbruch über dieses armselige Ende war in Eva ein letzter innerer Halt zerbrochen. Nun war ihr wirklich alles gleichgültig. Sie ging eifrig darauf ein, als Butterworth vorschlug, dass er etwas Champagner in ihre Kabine schmuggeln könnte. Ihre Stimmung beunruhigte Adrian; sie trank gewöhnlich nicht so viel, und er überlegte, was zu tun sei. Auf seinen Vorschlag, man sollte stattdessen lieber schlafen, lachte sie nur, und das Brompräparat, das der Doktor ihr geschickt hatte, stand unberührt auf dem Waschtisch. Er tat so, als hörte er den Dummheiten mehrerer Mr. Stacombs zu, und beobachtete sie; überrascht und unangenehm berührt bemerkte er, dass sie mit Butterworth recht intim und sogar gefühlvoll zu sein schien, und er fragte sich, ob das vielleicht eine Art Rache für seine Aufmerksamkeit gegen Betsy D'Amido war.

Die Kabine war voller Rauch, die Stimmen gingen pausenlos, die tatenlose Spannung, das Warten auf das Ende des Sturmes gingen ihm auf die Nerven. Nur vier Tage waren sie auf See; es war wie ein Jahr. Die beiden Mr. Stacombs gingen schließlich hinaus, aber Butterworth blieb. Eva drängte ihn, noch eine weitere Flasche Champagner zu holen.

»Wir haben genug gehabt«, sagte Adrian dagegen. »Wir sollten zu Bett gehen.«

»Ich werde nicht ins Bett gehen!«, brach es aus ihr heraus. »Du musst verrückt sein! Du spielst nach Belieben herum, und wenn ich mal jemand finde, den ich – ich gern mag, dann willst du mich zu Bett schicken.«

»Du bist hysterisch.«

»Im Gegenteil, ich war nie so normal.«

»Ich glaube, Sie sollten uns lieber allein lassen, Butterworth«, sagte Adrian. »Eva weiß nicht, was sie spricht.«

»Er wird nicht gehen. Ich werde ihn nicht fortlassen.« Sie umklammerte leidenschaftlich Butterworths Hand. »Er war der Einzige, der halbwegs anständig zu mir war.«

»Gehen Sie, Butterworth«, wiederholte Adrian.

Der junge Mann sah ihn unsicher an.

»Mir scheint, Sie sind ungerecht gegen Ihre Frau«, sagte er vorsichtig.

»Meine Frau ist nicht bei sich.«

»Das ist kein Grund, so mit ihr umzugehen.«

Adrian verlor die Beherrschung. »Machen Sie, dass Sie rauskommen!«, schrie er.

Einen Augenblick lang musterten sich die beiden Männer schweigend. Dann wandte sich Butterworth zu Eva, sagte: »Ich komme nachher wieder«, und verließ die Kabine.

»Eva, du musst dich jetzt zusammennehmen«, sagte Adrian, als die Tür sich schloss.

Sie antwortete ihm nicht, schaute ihn nur an, mit trägen, halbgeschlossenen Augen.

»Ich werde uns das Abendessen hierher bestellen, und dann versuchen wir, etwas zu schlafen.«

»Ich möchte nach oben gehen und ein Telegramm abschicken.«

»An wen?«

»An einen Anwalt in Paris. Ich will mich scheiden lassen.«

Trotz seines Ärgers lachte er. »Rede doch keinen Unsinn.«

»Und dann möchte ich die Kinder sehen.«

»Na los, geh zu ihnen. Ich bestelle das Essen.«

Er wartete zwanzig Minuten auf sie in der Kabine. Dann öffnete er voller Ungeduld die Tür auf der anderen Seite des Flurs; das Mädchen sagte, dass Mrs. Smith nicht da gewesen sei.

In einer plötzlichen Vorahnung der Katastrophe rannte er die Treppe hinauf, warf einen Blick in die Bar, in die Salons, klopfte sogar an Butterworths Tür. Dann suchte er schnell die Decks ab, tastete sich durch die schwarze Gischt und den Regen vorwärts. Ein Seemann stoppte ihn an einer kleinen Barriere aus geknoteten Tauen.

»Habe Befehl, niemanden durchzulassen, Sir. In die Funkerkabine ist eine Welle eingebrochen.«

»Haben Sie eine Dame gesehen?«

»Eine junge Dame war hier –«, er verstummte und schaute herum. »Holla – jetzt ist sie fort.«

»Sie ist die Treppe hinauf!«, sagte Adrian angstvoll. »Zur Funkerkabine!«

Der Seemann rannte hinauf aufs Bootsdeck; stolpernd und ausglitschend folgte ihm Adrian. Während er den Seitenschutz der Kajüttreppe hinter sich ließ, versetzte irgendeine ungeheure Masse dem Schiff einen mächtigen Schlag, und während es bis zu einem Winkel von fünfundvierzig Grad überholte, wurde er, sich hilflos überkugelnd, über das überflutete Deck hinuntergeschleudert, bis er sich benommen und voller schmerzender Stellen an einem Bootsdavit fing.

»Eva!«, rief er. Seine Stimme war unhörbar in dem schwarzen Sturm. Vor dem schwachen Licht der Funkerkabine sah er, wie der Seemann sich vorarbeitete.

»Eva!«

Der Wind blies ihn gegen das Rettungsboot wie ein Segel. Dann kam wieder ein schreckliches Krachen, und hoch über seinem Kopf, genau über dem Boot, sah er eine gigantische, schimmernd weiße Woge, und in dem Sekundenbruchteil, während sie dort verharrte, erkannte er Eva, die einige Meter entfernt neben einem Ventilator stand. Er stieß sich von dem Davit ab und machte einen verzweifelten Hechtsprung auf sie zu, da stürzte die Woge mit zermalmendem Gebrüll über ihnen zusammen. Einen Augenblick war das strömende Wasser zwei Meter hoch, es schoss mit ungeheurer Kraft seitwärts, dann wurde ein menschlicher Körper gegen ihn geschwemmt, er umklammerte ihn in wilder Panik und wurde mit ihm zusammen wieder zurück gegen das Geländer geworfen. Er fühlte, wie sein Körper an das Geländer schlug, aber noch immer klammerte er sich verzweifelt an seine Last; dann richtete sich das Schiff langsam wieder auf, und die beiden rollten, noch immer durch seine rasende Umklammerung zusammengehalten, in völliger Erschöpfung über die nassen Planken. Für einen Augenblick wusste er nichts mehr.

IV

Zwei Tage später glitt der Schiffszug gleichmäßig südwärts nach Paris. Adrian versuchte seine Kinder dazu zu bringen, dass sie durch das Fenster die normannische Ländlichkeit betrachteten.

»Es ist wunderbar«, versicherte er ihnen. »Die vielen kleinen Bauernhöfe wie Spielzeug. Um Himmels willen, warum guckt ihr denn nicht raus?«

»Das Schiff gefällt mir besser«, sagte Estelle.

Ihre Eltern wechselten einen Blick, voller kindsmörderischer Gelüste.

»Ich fühle das Schiff noch immer schwanken«, sagte Eva mit einem Schauder. »Ihr auch?«

»Nein. Irgendwie scheint es alles weit weg. Sogar die Passagiere waren wie Unbekannte, als wir durch den Zoll gingen.«

»Die meisten waren vorher gar nicht heraufgekommen.«

Er zögerte. »Übrigens habe ich Butterworth Bargeld für seinen Scheck gegeben.«

»Du bist ein Narr. Das Geld siehst du nie wieder.«

»Er muss es ziemlich dringend gebraucht haben, sonst wäre er wohl nicht zu mir gekommen.«

Ein blasses und mattes Mädchen ging im Korridor vorbei, erkannte sie und steckte den Kopf durch die Tür.

»Wie fühlen Sie sich?«

»Schrecklich.«

»Ich mich auch«, stimmte Miss D'Amido bei. »Ich habe wenig Hoffnung, dass mein Verlobter mich an der Gare du Nord erkennen wird. Haben Sie gewusst, dass zwei Wellen über die Funkerkabine gegangen sind?«

»Wir haben es gehört«, antwortete Adrian trocken. Miss D'Amido verschwand graziös durch den Korridor und aus ihrem Leben.

»Die eigentliche Wahrheit ist: Nichts von alledem ist geschehen«, sagte Adrian einen Augenblick später. »Es war ein Alptraum – ein unglaublich furchtbarer Alptraum.«

»Wo sind denn dann meine Perlen?«

»Liebling, in Paris gibt es bessere Perlen. Ich übernehme die Verantwortung für diese Perlen. Ich glaube tatsächlich, dass du das Schiff gerettet hast.«

»Adrian, wir wollen nie mehr jemand anderen kennenlernen, nur immer zusammenbleiben – nur wir beide.«

Er steckte ihren Arm unter den seinen, sie rückten nah zusammen. »Wer, meinst du, waren diese Adrian Smiths auf dem Schiff?«, fragte sie. »Ich war's jedenfalls nicht.«

»Ich auch nicht.«

»Es waren zwei andere Leute«, sagte er, und nickte sich selber zu. »Es gibt so viele Smiths auf der Welt.«

W. Somerset Maugham

Mister Allwissend

Ich fand diesen Max Kelada unsympathisch, noch ehe ich ihn kannte. Es war kurz nach Kriegsende. Der Schiffsverkehr stieg an, die Passagierdampfer sämtlicher Linien waren überfüllt, man hatte Mühe, einen Platz zu ergattern, und durfte sich erst gar keine Hoffnung auf eine Einzelkabine machen. Ich konnte noch von Glück sagen, dass die mir zugewiesene Kabine nur über zwei Betten verfügte. Mein Glücksgefühl sank, als ich den Namen meines Reisegefährten erfuhr. Er weckte in mir die zwingende Vorstellung dichtverriegelter Luken und muffiger Luft. Eine Kabine vierzehn Tage lang – ich fuhr von San Francisco nach Yokohama – mit einem fremden Menschen teilen zu müssen, war schlimm genug. Aber ich hätte es leichter ertragen, wenn der Name dieses fremden Menschen Smith oder Brown gewesen wäre.

Als ich an Bord kam, stand Mr. Keladas Gepäck bereits in unserer Kabine. Es missfiel mir auf den ersten Blick, weil es zu viele Hotel-Etiketten trug und weil der Schrankkoffer zu pompös war. An den schon ausgepackten Toilettengegenständen konnte ich feststellen, dass Mr. Kelada zu den Kunden des vortrefflichen Monsieur Coty zählte. Kölnischwasser, Haarwasser, Brillantine – alles von Coty. Auf den Ebenholzgriffen seiner diversen Bürsten prangte in goldenen Lettern das Monogramm M. K. Wie ich schon sagte, Mr. Kelada war mir sofort unsympathisch.

Ich ging in den Rauchsalon, verlangte einen Stapel Spielkarten und begann eine Patience zu legen.

Nach wenigen Sekunden sah ich mich einem Mann gegenüber, der mich fragte, ob er in mir seinen Reisegefährten vermuten dürfe. Er selbst stellte sich als Mr. Kelada vor, fletschte mir mit blinkenden Zähnen ein Lächeln zu und nahm unaufgefordert Platz.

Ich bestätigte ihm, dass wir die Kabine miteinander teilten.

»Das nenne ich Glück«, entgegnete er. »Man weiß ja nie, mit wem man's auf einer solchen Reise zu tun bekommt. Ich war mächtig froh, als ich hörte, dass Sie Engländer sind. Wissen Sie, wir Engländer müssen zusammenhalten. Besonders im Ausland. Sie verstehen, was ich meine.«

Ich blinzelte.

»Sie sind Engländer?«, fragte ich vielleicht ein wenig taktlos.

»Allerdings. Oder haben Sie mich vielleicht für einen Amerikaner gehalten? Britisch bis in die Knochen, jawohl, das bin ich.«

Zum Beweis zog Mr. Kelada seinen Reisepass aus der Tasche und hielt ihn mir unter die Nase.

König George hatte viele sonderbare Untertanen, und Mr. Kelada war zweifellos einer der sonderbarsten: von kleinem, stämmigem Wuchs, das dunkelhäutige Gesicht mit peinlicher Sorgfalt rasiert, eine fleischige, gekrümmte Nase, sehr große, lebhafte, glänzende Augen und langes schwarzes, brillantinegepflegtes Haar, das sich im Nacken kräuselte. Er sprach mit einer keineswegs britisch wirkenden Geschwindigkeit und weitausladenden Handbewegungen. Kein Zweifel: Eine genauere Untersuchung seines Passes hätte ergeben, dass Mr. Kelada unter einem beträchtlich sonnigeren Himmel geboren war, als man ihn in England zu sehen bekommt.

»Was nehmen Sie?«, fragte er mich.

Ich sah ihn zweifelnd an. Um diese Zeit war in Amerika noch die Prohibition in Kraft; sie galt, soviel ich feststellen konnte, auch für unser Schiff. Es blieb mir also nur die Wahl zwischen Ginger Ale und Zitronenlimonade, und ich finde beides abscheulich.

»Whisky oder einen trockenen Martini?« Mr. Kelada bedachte mich mit einem breiten orientalischen Lächeln. »Sie brauchen nur zu befehlen.«

Damit fischte er aus den Seitentaschen seines Jacketts zwei Flaschen hervor und stellte sie auf den Tisch. Ich entschied mich für den Martini. Mr. Kelada bestellte beim Steward zwei Gläser und Eiswürfel.

»Schmeckt gut«, sagte ich.

»Das freut mich. Und wo das herkommt, gibt's noch mehr davon. In meinem Reisegepäck, meine ich. Wenn Sie Freunde an Bord haben, sagen Sie ihnen ruhig, dass sich in der Kabine eines Ihnen gut bekannten Passagiers alle Alkoholika der Welt befinden.«

Mr. Kelada kam ins Plaudern. Er sprach über New York und San Francisco, über Theateraufführungen und Konzerte, über Bücher und Politik. Außerdem war er ein Patriot. Nun ist ja die britische Nationalflagge ganz gewiss ein eindrucksvolles Produkt heimischer Webkunst, aber wenn sie von einem aus Alexandria oder Beirut stammenden Herrn allzu aufdringlich geschwenkt wird, büßt sie etwas von ihrer Würde ein. Auch Mr. Keladas Leutseligkeit ging mir allmählich auf die Nerven. Ich möchte mich nicht aufspielen, aber von einem mir ganz fremden Menschen darf ich doch wohl erwarten, dass er ein ›Mister‹ vor meinen Namen setzt. Doch Mr. Kelada – vielleicht um für Entspannung und Gemütlichkeit zu sorgen – ließ solche Förmlichkeiten gar nicht erst aufkommen. Nein, Mr. Kelada war mir nicht sympathisch.

Ich hatte die Karten weggelegt, als er mir seine unerbetene Gesellschaft zuteil werden ließ. Jetzt, so fand ich, hatte unser Gespräch für eine erste Begegnung lange genug gedauert. Ich fuhr mit meiner Patience fort.

»Die Drei auf die Vier«, sagte Mr. Kelada.

Nichts erzürnt mich mehr, als wenn mir beim Patiencelegen jemand mitteilt, wohin ich eine Karte legen soll, die ich selbst noch gar nicht gesehen habe.

»Die Patience geht auf!«, jubelte er. »Sie geht auf! Die Zehn auf den Buben!«

Verzweiflung und Abscheu im Herzen, beendigte ich mein Spiel und schob die Karten zusammen. Sogleich ergriff Mr. Kelada den Stapel.

»Mögen Sie Kartentricks?«

»Ich hasse Kartentricks«, antwortete ich.

»Dann will ich Ihnen nur diesen einen zeigen.«

Er zeigte mir drei und hätte mir bestimmt noch einen vierten gezeigt, wenn ich ihn nicht informiert hätte, dass ich in den Speisesaal gehen wolle, um mir einen Tischplatz zu besorgen.

»Schon erledigt«, sagte Mr. Kelada. »Ich habe für uns beide einen Tisch reserviert. Da wir Kabinengefährten sind, sollten wir auch Tischgefährten sein.«

Mr. Kelada war mir nicht sympathisch.

Ich teilte die Kabine mit ihm, ich nahm drei Mahlzeiten täglich in seiner Gesellschaft ein, ich konnte nicht den kleinsten Spaziergang auf Deck unternehmen, ohne dass er plötzlich neben mir auftauchte. Es gab keine Möglichkeit, ihn loszuwerden. Auf den Gedanken, dass er einem lästig werden könnte, verfiel er überhaupt nicht. Er war überzeugt, dass seine Umwelt ihn ebenso anziehend fand wie er seine Umwelt. Hätte man ihn zu Hause die Treppe hinuntergeworfen und die Tür hinter ihm zugeschlagen, wäre wohl nicht der leiseste Verdacht in ihm aufgestiegen, dass sein Besuch vielleicht unerwünscht sei. Er fand sich überall zurecht, auch hier an Bord, wo er bald jedermann kannte. Er beförderte sich zum Maître de Plaisir, organisierte allerlei Spiele, leitete Auktionen, sammelte Geld für die Preise, die er den Gewinnern sportlicher Veranstaltungen überreichte, arrangierte ein Mini-Golf- und ein Wurfring-Turnier, ein Konzert und einen Maskenball. Er war überall und immer an mehreren Orten gleichzeitig. Er war der unbeliebteste Mann auf dem ganzen Schiff. Wir nannten ihn ›Mister Allwissend‹ und sagten es ihm sogar ins Gesicht. Er fasste es als Kompliment auf. Den Gipfel seiner Unerträglichkeit erreichte er während der Mahlzeiten. Da war man ihm für mindestens eine Stunde restlos ausgeliefert. Er floss vor Jovialität über, er war ebenso redselig wie streitlustig, wollte immer recht behalten und gab ein Gesprächsthema niemals auf, bevor er nicht seine Ansicht durchgesetzt hatte. Die Möglichkeit, dass er sich geirrt haben könnte, zog er nie in Erwägung. Er wusste alles besser.

Wir saßen am Tisch des Schiffsarztes. Mr. Kelada hätte sicherlich auch hier das Gespräch beherrscht, denn der Arzt war von eher schläfriger Wesensart, und ich selbst verspürte keine Lust, mich auf eine Konkurrenz mit Mr. Kelada einzulassen. Das wurde mir von einem anderen Herrn am Tisch abgenommen. Er hieß Ramsay, war ebenso rechthaberisch wie Mr. Kelada und wurde von der eitlen Selbstsicherheit des Levantiners immer wieder in Harnisch gebracht. Die Diskussionen zwischen den beiden waren erbittert und endlos.

Ramsay gehörte zum Stab des amerikanischen Konsulats in Kobe. Er war ein großer, schwerfälliger Geselle aus dem Mittleren Westen, dessen wuchtige, muskelstrotzende Figur aus allen Nähten seines fertiggekauften Anzugs zu platzen drohte. Nach einem kurzen Urlaub in New York befand er sich jetzt auf dem Rückweg zu seiner Dienststelle, in Begleitung seiner Frau, die er ein Jahr lang in New York alleine gelassen hatte. Mrs. Ramsay war ein hübsches kleines Ding mit angenehmen Manieren und Sinn für Humor. Da der konsularische Dienst nicht besonders gut bezahlt wird, konnte sie sich keinen großen modischen Luxus leisten, wusste jedoch ihre einfachen Kleider sehr vorteilhaft zur Geltung zu bringen. Sie wirkte still und distinguiert, und mit diesen Eigenschaften – die man heutzutage beim weiblichen Geschlecht nicht mehr oft antrifft – zog sie meine Aufmerksamkeit auf sich. Man konnte sie nicht ansehen, ohne von ihrer vornehmen Zurückhaltung beeindruckt zu sein.

Eines Abends kamen wir während des Dinners zufällig auf Perlen zu sprechen. Die Zeitungen hatten davon berichtet, dass sich die geschäftstüchtigen Japaner neuerdings in großem Stil auf die Herstellung von Zuchtperlen warfen, und der Schiffsarzt meinte, dass die echten Perlen nun unweigerlich an Wert verlieren würden. Schon jetzt könne man falsche Perlen nur mit Mühe von echten unterscheiden, und über kurz oder lang werde das unmöglich sein.

Wie immer in solchen Fällen riss Mr. Kelada das Gespräch sofort an sich und erzählte uns alles Wissenswerte über Perlen. Ob Ramsay etwas davon verstand, weiß ich nicht – jedenfalls wollte er sich die Gelegenheit nicht entgehen lassen, dem Levantiner eins auszuwischen. Binnen kurzem war zwischen den beiden ein heftiges Wortgefecht im Gange. Mr. Keladas Redefluss ließ ja auch sonst nichts an Vehemenz zu wünschen übrig, aber diesmal übertraf er sich selbst. Und eine Bemerkung Ramsays reizte ihn so zur Wut, dass er mit der Faust auf den Tisch schlug.

»Mir erzählen Sie nichts!«, brüllte er. »Ich kenne mich aus! Was glauben Sie, wozu ich jetzt nach Japan fahre? Um ins Zuchtperlengeschäft einzusteigen! Ich bin nämlich aus der Branche. Fragen Sie, wen Sie wollen. Jeder wird Ihnen sagen, dass Kelada ein Fachmann ist. Ich weiß, wovon ich rede, und was ich über Perlen sage, das stimmt.«

Der eigentliche Kern seiner Worte war für uns alle eine Überraschung. Denn Mr. Kelada, so geschwätzig er war, hatte uns über seine Tätigkeit niemals genau aufgeklärt. Wir wussten lediglich, dass er in einer kaufmännischen Angelegenheit nach Japan unterwegs war. Jetzt kannten wir den Zweck seiner Reise.

Mr. Kelada blickte triumphierend um sich:

»Was soll das heißen, dass man echte Perlen nicht von falschen unterscheiden kann? Eine Zuchtperle, die ein Fachmann wie ich nicht sofort als solche erkennt, werden auch die Japaner nie zustande bringen.« Damit deutete er auf die Perlenkette an Mrs. Ramsays Hals. »Lassen Sie sich von mir sagen, Mrs. Ramsay, dass die Kette, die Sie da tragen, auch in Zukunft um keinen Cent weniger wert sein wird als heute.«

Mrs. Ramsay errötete ein wenig, und es entsprach durchaus ihrer gewohnten Bescheidenheit, dass sie die Kette unter ihr Kleid gleiten ließ.

Ramsay beugte sich vor und sah uns der Reihe nach mit einem sonderbaren Lächeln an:

»Eine hübsche Kette, nicht wahr?«

»Mir ist sie sofort aufgefallen«, gab Mr. Kelada zurück. »Das ist ja allerhand, habe ich mir sofort gesagt. Ganz große Klasse, diese Perlen.«

»Ich habe sie nicht selbst gekauft.« Ramsays Lächeln verstärkte sich. »Aber ich würde gerne von Ihnen erfahren, was diese Kette Ihrer Meinung nach wert ist.«

Mr. Kelada wiegte bedächtig den Kopf:

»Im Handel etwa fünfzehntausend Dollar. Bei einem der großen Juweliere der Fifth Avenue würde sie wahrscheinlich das Doppelte kosten.«

Jetzt wurde Ramsays Grinsen unverkennbar hämisch: »Es wird Sie vielleicht überraschen, dass Mrs. Ramsay diese Kette in einem New Yorker Warenhaus für achtzehn Dollar gekauft hat.«

Mr. Keladas Gesicht lief dunkelrot an: »Unsinn. Die Perlen sind nicht nur echt – sie gehören zu den schönsten, die ich in dieser Größe je gesehen habe.«

»Was wollen Sie wetten? Hundert Dollar, dass es falsche Perlen sind?«

»Einverstanden.«

»Ach, Elmer«, sagte Mrs. Ramsay lächelnd und mit einem leichten Tadel in ihrer angenehmen Stimme. »Du kannst doch nicht auf etwas wetten, was du ganz bestimmt weißt.«

»Warum kann ich das nicht? Warum soll ich mir eine solche Gelegenheit entgehen lassen? Da wäre ich ja ein Narr. So leicht verdiene ich hundert Dollar nie wieder.«

»Aber es gibt doch keinen Beweis«, sagte Mrs. Ramsay. »Es steht doch mein Wort gegen das von Mr. Kelada.«

»Beweis? Lassen Sie mich die Kette ansehen!«, sagte Mr. Kelada. »Ich werde Ihnen auf den ersten Blick sagen, ob es eine Imitation ist oder nicht. Ich kann's mir leisten, hundert Dollar zu verlieren.«

»Nimm die Kette ab, Liebling. Mr. Kelada soll sie ansehen, solange er will.«

Zögernd betastete Mrs. Ramsay die Schließe.

»Ich kann sie nicht öffnen. Mr. Kelada wird mir aufs Wort glauben müssen.«

Mit einem Mal hatte ich das Gefühl, dass sich hier ein Unheil anbahnte. Aber es fiel mir nichts ein, wodurch ich es hätte verhindern können.

Ramsay war aufgesprungen: »Schön, dann werde ich sie dir abnehmen.«

Und er überreichte Mr. Kelada die Kette.

Der Levantiner zog ein Vergrößerungsglas aus seiner Tasche und widmete sich der Untersuchung. Ein zufriedenes Lächeln erschien auf seinem fetten Gesicht. Er reichte die Kette zurück und wollte zu sprechen beginnen.

Plötzlich fiel sein Blick auf Mrs. Ramsay. Sie saß totenblass da und schwankte, als ob sie im nächsten Augenblick ohnmächtig umsinken wollte. Ihre vor Schreck geweiteten Augen waren so flehend auf Mr. Kelada gerichtet, dass ich mich wunderte, wieso ihr Gatte von alledem nichts merkte.

Mr. Kelada hielt den Mund noch einige Sekunden offen, dann biss er sich auf die Lippen und senkte den Kopf. Man sah förmlich, wie viel Überwindung es ihn kostete.

»Ich habe mich geirrt«, sagte er. »Die Perlen sind eine sehr gute Imitation. Sehen aus wie echt. Aber durch mein Vergrößerungsglas habe ich natürlich sofort gemerkt, dass sie falsch sind. Mit achtzehn Dollar haben Sie für dieses verdammte Zeug genau das Richtige bezahlt.«

Er zog seine Brieftasche hervor und hielt Ramsay eine Hundertdollarnote hin.

Ramsay steckte sie befriedigt ein:

»Das wird Sie vielleicht lehren, nicht immer so große Töne zu spucken, mein Freund«, sagte er.

Ich sah, dass Mr. Keladas Hand zitterte.

Der Vorfall machte die Runde auf dem Schiff, und Mr. Kelada musste sich an diesem Abend eine Menge Neckereien gefallen lassen. Die Freude über den Denkzettel, den Mister Allwissend abbekommen hatte, war allgemein.

Mrs. Ramsay litt an Kopfschmerzen und blieb in ihrer Kabine.

Als ich am folgenden Morgen vor dem Spiegel stand und mich rasierte – Mr. Kelada lag auf seinem Bett und rauchte eine Zigarette –, hörte ich ein leises Raschelgeräusch an der Tür. Ein Brief war durch den Spalt geschoben worden. Ich öffnete die Tür und schaute hinaus. Es war niemand zu sehen. Ich hob den Brief auf und überreichte ihn Mr. Kelada, dessen Name in Blockbuchstaben auf dem Umschlag stand.

»Für mich? Von wem?« Er riss den Brief auf. »Oh!«, machte er.

In dem Umschlag befand sich eine Hundertdollarnote. Sonst nichts. Mr. Kelada warf mir mit gerötetem Gesicht einen Blick zu, zerriss den Umschlag in kleine Stückchen und drückte sie mir in die Hand:

»Darf ich Sie bitten, das hier zur Luke hinauszuwerfen?«

Ich erfüllte seinen Wunsch und sah ihn dann mit einem Lächeln an.

»Niemand macht sich gern vor anderen Leuten zum Idioten«, sagte Mr. Kelada.

»Waren die Perlen echt?«, fragte ich.

»Nun, jedenfalls – wenn ich eine so hübsche kleine Frau hätte, würde ich sie nicht ein Jahr lang allein in New York lassen.«

In diesem Augenblick war mir Mr. Kelada nicht mehr so unsympathisch. Er holte seine Brieftasche hervor und legte die Hundertdollarnote sorgfältig hinein.

Sławomir Mrożek

Der Nachtexpress

Fünf Minuten vor Abfahrt des Zuges fand ich mein Abteil im Schlafwagen. Zum Glück war außer meinem nur ein Bett besetzt, ich konnte also hoffen, eine ruhige Nacht zu haben. Es lag schon jemand in dem Bett, unter der über den Bart gezogenen Decke sah nur eine blasse spitze Nase hervor.

Ich verlor ihn gleich aus den Augen, denn als ich »Guten Abend« sagte, erhielt ich keine Antwort – umso besser, das heißt, dass er schon schläft und ich keine konventionellen Pflichten habe. Ich setzte mich auf das untere Bett und begann mich auszuziehen.

»Rauchen Sie?«, hörte ich von oben.

»Danke, nein.«

»Ich kann Rauch nicht ausstehen.«

»Sie können beruhigt sein, ich rauche nicht.«

»Aber vielleicht rauchen Sie und gewöhnen es sich jetzt nur ab. Mitten in der Nacht bekommen Sie Lust, und Sie können sich nicht beherrschen.«

»Nein, ich habe nie geraucht.«

Die Stimme verstummte. Ich zog die Socken aus.

»Aber vielleicht fangen Sie an?«

»Was?«

»Zu rauchen. Manche fangen sogar im hohen Alter noch an.«

»Ich habe nicht die Absicht.«

»Das sagt sich so, und dann tut man was anderes. Ich würde das nicht ertragen.«

»Außerdem habe ich gar keine Zigaretten bei mir.«

»Dann holen Sie sich welche vom Schaffner.«

»Es ist nicht sicher, ob der raucht.«

»Und wenn er raucht?«

»Dann ginge ich auf den Korridor, ich würde schließlich nicht im Abteil rauchen.«

»Und wenn die Tür klemmt?«

»Schadet nichts, ich rauche ja nicht, ich habe nie geraucht und habe nicht die Absicht, damit zu beginnen. Gute Nacht.«

Dieses »Gute Nacht« sagte ich etwas verfrüht, weil mir ja noch das Hemd und die Hosen abzulegen übrigblieben. Aber ich wollte das Gespräch abbrechen.

Das gelang mir, aber nicht für lange. Ich schaffte es kaum, das Hemd auszuziehen, als er sich wieder vernehmen ließ: »Machen Sie nicht das Licht aus?«

»Mach ich, ich zieh mich nur erst aus.«

»Manche lesen ja gern vor dem Einschlafen, aber dann kann ich nicht schlafen. Ich bin gegen Licht allergisch.«

»Ich bin ein Analphabet.«

»Sie könnten ja Bilder ansehen.«

»Hier gibt es keine illustrierten Bücher.«

»Und Fotografien? Sie haben sicher ein Foto Ihrer Frau, das Sie vor dem Einschlafen ansehen wollen.«

»Ich bin geschieden.«

»Und Kinder?«

»Ich habe keine Kinder.«

»Jeder hat irgendjemanden, der ihm nahesteht.«

»Nein, ich habe keine Fotografien. Wollen Sie mich durchsuchen?«

»Wenn Sie keine Fotografien haben, dann wollen Sie sich sicher Ihre Pickel im Spiegel oder sonst was ansehen … Aber ich ertrage nicht …«

Er redete nicht zu Ende, weil ich das Licht löschte. Er seufzte, und es herrschte Stille, ich war gerade am Einschlafen, als ich die Frage hörte: »Schnarchen Sie?«

»Nein.«

»Warum nicht?«

»Das hat sich so ergeben.«

»Im Allgemeinen schnarchen alle, aber mich stört das. Ich bin überempfindlich an den Ohren.«

»Leider kann ich damit nicht dienen.«

»Sind Sie sicher, dass Sie nicht schnarchen?«

»Absolut. Und jetzt erlauben Sie mir bitte einzuschlafen. Ich bin sehr müde.«

Er erlaubte es. Mich weckte ein grelles Licht und ein Rütteln an der Schulter.

»Hallo Sie, hallo Sie!«

Ich sah seine spitze Nase direkt vor meinem Gesicht. Aus seinem Bett nach unten gebeugt, zog er mich an den Ärmeln des Schlafanzugs.

»Bitte, wenn Sie nicht rauchen, nicht schnarchen und kein Licht anlassen, was machen Sie dann eigentlich?«

»Wollen Sie das wissen?«

»Ja! Irgendetwas müssen Sie ja tun, nur weiß ich nicht, was. Das beunruhigt mich so, dass ich nicht schlafen kann.«

»Ich würge.«

»Was machen Sie?«

»Ich würge. Mit bloßen Händen oder mit Hilfe einer Schnur. Haben Sie nie von dem berühmten ›Würger im Nachtexpress‹ gehört? Er verkehrt hauptsächlich auf dieser Linie. Er kauft als unschuldiger Passagier eine Schlafwagenkarte und würgt in der Nacht. Am allerliebsten natürlich dann, wenn außer ihm und dem Opfer niemand sonst im Abteil ist. Ein Perverser, aber dieser Perverse bin ich.«

Bis zum Morgen hatte ich Ruhe. Als ich morgens zur Toilette ging, fand ich ihn auf dem Korridor, im Mantel und mit seinem Koffer. Er hatte die ganze Nacht auf seinem Koffer gesessen. Bei meinem Anblick stand er auf, und den Koffer hinter sich herziehend, entfernte er sich zum anderen Ende des Korridors hin.

Er tat mir plötzlich leid. Das Leben eines sensiblen Menschen ist nicht einfach.

Friedrich Dürrenmatt

Der Kahnfahrer

Der Kahnfahrer kam von irgendwo hinter der Insel hervor in einem Mietboot, dessen Gelb mir schon unangenehm aufgefallen war, wie ich noch ruderte. Er stieg wenige Augenblicke nach mir ans Land, ein untersetzter, rotgebrannter Kerl mit einem runden Kopf, auf dem die Haare fehlten. Er trug eine graue Hose und ein weißes Hemd. Über die rechte Schulter hatte er eine braune Lederjacke gehängt. Schweigend befestigten wir die Kähne an den Eisenringen, es war in dieser Hitze nicht mehr Mode, sich zu grüßen.

Ich wollte schon gehen, da sagte er: »Ich bin ein Mathematiker und möchte mit Ihnen trinken.«

»Wo kommen Sie denn her?«, fragte ich ihn. »Sie mit Ihrer Mathematik.«

»Von Persien«, antwortete er, »vom Elburs-Gebirge.«

Das war der Grund, warum ich mit ihm trinken ging. Wir saßen im *Kreuz*. Es war niemand in der Gaststube.

»Ich bin ein litauischer Staatsbürger«, sagte der Mathematiker, wie der erste halbe Liter Weißwein getrunken war. »Ich heiße Claude Dufroy. Ein litauischer Bürger sollte eigentlich nicht so heißen. Ich habe mich immer über meinen Namen gewundert.«

»Litauen gibt es nicht mehr«, sagte ich.

»Eben«, antwortete er. »Deshalb bin ich auch ein Perser geworden und vermesse dort Gebirge gegen Afghanistan hin. Ich bin nach der Schweiz gekommen, weil ich mir einen Lessing kaufen will. In Griechenland fand ich keinen, in Italien auch nicht, die österreichische Sprache mag ich nicht und so bin ich hier.«

»Das nenne ich den Lessing lieben«, sagte ich.

»Ich liebe die Vernunft«, entgegnete er, und wir bestellten den zweiten Halben Weißwein.

»Ich komme vom Fischerdorf jenseits der Insel«, fuhr er fort. »Ich habe den Ort mit diesem Dorf hier verwechselt. Sie heißen beide fast gleich. So musste ich denn über den See rudern. Nennt sich der Arzt hier Marti?«

Ich bejahte die Frage und wunderte mich, was der Fremde eigentlich wollte. Ich wurde nicht klug aus ihm und hätte seinem Aussehen nach mehr auf einen Hausierer geschlossen als auf einen Mathematiker.

»Und dem Marti seine Frau?«, fragte er, »die hieß doch Glogau?«

»So hieß sie in der ersten Ehe«, sagte ich. »So wenigstens glaube ich, war der Name. Sie brachte zwei Kinder mit und hat jetzt von Marti zwei weitere bekommen.«

Der Fremde fing an zu lachen.

»Zwei weitere«, lachte er, »das habe ich mir gedacht. Zwei weitere.«

Er lachte immer weiter. Endlich fragte er: »Dieser Glogau? Wissen Sie auch über den Bescheid?«

»Der ist tot«, sagte ich. »Schon lange.«

Der andere lachte immer noch.

»Er ist vor dem Krieg in Persien abgestürzt«, sagte ich ärgerlich.

»Unsinn«, antwortete der Fremde. »Das glaubt man nur. Dieser Glogau bin ich.«

Ich wunderte mich.

»Es war ohne Zweifel«, sagte er, »ein erhabener Anblick, wie im Jahre sechsunddreißig die silberne Maschine irgendeiner amerikanischen Fluggesellschaft mit zwölf Passagieren, darunter meine Wenigkeit, von einem Gewitter unsanft angefasst, gegen den breiten Rücken des Denawend geschleudert wurde und in Flammen aufging, deren Strahlen bis nach Teheran leuchteten. Was aus den andern elf geworden ist und den drei Mann der Besatzung, will ich nicht näher beschreiben, doch wie ich davonkam und warum ich kaum fünfzig Meter von der rauchenden Trümmerstätte entfernt auf eine armselige persische Hochgebirgsflora zu liegen kam, erbärmlich geschunden, aber lebend, das habe ich trotz meiner Mathematik noch nicht begriffen, Herr. Da lag ich denn, ich weiß nicht wie lange, über mir ein phantastischer, ewig wechselnder Himmel und unter mir das unbekannte, steinige persische Land. Ein eisiger Wind wehte und blies Asche und verkohltes Papier von der Trümmerstätte her, die Überreste der Postsäcke, die mit verbrannt waren. So umklammerte ich denn, wie ich endlich wieder zu mir kam und bevor mir noch recht bewusst wurde, was geschehen war, einen halbverbrannten, hergewehten litauischen Reisepass mit meiner blutenden rechten Hand, und noch halb benommen buchstabierte ich den Namen Claude Dufroy.«

»Zum Teufel«, sagte ich, »das ist doch kein Grund, seine Existenz zu wechseln wie ein Hemd und eine Frau mit zwei Kindern im Stich zu lassen. Oder hatten Sie denn etwa das Gedächtnis verloren?«

»Unsinn«, entgegnete er. »Es ging mir dabei um die Mathematik, oder besser, um die Klarheit, die in der Mathematik zum Ausdruck kommt. Der Sturz gegen die silberne Fläche des Denawend, gegen diese aus schwarzen Wolken tauchende Welt von Fels und Eis, war schrecklich, aber noch schrecklicher war der Blick in jenen Abgrund, der in zwei nächtlichen Augen liegen kann.«

Wir tranken den dritten Halben leer.

»Ich kenne Sie nicht und will auch Ihren Namen nicht wissen«, fuhr der kahlköpfige Fremde fort. »Wir werden uns niemals wiedersehen, und das ist gut so. Man erzählt am besten einem Unbekannten, was man sonst niemandem erzählt. Da lag ich denn im Jahre sechsunddreißig in einem ebenso heißen Juli, wie wir ihn jetzt haben, in Basel neben der Frau, die nun den Marti geheiratet hat und ihm wie mir zwei Kinder schenkte. Es war in der Nacht vor meiner Abreise nach Persien. Ich weiß nicht, was mich bewog, nach dem zu forschen, was in der Tiefe der weißen, steinernen Augen vor sich ging, die unbeweglich an mir vorbeistarrten, wie ich mich über ihr Gesicht neigte. Die mondene Nacht begabte mich mit einer grausamen Lust, auch das Geheimste zu erfahren. Der Mensch wird immer fürchterlich, wenn er die Wahrheit wissen will. Ich begann meine Frau auszufragen und lockte sie in eine Falle um die andere, bis uns beide mit einem Mal das Grauen ob unserem Tun schüttelte, aber es war zu spät, wir konnten nicht mehr zurück. So gestand sie denn, dass sie seit je einen andern liebte, und mit diesem Wissen ging ich auf die Reise. Ich war nicht verzweifelt, ich hätte mit meiner Frau weitergelebt, wie tausend Ehemänner weiterleben, und auch sie war bereit, dies weiter zu tun, die Gewohnheit hätte auch diese Wunde geheilt; aber wie ich nun da an einer Felswand des Denawend klebte, wie an einer großen Schiefertafel, auf der mein Leben ausgebreitet war, und wie ich die Möglichkeit, ein anderer zu werden, greifbar in den Händen hatte, kam mir meine Ehe so von Grund auf verkehrt und falsch vor, dass ich der Versuchung nicht widerstehen konnte, mein Dasein auf diesem armen Planeten neu zu ordnen. Ich wollte von nun an nach den klaren, unerbittlichen Grundsätzen der Vernunft leben. Der kalte Wind blies die letzten Reste eines nicht mathematischen Gefühls aus meiner Seele, und so schrieb ich denn mühsam, mit steifgefrorenen Fingern auf die Rückseite meines alten, guten Schweizer Passes: An Ludwig Marti, Arzt in L. in der Schweiz zu übersenden: Ernst Theodor Glogau, in eine verdammte Maschine eingeschlossen, die über dem Denawendberge in Persien hilflos hin- und herschwankt, steuerlos, wie es scheint, und die sich immer bedenklicher einem tödlichen Wirrwarr von Eis und schiefen Felswänden nähert, übergibt Ihnen seine Frau und seine zwei Kinder. Da Sie einst zu schüchtern waren und meine Frau auch nicht zu sprechen wagte, wurde ich zehn Jahre glücklich; mein Tod, der nach dem Stand der Dinge leider kaum mehr zu vermeiden ist, fügt jene zusammen, die sich immer noch lieben.

Nun, Herr, diese schöne Formulierung fand die Rettungskolonne aus Teheran mitten in den verkohlten Leichen; in der Schweiz geschah, was ich am Denawend entworfen hatte, und der in einen litauischen Staatsbürger Verwandelte fing an, persische Gebirge zu vermessen, nachdem er seinem und der dreizehn andern Toten Begräbnis nicht ohne Erschütterung am Fuße des Gebirges beigewohnt und den Litaneien und Gebeten der katholischen, protestantischen und jüdischen Geistlichkeit, die bei diesem Anlass angestimmt wurden, andächtig zugehört hatte.«

In der Gaststube war es dunkel geworden. Wir saßen uns in der unbarmherzigen Schwüle mit halboffenen Hemden und schweißüberströmt gegenüber.

»Ich habe es nur getan, weil ich mir denke, dass unser Leben ebenso sauber und deutlich sein muss wie eine Linie, die man von einem Punkt zum andern zieht«, sagte er.

»Und jetzt wollen Sie Ihre Frau wiedersehen?«, fragte ich nicht ohne Bedenken.

»Eigentlich hatte ich dies auch im Sinn und nicht nur den Lessing«, gab er zu, »aber ich sehe ein, dass dies unmöglich ist. Die gute Frau wäre zu sehr verwirrt, und Marti ist ein Esel.«

Wir schwiegen. Was soll man mit einem Toten auch machen, der aus seinem Grabe gestiegen ist?

»Hoffentlich haben Sie in Persien nicht wieder geheiratet«, sagte ich.

Er runzelte die Stirn. »Warum soll ein Litauer, dessen nie gesehenes Vaterland jämmerlich eingegangen ist, dessen wirkliches er verloren hat und der in einem fremden lebt, nicht eine von Gott und Welt verlassene Französin heiraten, wenn er eine findet?«, fragte er. »Ich habe eine gefunden.«

»Und haben Sie auch den Abgrund ihrer Augen erforscht?«, fragte ich ängstlich.

Er nickte melancholisch: »Vor drei Wochen. In der Nacht vor meiner Abreise nach Europa. Dieser Abgrund war noch schrecklicher als der erste, den ich erforschte. Die Französin hat mich nur aus Verlegenheit geheiratet und weil man einen Menschen haben muss. Sie glaubte zu lieben, weil sie die Liebe nicht kannte. Und nun, wie das französische Konsulat neu besetzt worden ist, liebt sie zum ersten Mal in ihrem Leben.«

Draußen donnerte es.

»Mein Gott«, sagte ich. »Was nun?«

»Ich bin wieder einmal gescheitert«, antwortete er. »Und draußen kommt ein Gewitter wie jenes, das mich an den Denawend warf.«

Zur Tür kam Marti herein, der Arzt, und hinter ihm Karl, den ihm seine Frau nebst einer Tochter in die Ehe gebracht hatte.

»Es kommt ein Gewitter«, sagte Marti und bestellte einen Campari. Mit Siphon. Karl nahm ein Henniez, denn er ist abstinent.

Sie tranken und dann gingen sie wieder hinaus.

Im Schein der dichter fallenden Blitze leuchteten unsere Gesichter.

»Ja, das ist nun der Marti gewesen«, sagte der Mathematiker. »Er trägt immer noch seinen roten Bocksbart, redet nur von Dingen, die jeder weiß, und sonst nichts.« Und dann sagte er noch: »Der andere war mein Sohn.«

Darauf wollte er nach Persien zurück.

Wir zahlten und gingen hinaus.

Bei den Booten stand ein Fischer, der heftig fluchte, wie der Fremde den Kahn bestieg. Die ersten Windstöße kamen, die ersten nahen, krachenden Donnerschläge.

Aber es gefiel dem Mathematiker vom Elburs-Gebirge nicht mehr in unserem Dorf.

Schon halb von den Regenschauern verschluckt, die nun heranprasselten, immer dichter, immer silberner, rief er noch, wo er einen Lessing kaufen könne.

Ich schrie ihm von Blitz und Donner unterbrochen den Namen eines Antiquariats in Zürich zu.

Es war mir darauf, als hörte ich vom ungewissen Schatten des schwindenden Kahnes her ein Gelächter, aber ich konnte mich getäuscht haben.

Dann, am andern Morgen, fand man jenseits der Insel das leere, umgeworfene Boot.

Man suchte zwei Tage nach dem persischen Landvermesser und fand nichts als die braune Lederjacke. In einer ihrer Taschen war ein persischer Pass. Auf der Rückseite stand geschrieben:

»Dem französischen Konsul in Teheran zu übersenden. Monsieur! Auf einem läppisch kleinen Schweizer See (o unermessliche Weite des Indischen Ozeans) von einem Gewitter überrascht, das an Heftigkeit ständig zunimmt, sehe ich, auf dem Boden eines armseligen Bootes liegend, des Schwimmens unkundig, und da man auch in einer Pfütze ertrinken kann, keine Chance mehr; nichts Angenehmeres als in einer so perfiden und nassen Lage seine Frau auf dem Trockenen und von einem Ehrenmann geliebt zu wissen, der für sie sorgen wird. Der persische Landvermesser Claude Dufroy.«

Da gab man das Suchen auf. Der See behielt den Toten.

Ich schickte den Pass wehmütig mit der Post nach Teheran.

Kaum hatte ich dies getan, wurde ich plötzlich argwöhnisch.

Ich telefonierte nach Zürich, um vom Antiquariat zu erfahren, ob nicht so einer vor kurzem einen Lessing gekauft habe.

Doch bevor sich jemand meldete, hängte ich wieder auf.

Ich wollte lieber doch nicht nachforschen.

Vladimir Nabokov

Wolke, Burg, See

Einer meiner Vertreter – ein bescheidener, freundlicher Junggeselle, sehr tüchtig – gewann auf einem von russischen Flüchtlingen veranstalteten Wohltätigkeitsball eine Vergnügungsreise. Es war 1936 oder 1937. Der Berliner Sommer stand in vollen Fluten (es war die zweite Woche kalten und feuchten Wetters und ein Jammer zu sehen, was alles umsonst grün geworden war, und nur die Spatzen blieben guter Dinge); er hatte keine Lust, irgendwohin zu fahren, aber als er versuchte, im Büro für Vergnügungsreisen seine Fahrkarte zu verkaufen, erfuhr er, dass es dazu einer besonderen Genehmigung des Verkehrsministeriums bedürfe; als er es dort versuchte, stellte sich heraus, dass er zuvor bei einem Notariat einen komplizierten vorgedruckten Antrag einreichen müsse; und außerdem musste man sich bei der Polizei eine sogenannte »Nichtabwesenheitsbescheinigung für die Sommermonate« beschaffen.

Also seufzte er ein wenig und beschloss zu reisen. Er lieh sich von Freunden eine Aluminiumflasche, ließ seine Schuhe besohlen, kaufte einen Gürtel und ein modisches Flanellhemd – eines jener feigen Biester, die sich schon in der ersten Wäsche ganz klein machen. Übrigens war es zu weit für diesen liebenswerten kleinen Mann mit dem immer sorgfältig geschnittenen Haar und den klugen und gütigen Augen. Ich kann mich im Augenblick nicht an seinen Namen erinnern. Ich glaube, er hieß Wassilij Iwanowitsch.

Er schlief schlecht in der Nacht vor der Abreise. Und warum? Weil er ungewöhnlich früh aufstehen musste und daher das feine, zerbrechliche Gesicht der Uhr, die auf dem Nachttisch tickte, mit in seine Träume nahm; hauptsächlich aber, weil er ausgerechnet in dieser Nacht und ohne jeden Grund anfing, sich einzubilden, dass diese Reise, die ihm von einem weiblichen Fatum in tiefausgeschnittenem Ballkleid aufgedrängt worden war, diese Reise, die er so widerstrebend angenommen hatte, ihm ein wunderbares bebendes Glück bescheren würde. Dieses Glück hätte etwas mit seiner Kindheit gemein und mit der Erregung, in die ihn russische Lyrik versetzte, und mit einem Abendhorizont, wie er ihn einmal im Traum gesehen hatte, und mit jener Dame, der Frau eines anderen Mannes, die er sieben Jahre hindurch hoffnungslos geliebt hatte –

aber es würde erfüllter und bedeutungsvoller sein als alles andere. Und außerdem hatte er das Gefühl, dass das wirklich lebenswerte Leben auf etwas oder jemanden gerichtet sein müsse.

Der Morgen war trüb, aber dampfend warm und schwül, mit einem inneren Licht, und es war nicht unangenehm, in einer Straßenbahn zum entfernten Bahnhof zu rattern, der zum Treffpunkt bestimmt war: Es sollten – leider – mehrere Personen an dieser Reise teilnehmen. Wer würden sie sein, diese schläfrigen Geschöpfe, so schläfrig, wie uns alle noch unbekannten Wesen erscheinen? Am Schalter 6, um 7 Uhr früh, wie in der Anweisung angegeben, die an die Fahrkarte geheftet war, sah er sie (sie warteten schon; es war ihm gelungen, ungefähr drei Minuten zu spät zu kommen).

Ein hochaufgeschossener, blonder junger Mann in Tirolertracht fiel sogleich auf. Er war rotgebrannt wie ein Hahnenkamm, hatte ziegelrote Knie mit goldenen Härchen darauf, und seine Nase sah aus wie lackiert. Er war der Führer, den das Reisebüro stellte, und sobald der Neuankömmling die Gruppe erreicht hatte (die aus vier Frauen und ebenso vielen Männern bestand), führte er alle an einen Zug, trug dabei seinen monströsen Rucksack mit schreckenerregender Leichtigkeit und stampfte mit seinen Nagelschuhen fest auf.

In einem leeren Wagen, eindeutig dritter Klasse, fand jeder Platz, und Wassilij Iwanowitsch, der sich abseits gesetzt und einen Pfefferminzbonbon in den Mund gesteckt hatte, öffnete einen kleinen Band Tjuttschew, den er schon lange wieder einmal lesen wollte; aber er wurde ersucht, das Buch zur Seite zu legen und sich der Gruppe anzuschließen. Ein älterer, bebrillter Postbeamter, dessen Schädel, Kinn und Oberlippe stachelig blau waren, als hätte er speziell für diese Reise einen außerordentlich üppigen und harten Bartwuchs abrasiert, verkündete sofort, dass er in Russland gewesen sei und etwas Russisch könne – zum Beispiel *pazlui* –, und begann in Erinnerung an irgendwelche Techtelmechtel in Zarizyn so mit den Augen zu zwinkern, dass seine beleibte Frau in der Luft mit dem Handrücken eine Ohrfeige beschrieb. Die Gesellschaft begann laut zu werden. Vier Angestellte der gleichen Baufirma warfen einander schwere Scherze zu: ein Mann mittleren Alters, Schultz; ein jüngerer Mann, auch Schultz, und zwei zappelige Frauen mit großem Mund und großem Hinterteil. Die rothaarige, ziemlich burleske Witwe im Sportrock kannte Russland auch ein wenig (den Strand von Riga). Außerdem gab es noch einen dunkelhaarigen jungen Mann namens Schramm mit glanzlosen Augen und einer vagen, samtweichen Niedertracht in

Wesen und Manieren, der ständig die Unterhaltung auf diesen oder jenen Vorzug der Reise lenkte und das erste Signal zu entzücktem Lob gab; er war, wie sich später herausstellte, ein vom Büro für Vergnügungsreisen mitgeschickter Stimmungsmacher.

Die Lokomotive eilte mit fuchtelnden Ellbogen durch einen Kiefernwald, dann – gelassener – zwischen Feldern hindurch. Da er vorläufig die ganze Absurdität und Schrecklichkeit der Situation nur dunkel ahnte und sich vielleicht einzureden versuchte, dass dies alles doch sehr nett sei, brachte Wassilij Iwanowitsch es fertig, die schnell dahinfliegenden Gaben der Straße zu genießen. Und wahrhaftig, wie verlockend doch alles ist, welchen Charme die Welt gewinnt, wenn sie aufgezogen wird und sich dann wie ein Karussell bewegt! Die Sonne kroch auf eine Ecke des Fensters zu und ergoss sich plötzlich über die gelbe Bank. Der schlecht gebügelte Schatten des Wagens raste wie verrückt an der grasbewachsenen Böschung entlang, wo Blumen zu Farbstreifen verschmolzen. Ein Bahnübergang: ein Radfahrer wartete, einen Fuß auf dem Boden. Bäume tauchten auf, einzeln und in Gruppen, drehten sich kühl und gefällig und führten die neuesten Moden vor. Die blaue Feuchte eines Hohlwegs. Eine Liebeserinnerung, als Wiese verkleidet. Wuschelige Wolken – Windspiele des Himmels.

Uns beide, Wassilij Iwanowitsch und mich, hat die Anonymität aller Teile einer Landschaft, die der Seele so gefährlich ist, immer beeindruckt, die Unmöglichkeit, jemals herauszufinden, wohin der Pfad, den man gerade sieht, führt – und schau, was für ein verlockendes Dickicht! Es kam vor, dass an einem entfernten Hang oder in einer Lücke zwischen den Bäumen für einen Augenblick ein bezaubernder Fleck auftauchte, einen Augenblick verhielt, wie in den Lungen angehaltene Luft, ein Rasen, eine Terrasse – ein so vollkommener Ausdruck zarter, wohlmeinender Schönheit –, dass es schien, wenn es gelänge, den Zug anzuhalten und dorthin zu wandeln, auf immer zu dir, Geliebte … Aber schon jagten tausend Buchenstämme wild vorüber, wirbelten in einem siedenden Sonnentümpel, und schon war die Gelegenheit zum Glücklichsein vorüber.

An den Stationen betrachtete Wassilij Iwanowitsch die Formen irgendwelcher völlig bedeutungsloser Gegenstände – eines Schmutzflecks auf dem Bahnsteig, eines Kirschkerns, eines Zigarettenstummels – und sagte sich, dass er sich nie, nie wieder an diese drei kleinen Dinge hier in dieser besonderen Beziehung zueinander erinnern würde, an dieses Muster, das er jetzt in so unsterblicher Genauigkeit sehen konnte; oder wenn er eine Gruppe

Kinder sah, die auf einen Zug warteten, versuchte er mit aller Macht, wenigstens einen bemerkenswerten Lebenslauf herauszufinden – in Form einer Violine oder einer Krone, eines Propellers oder einer Leier –, und schaute so lange, bis die Gruppe Dorfschuljungen aussah wie auf einer alten, nunmehr abgebildeten Fotografie mit einem kleinen weißen Kreuz über dem Gesicht des letzten Jungen ganz rechts: des Helden Kindheit.

Aber man konnte immer nur kurze Zeit aus dem Fenster sehen. Es waren an alle vom Reisebüro Noten mit Versen verteilt worden:

Spinne nicht, sei unverdrossen,
Nimm den Knotenstock zur Hand,
Such dir muntre Weggenossen
Und durchstreife Feld und Land.

Gras und Stoppeln untern Sohlen,
Muntre Burschen um dich her:
Sorgen soll der Teufel holen.
Sei kein Eigenbrötler mehr!

Es marschiert und schwitzt ein jeder,
Und die Feldmaus stirbt und schreit.
Kerle ganz aus Stahl und Leder
In der Heideeinsamkeit.

Das sollte gemeinsam gesungen werden: Wassilij Iwanowitsch, der nicht nur nicht singen, sondern nicht einmal die deutschen Worte klar aussprechen konnte, nutzte den ohrenbetäubenden Lärm dazu, einfach nur den Mund weit aufzureißen und sich leise hin und her zu wiegen, als ob er wirklich sänge – aber auf ein Zeichen des heimtückischen Schramm stoppte der Führer plötzlich den allgemeinen Gesang und forderte Wassilij Iwanowitsch mit einem seitlichen Blick auf, allein zu singen. Wassilij Iwanowitsch räusperte sich, begann zaghaft, und nach einer Minute einsamer Qual stimmten alle ein; aber danach wagte er es nicht mehr auszusetzen.

Er hatte sich seine Lieblingsgurke aus dem russischen Laden mitgenommen, einen Laib Brot und drei Eier. Als es Abend wurde und die niedere rote Sonne voll in den verschmutzten, seekranken, vom eigenen Lärm betäubten Wagen schien, wurden alle aufgefordert, ihren Reiseproviant abzugeben, damit er redlich geteilt werde – das war besonders einfach, weil alle außer Wassilij Iwanowitsch das Gleiche mithatten. Die Gurke belustigte alle, wurde für ungenießbar erklärt und aus dem Fenster geworfen. In Anbetracht seines unzureichenden Beitrags zur Mahlzeit bekam Wassilij Iwanowitsch eine kleinere Portion Wurst.

Er musste Karten spielen. Sie zerrten ihn herum, fragten ihn aus, prüften, ob er die Reiseroute auf der Karte zeigen könne – mit einem Wort, alle befassten sich mit ihm zuerst gutmütig, dann voller Bosheit, die mit dem Herannahen der Nacht zunahm. Beide Mädchen hießen Greta; die rothaarige Witwe sah irgendwie dem hahnenhaften Führer ähnlich; Schramm, Schultz und der andere Schultz, der Postbeamte und seine Frau, alle wuchsen sie nach und nach zusammen, verschmolzen miteinander, bildeten ein kollektives, wabbelndes, vielhändiges Wesen, dem man nicht entfliehen konnte. Es drang von allen Seiten auf ihn ein. Aber plötzlich stiegen an irgendeiner Station alle aus, und es war schon dunkel, obwohl im Westen noch immer eine sehr lange, sehr rosarote Wolke hing, und ein Stück weiter das Gleis entlang zitterte der Stern einer Lampe mit herzzerreißendem Licht durch den schwerfälligen Rauch der Lokomotive, und Grillen zirpten im Dunkeln, und von irgendwoher kam der Duft von Jasmin und Heu, Geliebte.

Sie verbrachten die Nacht in einem baufälligen Gasthof. Eine ausgewachsene Wanze ist schauderhaft, aber es liegt eine gewisse Grazie in den Bewegungen eines seidigen Silberfischchens. Der Postbeamte wurde von seiner Frau getrennt, die mit der Witwe untergebracht wurde; er wurde für die

Nacht Wassilij Iwanowitsch zugeteilt. Die beiden Betten nahmen den ganzen Raum ein. Steppdecke obendrauf, Nachttopf untendrunter. Der Postmensch sagte, dass er irgendwie gar nicht müde sei, und fing an, von seinen russischen Abenteuern zu erzählen, weit ausführlicher als im Zug. Er war ein tyrannischer Kerl, gründlich und hartnäckig, in langen, baumwollenen Unterhosen, mit perlmutternen Krallen an den schmutzigen Zehen und Bärenfell zwischen den fetten Brüsten. Ein Nachtfalter stieß flatternd an die Decke und spielte mit seinem Schatten. »In Zarizyn«, sagte er, »gibt es jetzt drei Schulen, eine deutsche, eine tschechische und eine chinesische. Jedenfalls hat mir mein Schwager das erzählt; er war dort in einer Traktorenfabrik.«

Am nächsten Tag wirbelten sie vom frühen Morgen bis fünf Uhr nachmittags den Staub entlang einer Landstraße auf, die sich von Hügel zu Hügel wellte; dann schlugen sie einen grünen Weg durch dichten Tannenwald ein. Wassilij Iwanowitsch, der am wenigsten zu tragen hatte, musste ein riesiges rundes Brot unter den Arm nehmen. Wie ich dich hasse, du unser tägliches! Aber noch immer bemerkten seine kostbaren, erfahrenen Augen alles Notwendige. Vor dem Hintergrund des Tannendunkels hing vertikal eine dürre Nadel an einem unsichtbaren Faden.

Wieder drängelten sie sich mit Sack und Pack in einen Zug, und wieder war der kleine, abteillose Wagen leer. Der andere Schultz versuchte, Wassilij Iwanowitsch das Mandolinespielen beizubringen. Es wurde viel gelacht. Als sie dessen müde wurden, dachten sie sich ein großartiges Spiel aus, das von Schramm überwacht wurde. Es ging so: Die Frauen legten sich auf die Bänke, die sie sich auszusuchen hatten und unter denen schon die Männer versteckt waren, und wenn unter einer solchen Bank hervor dann ein rotes Gesicht mit Ohren oder eine große gespreizte Hand auftauchte, mit gekrümmten Fingern den Rock anhob (was viel Kreischen verursachte), dann kam heraus, welche Pärchen sich ergeben hatten. Dreimal legte sich Wassilij Iwanowitsch in die schmutzige Finsternis nieder, und dreimal stellte sich heraus, dass niemand auf der Bank lag, als er wieder hervorkroch. Er wurde zum Verlierer erklärt und gezwungen, einen Zigarettenstummel zu essen.

Sie verbrachten die Nacht auf Strohsäcken in einer Scheune und brachen am frühen Morgen wieder zu Fuß auf. Tannen, tiefe Schluchten, schäumende Flüsse. Von der Hitze, von den Liedern, die man ständig grölen musste, war Wassilij Iwanowitsch dermaßen erschöpft, dass er bei der Mittagsrast einschlief und erst wieder erwachte, als sie anfingen, nach Pferdebremsen zu schlagen, die angeblich auf ihm saßen. Aber nach einer weiteren Stunde Marsches ward plötzlich jenes Glücksgefühl entdeckt, von dem er einst halb geträumt hatte.

Es war ein klarer blauer See mit einem ungewöhnlichen Ausdruck des Wassers. In der Mitte spiegelte sich eine große Wolke in ihrer ganzen Größe. Auf der anderen Seite, auf einem dicht mit Grün bedeckten Hügel (und je dunkler das Grün, desto poetischer ist es), ragte eine alte schwarze Burg, die von Daktylus anstieg zu Daktylus. Gewiss, es gab viele solcher Ansichten in Mitteleuropa, aber gerade diese – in der unbeschreiblichen und einzigartigen Harmonie ihrer drei wesentlichen Teile, in ihrem Lächeln, in einer ihr eigenen geheimnisvollen Unschuld, Geliebte! Gehorsame! – war etwas so Einzigartiges und so Vertrautes und so lang Verheißenes, und sie *verstand* ihren Betrachter so gut, dass Wassilij Iwanowitsch gar die Hand aufs Herz presste, als wolle er sehen, ob sein Herz noch da sei, damit er es hergeben könne.

In einiger Entfernung machte Schramm, indem er mit dem Alpenstock des Führers in die Luft stach, die Ausflügler auf dieses oder jenes aufmerksam; sie hatten sich im Gras niedergelassen, in Posen, wie man sie auf Amateurschnappschüssen sieht, während der Führer auf einem Baumstumpf saß, das

Hinterteil dem See zugekehrt, und ein Vesper einnahm. Ganz still, sich im eigenen Schatten verbergend, folgte Wassilij Iwanowitsch dem Ufer und kam an eine Art Gasthaus. Ein noch recht junger Hund begrüßte ihn; er kroch auf dem Bauch, mit lachenden Lefzen, während der Schwanz heftig den Boden schlug. Wassilij Iwanowitsch begleitete den Hund ins Haus, ein buntscheckiges, zweistöckiges Gebäude mit einem blinkenden Fenster unter einem konvexen Ziegellid; und er fand den Eigentümer, einen großen alten Mann, der fast wie ein russischer Kriegsveteran aussah und so schlecht mit einem so weichen schleppenden Akzent Deutsch sprach, dass Wassilij Iwanowitsch zu seiner Muttersprache überwechselte, aber wie in einem Traum verstand ihn der Mann und sprach selber in der Sprache seiner Umgebung, seiner Familie weiter.

Oben war ein Zimmer für Feriengäste. »Wissen Sie, ich werde es für den Rest meines Lebens mieten«, soll Wassilij Iwanowitsch gesagt haben, sobald er es betreten hatte. Das Zimmer selbst hatte nichts Bemerkenswertes. Im Gegenteil, es war ein ganz gewöhnliches Zimmer mit rotem Fußboden, Gänseblümchen waren an die weißen Wände gekleckst, und ein kleiner Spiegel war halb voll mit der gelben Infusion der reflektierten Blumen – aber vom Fenster aus konnte man deutlich den See mit seiner Wolke und seiner Burg sehen, in einer reglosen und vollkommenen Wechselbeziehung des Glücks. Ohne zu überlegen, ohne nachzudenken ergab er sich völlig einer Neigung, deren Wahrheit in ihrer Kraft lag, einer Kraft, die er nie zuvor erfahren hatte, und in einer strahlenden Sekunde erkannte Wassilij Iwanowitsch, dass hier, in diesem kleinen Zimmer mit diesem Ausblick, der bis an den Rand der Tränen schön war, das Leben endlich sein würde, wie er es sich immer gewünscht hatte. Wie es genau sein würde, was hier geschehen würde, das natürlich wusste er nicht, aber alles um ihn her war Hilfe, Verheißung und Trost – so dass es keinen Zweifel darüber geben konnte, dass er hier leben müsste. In einem Augenblick hatte er sich überlegt, wie es anzufangen sei, dass er nicht wieder nach Berlin zurückzukehren hätte, wie er sein weniges Hab und Gut hierher bekommen konnte – Bücher, den blauen Anzug, ihre Fotografie. Wie einfach sich alles ergab! Als mein Vertreter verdiente er genug für das bescheidene Leben eines russischen Flüchtlings.

»Freunde!«, rief er, als er wieder zur Wiese am Seeufer hinabgerannt war. »Freunde, auf Wiedersehen! Ich bleibe für immer in dem Haus da drüben. Wir können nicht zusammen weiterreisen. Ich gehe nicht weiter. Ich gehe nirgends mehr hin. Auf Wiedersehen.«

»Was soll das heißen?«, sagte der Führer mit sonderbarer Stimme nach einer kurzen Pause, während derer das Lächeln auf den Lippen Wassilij Iwanowitschs langsam verlosch und die Leute, die im Gras gesessen hatten, sich halb aufrichteten und ihn mit versteinertem Blick anstarrten.

»Aber was denn?«, stammelte er. »Hier habe ich...«

»Ruhe!«, brüllte plötzlich der Postbeamte mit außerordentlicher Kraft. »Komm zur Besinnung, du besoffenes Schwein!«

»Moment mal, meine Herren«, sagte der Führer, und nachdem er sich mit der Zunge über die Lippen gefahren war, wandte er sich Wassilij Iwanowitsch zu.

»Sie haben wahrscheinlich getrunken«, sagte er ruhig. »Oder Sie haben den Verstand verloren. Sie machen mit uns eine Vergnügungsreise. Morgen – sehen Sie auf Ihre Fahrkarte – fahren wir laut festgelegter Reiseroute nach Berlin zurück. Es kommt gar nicht in Frage, dass jemand – in diesem Falle Sie – sich weigert, an dieser gemeinsamen Reise weiter teilzunehmen. Wir haben heute ein gewisses Lied gesungen – versuchen Sie sich an seinen Text zu erinnern. So, das wäre alles. Kommt, Kinder, es geht weiter.«

»In Ewald gibt es Bier«, sagte Schramm mit

schmeichelnder Stimme. »Fünf Stunden mit der Bahn. Wanderungen. Eine Jagdhütte. Kohlenbergwerke. Viele interessante Dinge.«

»Ich werde mich beschweren«, jammerte Wassilij Iwanowitsch. »Geben Sie mir meine Tasche wieder. Ich habe das Recht zu bleiben, wo ich will. Was, dies ist ja geradezu eine Einladung zur Enthauptung« – so schrie er, wie er mir erzählte, als sie ihn an den Armen packten.

»Wenn nötig, tragen wir Sie«, sagte der Führer grimmig, »aber das wird dann für Sie kein Spaß. Ich bin für jeden von euch verantwortlich und werde jeden Einzelnen von euch wieder zurückbringen, tot oder lebendig.«

Wassilij Iwanowitsch, wie in einem grässlichen Märchen über einen Waldweg geschleift, gequetscht und gezerrt, konnte sich nicht einmal mehr umsehen und spürte nur, wie das Strahlen in seinem Rücken langsam zurückwich, von Bäumen gebrochen wurde – und dann war es entschwunden, und die dunklen Tannen ringsum erbosten sich, aber sie konnten nicht eingreifen. Sobald alle in den Wagen gestiegen waren und der Zug sich in Bewegung gesetzt hatte, fingen sie an, ihn zu schlagen – sie schlugen ihn lange und mit großer Erfindungsgabe. Es fiel ihnen unter anderem ein, einen Korkenzieher an seinen Handflächen zu probieren; dann an seinen

Füßen. Der Postbeamte, der in Russland gewesen war, machte aus einem Stock und einem Gürtel eine russische Knute und gebrauchte sie mit teuflischer Geschicklichkeit. Gut so, gib's ihm! Die anderen Männer verließen sich mehr auf ihre eisenbeschlagenen Absätze, während die Frauen sich damit begnügten, zu kneifen und zu schlagen. Alle hatten einen Heidenspaß.

Als er nach Berlin zurückgekehrt war, suchte er mich auf, war sehr verändert, setzte sich still nieder, legte die Hände auf die Knie, erzählte seine Geschichte; wiederholte ständig, dass er seinen Posten aufgeben müsse, bat mich, ihn gehen zu lassen, bestand darauf, dass er nicht weitermachen könne, dass er nicht die Kraft habe, länger der Menschheit anzugehören. Natürlich ließ ich ihn gehen.

Urs Widmer

In Hotels

In **Genua** schlief ich in einem Hotel – das heißt, ich schlief eben nicht –, da dröhnten unablässig Vierzig-Tonnen-Lastzüge auf mein Zimmer zu, alle mit aufgeblendeten Scheinwerfern und so nah vor mir abdrehend, dass ich bei jedem dachte, nein, der schafft die Kurve nicht, der wird mich zermalmen. Der Lärm! – **In Siena** aber sangen Nachtigallen vor dem Fenster, und Glühwürmchen flogen. – **In Naxos**, vielleicht auch **in Paros**, war mein Zimmer das hinterste von dreien. Ich konnte es nur betreten, wenn ich durch die beiden andern ging. Im ersten wohnte ein Paar aus Paris, das tagsüber um Tempelsäulen strich und ins Gras gestürzte Kolosse vermaß. Nachts lagen sie stets wie tot nebeneinander. Nie das Liebestoben, in das ich – »Pardon, Madame! Excusez-moi, Monsieur!« – hineinzuplatzen hoffte. Das zweite Zimmer gehörte einer Italienerin. Sie saß den ganzen Tag über auf der Hotelterrasse und las *I promessi sposi*, und nachts beäugte sie mich misstrauisch, wenn ich vorbeischlich, die Decke bis zur Nasenspitze hochgezogen. – **In Niš** schlief ich mit meiner Frau *und* meiner Mutter in *einem* Bett. Wir waren auf der Heimfahrt von Griechenland, und das Einbettzimmer von Niš war das letzte freie auf dem ganzen Balkan gewesen. Es gab kein Fenster, nur ein Lüftungsloch hoch oben. Mäuse, die ich für Ratten hielt und die das vielleicht auch waren, fegten unter dem Bett hindurch. Es war so entsetzlich, dass meine Frau und ich, obwohl hellwach, kein Wort sagten. Am nächsten Morgen – mattes Licht floss durch das Loch an der Decke oben – sah meine Frau wie meine Mutter aus und ich wie ihr Urgroßvater. Die Mama aber, putzmunter, hätte unsre Tochter sein können. Sie hatte wie ein Murmeltier geschlafen und rief, wie gut die Idee gewesen sei, das schöne Feriengeld nicht für ein zweites Zimmer verschleudert zu haben. Das würden wir von jetzt ab immer so halten. – **In Argos** kriegte ich, auf den Balkon tretend, jäh eine monumentale Depression und fand mein Leben, das eben noch ein Honigschlecken gewesen war, eine untragbare Last. Dabei hatte mir Argos, ein griechisches Provinznest mit einer kriegerischen Vergangenheit, gar nichts getan. – In **La Rösa** lag ich (ich war etwa zwölf Jahre alt) ganze Tage auf einem Felsen dem Hotel gegenüber, mit einem Feldstecher meines Vaters an den Augen. Ich sah riesig vergrößert die weißen Betten in den Zimmern, die alle auf etwas zu warten schienen, von dem ich noch nicht *genau* wusste, was es war. Ich erfuhr es auch nicht. Nur einmal kam ein Mann und holte seinen Anorak aus dem Schrank. – **In St. Moritz** war ich tatsächlich einmal im Hotel Palace, jenem bizarren Schloss, in dem auch Gunter Sachs, Aga Khan oder Maria Callas schlafen oder schliefen. Ein Verleger hatte mich in seine Welt eingeladen, die, damals wenigstens, in keinster Weise meine war. Tatsächlich strafte mich Gott auch sofort für meine Anmaßung, denn ich kotzte die ganze Nacht über, sterbenskrank, weil ich einen alten Fisch gegessen hatte. – **Am Balaton-See** fanden wir die längste Zeit keinen Ort zum Schlafen. Wir fuhren und fuhren. Es war längst dunkel, und in unsre strahlende Reiselaune mischten sich zunehmend Müdigkeit und Missmut. Da tauchte wie durch ein Wunder ein hellleuchtender Hotelkasten vor uns auf, ein Ozeandampfer auf hoher See. Wir stellten unsern R4 vor den goldglitzernden Eingang und gingen Hand in Hand, wie Hänsel und Gretel, über unendliche Teppiche auf einen Empfangschef zu, der uns in sozialistischer Würde entgegensah. Wir kriegten ein Zimmer. Eine halbe Stunde später saßen wir gebadet und gekämmt im Speisesaal. Kronleuchter, ein gläserklirrendes Gästegewimmel an unzählbaren Tischen. Während wir aßen, beschlich uns allmählich, aber immer unabweisbarer ein Gefühl, dass irgendetwas nicht stimmte. Nur was? Ich prüfte diskret, ob ich den Hosenschlitz zuhatte, und meine Frau, ob nicht alle Knöpfe ihres Rocks hinten offenstanden. Nein, alles bestens. Wir aßen weiter. Plötzlich legte meine Frau die Gabel hin und sagte mit einer endgültigen Stimme: *Sie haben alle Pyjamas an!* Tatsächlich. Alle Gäste an allen Tischen trugen Pyjamas oder Nachthemden. Ihre nackten Füße steckten in Pantoffeln. Das Hotel war kein Hotel, sondern ein Sanatorium für Werktätige, die das Plansoll zehnfach übererfüllt hatten und am Ende ihrer Kräfte waren. Wir, in Jeans und Rock, waren bestürzend *overdressed.* Aber niemand beachtete uns, und wir wurden mit ausgesuchter Höflichkeit bedient. – **In Wiler**, in einem Berghotel voller ausgestopfter Gemsen, saß ich auf dem Klo, und ein Mann mit einem langen Bart steckte plötzlich den Kopf durch einen Schieber in der gegenüberliegenden Wand, sagte »Ach so!« und verschwand wieder. Schloss den Schieber fast zart. Ich sah ihn nie wieder, während meines ganzen Aufenthalts nicht. Vielleicht wohnte er, ein wegen Blutrache Gesuchter, in einem Hohlraum hinter der Toilettenwand. Vielleicht war er eine Kuckucksuhr,

Walliser Variante, und hatte nicht »Ach so«, sondern »Halb zwo« gesagt. – **In Uppsala**, vielleicht auch **in Malmö**, in Schweden jedenfalls, übernachtete ein Freund von mir in einem dieser Hotels, die man bereits vergisst, während man sie noch bewohnt. In denen nie etwas geschieht, was man später erzählt. Sheraton, Hilton, Sie wissen, was ich meine. Ein Zimmer ist wie's andre, immer eine Bibel im Nachttisch und ein Pay-Porno darauf. Das heißt, in einem dieser Sheratons, das vielleicht auch ein Marriott war, erlebte mein Freund – die Ausnahme von der Regel – eine Geschichte, die sehr erzählenswert ist. Er erzählte sie mir in der Bar eines andern Sheraton, auch in Schweden, **in Göteborg** nämlich, wo wir zusammen an einer Buchmesse aufgetreten waren, jeder vor etwa zehn Zuhörern, den gleichen zudem. Es war ein großer Schritt für uns gewesen und ein sehr kleiner für die Menschheit. Item. Die Geschichte ging so: Mein Freund tappte mitten in der Nacht, aus dem Tiefschlaf hochschreckend, aufs Klo und trat, statt ins Bad, in den Korridor hinaus. Natürlich fiel die Tür hinter ihm ins Schloss, und klarerweise war er ohne das Plastikkärtchen, das sie wieder geöffnet hätte. Er war splitternackt. Zudem hatte er seine Brille nicht auf und konnte einen Etagenkellner nicht von einem Feuerlöscher unterscheiden. Um das Maß vollzumachen – an dieser Stelle bestellten wir beide ein weiteres Bier –, hatte er ein starkes Schlafmittel eingenommen. Eine Lage, in der sogar Hiob aufgegeben hätte. Mein Freund aber fuhr mit dem Lift sieben Stockwerke nach unten und ging zum *Welcome desk*, hinter dem er auch, näher kommend, einen Schatten ahnte, der einem Menschen glich. Es war der Nachtportier. Mein Freund rummste in mehrere Möbel und kriegte die Kante des *desk* zu fassen. »Klo«, sagte er. *»I locked me out. Could you help me, please!«* So etwas in der Art. Der Nachtportier sagte auf Schwedisch etwas, was sicher nicht *welcome* hieß. Mein Freund tat einen weiteren Schritt, stolperte über die Lehne eines Sofas und schlief sofort tief. Ich weiß nicht, wie und ob er in dieser Nacht wieder in sein Zimmer kam. Jedenfalls ist er weltweit der einzige Mensch, der in einem Sheraton, das vielleicht auch ein Holiday Inn war, etwas *erlebt* hat. – **In Lompoc, California**, einem dieser Orte, in denen ein Fremder nur hält, wenn sein Auto kaputtgeht – das war mein Fall –, übernachtete ich in einem Motel. Es sah aus, als sei es für einen Film von John Ford gebaut worden und damals schon alt gewesen. Es wurde, von mir einmal abgesehen, ausschließlich von Ingenieuren einer nahen Basis für Interkontinental-Atomraketen und ihren Frauen bewohnt, pickligen Jünglingen und bleichen Mädchen in Jeans. Die Zimmerwände waren so dünn, dass ich nicht nur das Paar im nächsten Zimmer, sondern auch die Bewohner des über- und überübernächsten hörte. Das Gleiche auf der andern Zimmerseite. Sechs Paare. So dass ich jetzt weiß, dass die Amerikaner öfter als wir lieben; als ich mindestens. Allerdings auch wesentlich hastiger. Irgendwie abwesend, nebenbei, so als sähen sie gleichzeitig fern. Vielleicht taten sie das tatsächlich, denn ich hörte sechsmal das gleiche Programm, je ferner, desto leiser. Nur die kleinen Schreie der sechs Frauen waren ein bisschen verschieden und die Grunzer der Ingenieure. – Einmal fuhr ich spät nachts durch **Montreux** und beschloss in einer Eingebung, die Nacht in dem Hotel zu verbringen, in dem der von mir so geliebte Vladimir Nabokov eine Wohnung unterm Dach hatte. Ich kriegte eine Suite, die ein Vermögen kostete, schlief wunderbar und träumte von Lolita. Am nächsten Morgen, auf der Straße, sah ich, dass neben meinem Hotel noch so ein Prunkbau aus dem 19. Jahrhundert stand und dass ich im falschen gewesen war. – **In Paris** wohnte *ich* in einem Hotel, auch unterm Dach. Es hieß *Hôtel de France* und wurde von vier oder zwanzig Nordafrikanern – je nachdem –, zwei Persern und mir bewohnt. Nur Männer. Die Besitzerin (es waren die *early sixties*) erlaubte keinen Damenbesuch.

Damen mussten an der Loge vorbeikriechen, hinter der sie saß, etwas, auf das sich die einen einließen, die andern eben nicht. Meine Mutter zum Beispiel (in den *early sixties* besuchten Mütter ihre fernen Söhne) war nicht zum Kriechen zu bewegen, und prompt kam die Besitzerin hinter uns dreingestürzt und sprach die sofortige Kündigung meines Zimmers aus. *»Je suis la mère!«*, rief meine Mutter ein ums andere Mal. *»Tant pis!«*, antwortete die Besitzerin. *»Tant pis, Madame!«* Ich versuchte, in all dem Getümmel die Geschichte von Oidipos zu erzählen, ich sei keiner und meine Mama schon gar keine Jocaste, während sie, die Besitzerin, bald der Sphinx gleichen werde, der bekanntlich jemand in einem Streit die Nase abgeschlagen habe. – **In Zürich** endlich kam ich einmal so spät und so müde im Hotel Pfauen an, dass ich, als zwar alle Türen offenstanden, aber kein Mensch zu sehen war, einfach einen Schlüssel vom Brett nahm und mich ins Bett legte. Am nächsten Morgen war erneut niemand da, und so ging ich halt wieder. – Zudem dienen Hotels natürlich sogenannten Abenteuern. Wem nicht, irgendwann in diesem langen Leben. Ich denke da an Hotels **in München, Berlin, Graz, Verona** und **Venedig.** Aber jede und jeder weiß auch, dass die Verjährungsfrist, nach der das Gelebte in herzlicher Unschuld erzählt werden kann, eher dreißig als zwanzig Jahre beträgt. – Eine Regel, an die sich Max Frisch nicht hielt, nachdem er **in Montauk** mit einer Frau namens Lynn in einem Hotel gewesen war. – Schön sind die erzählten Geschichten: noch viel schöner oft die verschwiegenen. **In Basel** zum Beispiel, vor vierunddreißig Jahren, merkte die Frau, die ich in ein Hotel verlockt hatte, dass sie, bei Lichte besehen, eigentlich gar nicht mit mir sein wollte, und so zogen wir uns halt wieder an und gingen den Rest der Nacht am Ufer des Rheins auf und ab. – So erlebt man so allerhand in Hotels, was andererseits auch wieder natürlich ist, denn dafür sind Hotels ja da.

Bernhard Schlink

Die Frau an der Tankstelle

I

Er wusste nicht mehr, ob er den Traum einmal wirklich geträumt oder von Anfang an nur phantasiert hatte. Er wusste auch nicht, welches Bild, welche Geschichte oder welcher Film ihn ausgelöst hatte. Es musste gewesen sein, als er fünfzehn oder sechzehn war – so lange begleitete ihn der Traum schon. Früher phantasierte er ihn, wenn eine Schulstunde langweilig war oder ein Urlaubstag mit den Eltern, später bei dienstlichen Besprechungen oder auch auf Zugreisen, wenn er müde war, seine Akten weggelegt, den Kopf zurückgelehnt und die Augen geschlossen hatte.

Ein paarmal hatte er seinen Traum erzählt, dem einen und anderen Freund und einer Frau, der er Jahre, nachdem sie sich geliebt und getrennt hatten, in einer fremden Stadt begegnet war und mit der er den Tag verbummelte und verplauderte. Nicht dass er seinen Traum hätte geheim halten wollen. Ihn öfter zu erzählen, gab es keinen Anlass. Außerdem wusste er nicht, warum der Traum ihn begleitete; er wusste, dass er etwas von ihm preisgab, aber nicht, was, und die Vorstellung, dass ein anderer es sehen könnte, war ihm unangenehm.

II

Im Traum fährt er mit einem Auto durch eine weite, wüste Ebene. Die Straße ist gerade; manchmal verschwindet sie in einer Senke oder hinter einem Hügel, aber immer kann er ihr mit dem Blick zu den Bergen am Horizont folgen. Die Sonne steht im Zenit, und über dem Asphalt flimmert die Luft.

Lange ist ihm kein Auto entgegengekommen und hat er keines überholt. Der nächste Ort kommt laut Schild und Karte erst nach sechzig Meilen, irgendwo in den Bergen oder hinter ihnen, und auch links und rechts sind, soweit er sehen kann, keine Häuser. Aber dann liegt links eine Tankstelle an der Straße. Ein großer, sandiger Platz, zwei Zapfsäulen in der Mitte, dahinter aus Holz ein zweistöckiges Haus mit überdachter Veranda. Er bremst, biegt auf den Platz und hält an der Zapfsäule. Der Sand, der hinter seinem Auto aufgewolkt ist, senkt sich wieder.

Er wartet. Gerade als er aussteigen und am Haus klopfen will, geht dort die Tür auf und tritt eine Frau heraus. Sie ist noch ein Mädchen, als er den Traum zum ersten Male phantasiert, und wird über die Jahre zur jungen Frau, bis sie zwischen dreißig und vierzig aufhört, älter zu werden. Sie bleibt dieselbe junge Frau, während er die vierzig und die fünfzig überschreitet. Meistens trägt sie Jeans und ein kariertes Hemd, manchmal ein knöchellanges schwingendes Kleid, ebenfalls aus hellem verwaschenem Jeansblau oder mit ausgeblichenem blauem Blumenmuster. Sie ist mittelgroß, kräftig, aber nicht dick, hat Gesicht und Arme voller Sommersprossen, dunkelblondes Haar, graublaue Augen und einen großzügigen Mund. Sie kommt mit entschlossenen Schritten, und mit entschlossenen Bewegungen greift sie mit der Linken nach dem Zapfstutzen, dreht mit der Rechten die Benzinkurbel und füllt den Tank seines Autos.

Dann macht der Traum einen Sprung. Wie er sie begrüßt und sie ihn, wie sie einander ansehen, was sie miteinander reden, ob sie ihn einlädt, auf einen Kaffee oder ein Bier zu bleiben, oder ob er fragt, ob er bleiben könne, wie es kommt, dass sie mit ihm ins Schlafzimmer hinaufgeht – er hat es sich nie ausgemalt. Er sieht sie und sich im zerwühlten Bett liegen, nachdem sie miteinander geschlafen haben, sieht die Wände, den Boden, den Schrank und die Kommode, alles in hellem Grünblau gestrichen, sieht das eiserne Bett und die hellen Streifen, die die Sonne durch eine Jalousie aus ebenfalls grünblau gestrichenen hölzernen Lamellen auf Wände, Boden, Möbel, Laken und ihren und seinen Körper wirft. Es ist nur ein Bild, keine Szene mit Handlung und Worten, nur Farbe, Licht, Schatten, das Weiß der Laken und die Formen ihrer Körper. Erst am Abend nimmt der Traum wieder den Faden auf.

Er hat sein Auto neben dem Haus und ihrem kleinen Laster mit offener Ladefläche geparkt. Auch hinter dem Haus gibt es eine überdachte Veranda, dann ein paar Beete, auf denen Tomaten und Melonen wachsen, und ein Gewächshaus, das sie zum Schutz gegen den Sand gebaut hat und in dem sie alle Arten von Beeren zieht. Dahinter ist die Wüste mit ein bisschen Gestrüpp hier und da und einem trockenen Bachbett, das sich mit dem Wasser, das es im Winter führt, über die Jahrzehnte oder Jahrhunderte drei bis vier Meter in den steinigen Grund gefressen hat. Sie hat es ihm gezeigt, als sie ihn zur Pumpe geführt hat, die das Wasser aus einem tiefen Brunnen holt. Jetzt sitzt er auf der Veranda und sieht den Himmel dunkel werden. Er hört sie in der Küche hantieren. Wenn ein Auto kommt, wird er aufstehen, durch das Haus gehen und die Zapfsäule bedienen. Auch wenn sie in der Küche das Licht anmacht und der Schein durch die offene Tür auf den Boden der Veranda fällt, wird er aufstehen; er wird im Hausflur die Lampe einschalten, die zwischen den beiden Zapfsäulen steht und den Platz beleuchtet. Er fragt sich, ob die Lampe die ganze Nacht leuchten und ins Schlafzimmer scheinen wird, diese Nacht und die nächste und alle Nächte, die noch kommen werden.

III

Oft sind die Träume, die uns begleiten, der Kontrast zu dem Leben, das wir führen. Der Abenteurer träumt davon, nach Hause zu kommen, und der Bodenständige von Aufbruch, fernen Ländern und großen Taten.

Der Träumer dieses Traumes führte ein ruhiges Leben. Kein spießiges, kein langweiliges – er sprach Englisch und Französisch, machte im In- und Ausland Karriere, blieb seinen Überzeugungen auch gegen Widerstände treu, bestand Krisen und Konflikte und war mit Ende fünfzig lebhaft, erfolgreich und weltläufig. Er war immer ein bisschen angespannt, ob bei der Arbeit, zu Hause oder in den Ferien. Nicht dass er, was zu tun war, gehetzt oder fahrig getan hätte. Aber unter der Ruhe, mit der er zuhörte, antwortete und arbeitete, vibrierte eine Anspannung, ein Resultat seiner Konzentration auf die Aufgabe und seiner Ungeduld, weil die Erledigung in der Wirklichkeit mit der Erledigung in der Vorstellung nie Schritt hielt. Manchmal empfand er die Anspannung als peinigend, manchmal aber auch wie eine Energie, eine beflügelnde Kraft.

Er hatte Charme. Wenn er sich mit Menschen und Dingen beschäftigte, konnte er auf liebenswerte Art zerstreut und linkisch sein. Weil er wusste, dass sein zerstreutes und linkisches Verhalten den Menschen und Dingen nicht gerecht wurde, warb er mit einem Lächeln um Entschuldigung. Das stand ihm gut zu Gesicht; es brachte um seinen Mund etwas Verletzliches hervor und um seine Augen etwas Trauriges, und weil in seinem Werben um Entschuldigung kein Versprechen der Besserung, sondern das Eingeständnis einer Unfähigkeit lag, war sein Lächeln verlegen und voller Selbstironie. Immer wieder fragte sich seine Frau, wie natürlich sein Charme sei, ob er mit seiner zerstreuten und linkischen Art kokettiere, ob er sein Lächeln aufsetze, ob er wisse, dass seine Verletzlichkeit und Traurigkeit im anderen den Wunsch zu trösten weckten. Sie fand es nicht heraus. Tatsache war, dass sein Charme ihm die Sympathien von Ärzten, Polizisten, Sekretärinnen und Verkäuferinnen, Kindern und Hunden gewann, ohne dass er es wahrzunehmen schien.

Auf sie wirkte sein Charme nicht mehr. Zuerst dachte sie, er habe sich abgenutzt – wie sich etwas eben abnutzt, wenn man es lange um sich hat. Aber eines Tages merkte sie, dass sie seinen Charme leid war. Leid. Sie machte mit ihrem Mann Urlaub in Rom, saß mit ihm auf der Piazza Navona, und er strich einem streunenden, bettelnden Hund mit derselben liebevoll-zerstreuten Geste über den Kopf, mit der er auch ihr manchmal über den Kopf strich, und trug dabei dasselbe liebevoll-verlegene Lächeln, mit dem er die Geste auch begleitete, wenn sie ihr galt. Sein Charme war nur eine Weise des Sichentziehens und -versagens. Er war ein Ritual, mit dem ihr Mann überspielte, dass er sich belästigt fühlte.

Wenn sie es ihm vorgeworfen hätte, hätte er den Vorwurf nicht verstanden. Ihre Ehe war voller Rituale, und eben das war der Grund ihres Erfolgs. Leben nicht alle guten Ehen aus ihren Ritualen?

Seine Frau war Ärztin. Sie hatte immer gearbeitet, auch als ihre drei Kinder klein waren, und als sie größer wurden, hatte sie sich auf die Forschung verlegt und war Professorin geworden. Ihre oder seine Arbeit war nie zwischen ihnen gestanden; sie hatten beide ihre Tage so eingeteilt, dass es bei allem Mangel an Zeit doch heilige Zeiten gab, Zeiten, die den Kindern, und Zeiten, die einander vorbehalten waren. Auch beim Urlaub gab es jedes Jahr zwei Wochen, in denen sie die Kinder der Kinderfrau überließen, der sie sie auch sonst anvertrauten, und zusammen verreisten. Das alles verlangte einen disziplinierten, ritualisierten Umgang mit Zeit und ließ für Spontaneität wenig Raum – sie sahen es, sahen aber auch, dass die Spontaneität ihrer Freunde nicht mit mehr, sondern mit weniger Raum für Gemeinsamkeit einherging. Nein, sie hatten sich das Leben in seinen Ritualen durchaus vernünftig und befriedigend eingerichtet.

Nur das Ritual des Miteinander-Schlafens war verlorengegangen. Er wusste nicht, wann und warum. Er erinnerte sich an den Morgen, an dem er aufwachte und neben sich im Bett das verquollene Gesicht seiner Frau sah, den strengen Geruch ihres Schweißes roch und ihren pfeifenden Atem hörte und davon abgestoßen war. Er erinnerte sich auch an sein Entsetzen. Wie konnte er plötzlich abgestoßen sein, wo er doch ihr verquollenes Gesicht früher knuddelig, ihren strengen Geruch erregend und das Pfeifen ihres Atems lustig gefunden hatte. Gelegentlich hatte er es als Cantus firmus für eine Melodie genommen, die er pfiff und mit der er sie weckte. Nicht an diesem Morgen, aber irgendwann danach war das Miteinander-Schlafen versiegt. Irgendwann machte keiner von beiden mehr einen ersten Schritt, obwohl jeder von beiden Lust gehabt hätte, sich auf den ersten Schritt des anderen einzulassen. Ein bisschen Lust, gerade so viel, dass es für den zweiten Schritt gelangt hätte, aber nicht für den ersten langte.

Aus dem gemeinsamen Schlafzimmer zog allerdings auch keiner von beiden aus. Sie hätte in ihrem Arbeitszimmer schlafen können und er in einem der leerstehenden Kinderzimmer. Aber zu diesem Bruch mit den Ritualen des gemeinsamen Ausziehens, Einschlafens, Aufwachens und Aufstehens war keiner von beiden bereit. Auch sie nicht, die herber, nüchterner, zupackender war als er, zugleich aber auch etwas Scheues hatte. Auch sie wollte, was an Ritualen geblieben war, nicht verlieren. Sie wollte ihr gemeinsames Leben nicht verlieren.

Und doch hatte es sich eines Tages erledigt. Sie bereiteten ihre silberne Hochzeit vor, die Liste der Gäste, deren Unterkunft, das Essen im Restaurant, den Ausflug mit dem Schiff. Sie sahen einander an und wussten, dass das, was sie taten, nicht stimmte. Sie hatten nichts zu feiern. Fünfzehn Jahre Ehe hätten sie feiern können, vielleicht auch noch zwanzig. Aber irgendwann seitdem war ihre Liebe verschwunden, hatte sich verflüchtigt, und wenn es auch keine Lüge war, gleichwohl gemeinsam weiterzumachen – das Fest wäre eine Lüge.

Sie sprach es aus, und er stimmte sofort zu. Sie würden das Fest bleibenlassen. Nachdem sie es beschlossen hatten, waren sie so erleichtert, dass sie Champagner tranken und redeten, wie sie lange nicht mehr geredet hatten.

IV

Kann man sich in den anderen ein zweites Mal verlieben? Kennt man den anderen beim zweiten Mal nicht viel zu gut? Setzt Verlieben nicht voraus, dass man den anderen noch nicht kennt, dass er noch weiße Flecken hat, auf die man eigene Wünsche projizieren kann? Oder ist die Kraft der Projektion bei gehörigem Bedürfnis so stark, dass sie ihre Wunschbilder nicht nur auf die weißen Flecken des anderen wirft, sondern auch über seine fertige bunte Landkarte? Oder gibt es Liebe ohne Projektion?

Er stellte sich die Fragen, aber sie amüsierten ihn mehr, als dass sie ihn irritierten. Was mit ihm in den nächsten Wochen passierte, mochte Projektion oder Erfahrung sein – es war schön, und er genoss es. Er genoss das Reden mit seiner Frau, die Verabredungen, die sie für einen Film oder ein Konzert trafen, und die Abendspaziergänge, die sie wieder machten. Es war Frühling. Manchmal holte er sie am Institut ab, wartete nicht direkt am Eingang auf sie, sondern fünfzig Meter weiter an der Straßenecke, weil er sie gerne auf sich zukommen sah. Sie kam mit großen Schritten, beeilte sich, weil sein direkter Blick sie genierte, strich verschämt mit der Linken das Haar hinters Ohr und setzte ein scheues, schiefes Lächeln auf. Er erkannte die Verschämtheit des jungen Mädchens wieder, in das er sich seinerzeit verliebt hatte. Auch ihre Haltung und ihr Gang hatten sich nicht geändert, und wie damals hüpften bei jedem Schritt ihre Brüste unter ihrem Pullover. Er fragte sich, warum er das all die Jahre nicht mehr gesehen hatte. Um was hatte er sich gebracht! Und wie gut, dass er wieder Augen im Kopf hatte. Und dass sie so schön geblieben war. Und dass sie seine Frau war.

Immer noch schliefen sie nicht miteinander. Zuerst waren ihre Körper einander fremd. Aber auch als sie sich wieder aneinander gewöhnten, blieb es bei zärtlichen Berührungen, wenn sie aufwachten, spazieren gingen, sich beim Essen gegenüber- oder im Kino nebeneinandersaßen. Zuerst dachte er, das Miteinander-Schlafen werde schon kommen, und es werde schon schön werden. Dann fragte er sich, ob es wirklich kommen, ob es wirklich schön werden würde und ob er und sie es eigentlich noch wollten. Oder konnte er nicht mehr? In den Jahren, in denen die Ehe ausgebrannt war, hatte es zwei Nächte mit anderen Frauen gegeben, die eine mit einer Dolmetscherin und die andere mit einer Kollegin, beide nach viel Alkohol und mit einem Morgen danach voller Fremdheit und Peinlichkeit, und gelegentlich Momente freudloser Selbstbefriedigung, meistens auf Reisen in Hotels. Hatte er den natürlichen Zusammenhang von Lieben, Begehren und Miteinander-Schlafen verlernt? War er impotent geworden? Als er sich selbst befriedigen wollte, um sich seine Potenz zu beweisen, gelang es nicht.

Oder mussten seine Frau und er sich einfach Zeit lassen? Er sagte sich, dass sie keinen Grund zur Eile hatten und ebenso gut in einem Jahr miteinander schlafen könnten wie in einem Monat, einer Woche oder einem Tag. Aber er empfand anders. Er wollte das Miteinander-Schlafen erledigen und war auch hier ungeduldig, weil die Erledigung in der Wirklichkeit mit der Erledigung in der Vorstellung nicht Schritt hielt. Überhaupt wurde seine Ungeduld, je älter er wurde, desto stärker. Was unerledigt vor ihm lag, beunruhigte ihn, selbst wenn er wusste, dass er es unschwer erledigen würde. In allem, was vor ihm lag, lag etwas Unerledigtes und Beunruhigendes, in der kommenden Woche und im kommenden Sommer, im Kauf eines neuen Autos und im Besuch der Kinder an Ostern. Sogar in der Reise nach Amerika.

Sie war die Idee seiner Frau. Eine zweite Hochzeitsreise – war, was sie erlebten, nicht eine zweite Hochzeit? Als sie jünger waren, hatten sie oft davon geträumt, mit dem Zug durch Kanada zu fahren, von Quebec bis Vancouver und weiter nach Seattle, dann mit dem Auto die Küste hinunter bis Los Angeles oder San Diego. Zuerst war die Reise zu teuer gewesen, später zu lang für die Ferienwochen ohne die Kinder und für die Kinder durch das viele Zug- und Autofahren zu langweilig. Aber jetzt hatten sie die Ferien für sich, konnten sich vier Wochen nehmen oder fünf oder sechs und sich jeden Schlafwagen und jeden Straßenkreuzer leisten – war es nicht an der Zeit, den alten Traum wahr zu machen?

V

Sie fuhren im Mai. In Quebec war Aprilwetter; es regnete oft und kurz, und dazwischen rissen die Wolken auf und funkelten die nassen Dächer in der Sonne. In der Ontarioebene fuhr der Zug durch grüne Felder, die erst endeten, wo Himmel und

Erde sich berührten, eine Welt aus Grün und Blau. In den Rocky Mountains blieb der Zug bei einem Schneesturm in einer Schneewehe stecken, und es dauerte eine Nacht, bis der Schneepflug da war.

In dieser Nacht schliefen sie miteinander. Das Rollen und Wiegen des Zuges hatte ihre Körper bereit gemacht, wie es ein heißer Tag oder ein warmes Bad tun. Während des Halts auf freier Strecke arbeitete die Heizung nur schwach, der Sturm heulte um den Wagen, und vom Boden und durch das Fenster drang Kälte ins Abteil. Sie krochen zusammen in ein Bett, lachten, zitterten, umarmten und hielten sich, bis sie in einen Kokon aus Wärme gehüllt waren. Sein Begehren überkam ihn ganz plötzlich, und aus Angst, es werde wieder vergehen, war er hastig und erst froh, als es vorbei war. Mitten in der Nacht weckte sie ihn und war das Miteinander-Schlafen wie ein ruhiges Atemholen. Am Morgen wachte er von dem Pfiff auf, mit dem die Lokomotive den nahenden Schneepflug begrüßte. Er sah aus dem Fenster auf Schnee und Himmel, eine Welt aus Blau und Weiß. Er war glücklich.

Sie blieben ein paar Tage in Seattle. Das Haus auf Queen Anne Hill, in dem sie Bed & Breakfast hatten, lag am Hang mit weitem Blick über Stadt und Bucht. Zwischen Hochhäusern sahen sie auf eine vielspurige Autobahn, auf der die Kette der Autos selten abriss, tagsüber bunt und abends Scheinwerfer an Scheinwerfer und Rücklicht an Rücklicht. Wie ein Strom, dachte er, der mit der einen Seite aufwärts und mit der anderen Seite abwärts fließt. Manchmal klang die Sirene zu ihnen hoch, mit der ein Polizei- oder Ambulanzwagen die anderen Autos zur Seite scheuchte, und in der ersten Nacht, in der er nicht schlafen konnte, stand er jedes Mal auf und trat ans Fenster, um den Wagen mit den rot und blau zuckenden Lichtern auf dem Dach sich den Weg bahnen zu sehen. Manchmal klang auch das Horn zu ihnen hoch, mit dem ein Schiff den Hafen beim Ein- oder Auslaufen grüßte. Es waren Containerschiffe, hoch und bunt beladen, umgeben von großen und kleinen Segelbooten mit geblähten, bunten Segeln. Immer wehte ein kräftiger Wind.

Als er nicht schlafen konnte, sah er seiner Frau beim Schlafen zu. Er sah ihr Alter, ihre Falten, die hängende Haut unter dem Kinn, den Ohren und den Augen. Das verquollene Gesicht, der strenge Geruch und der pfeifende Atem stießen ihn nicht mehr ab. Am letzten Morgen im Zug hatte er sie pfeifend geweckt, wie früher, gerne ihr Gesicht in seine Hände genommen und in seinen Händen gefühlt und, als sie miteinander geschlafen hatten, gerne den Geruch von Liebe und Schweiß unter der Decke gerochen. Dass er sie wieder so wecken konnte, dass er die Rituale ihrer Liebe noch beherrschte und genoss, dass auch sie nichts vergessen und verlernt hatte! Dass ihre Welt wieder heil war!

Er begriff, dass ihre Liebe eine Welt geschaffen hatte, die mehr war als das Gefühl, das sie füreinander hatten. Auch als sie das Gefühl füreinander verloren hatten, war die Welt da gewesen. Ihre Farben waren zu Schwarz und Weiß verblichen, aber die verblichene Welt war ihre Welt geblieben. Sie hatten in und von ihrer Ordnung gelebt. Und jetzt war sie wieder bunt.

Sie machten Pläne. Auch das war ihre Idee. Sollten sie nicht das Haus umbauen? Genügte statt der drei Kinderzimmer nicht eines für die immer selteneren Kinder- und eines Tages auch Enkelbesuche? Hatte er sich nicht immer ein großes Zimmer gewünscht, in dem er lesen und das Buch schreiben konnte, das er vor vielen Jahren geplant und für das er gelegentlich Material gesammelt hatte? Sollten sie nicht zusammen Tennis lernen, auch wenn sie keine großen Spieler mehr werden würden? Was war mit dem Angebot, ein halbes Jahr in Brüssel zu arbeiten, von dem er erzählt hatte – galt es noch? Sollte sie sich beurlauben lassen, und wollten sie für das halbe Jahr zusammen nach Brüssel ziehen? Er freute sich über ihre Einfälle und ihren Eifer. Er plante auch mit. Aber eigentlich wollte er an ihrer beider Leben nichts ändern, mochte es nur nicht sagen.

Er mochte nicht von seiner Angst vor dem Unerledigten reden, von der er nicht wusste, was sie bedeutete, woher sie kam und warum sie wuchs, je älter er wurde. Sie steckte in seiner Ablehnung von Veränderungen; mit jeder Veränderung fühlte er die Bürde des Unerledigten schwerer werden. Aber warum? Weil Veränderungen Zeit kosten und die Zeit immer schneller läuft und davonläuft? Warum läuft sie schneller? Ist die aktuell erlebte Zeit relativ zur noch verfügbaren Zeit? Läuft die Zeit mit zunehmendem Alter schneller, weil die verbleibende Lebenszeit weniger wird, wie die zweite Urlaubshälfte vor dem nahen Urlaubsende schneller vergeht als die erste? Oder liegt es an den Zielen? Wird einem in jungen Jahren die Zeit zu lang, weil man ungeduldig darauf wartet, endlich Erfolg zu haben, Ansehen zu genießen, reich zu sein, und rast sie in den späten, weil es nichts mehr zu erwarten gibt? Oder laufen die Tage mit zunehmendem Alter rascher ab, weil man die Tagesabläufe alle schon kennt, wie sich jeder Weg desto schneller geht, je öfter man ihn geht? Aber dann müsste er Veränderungen eigentlich wollen. War also doch die Lebenszeit zu knapp geworden, um sie mit Veränderungen zu verlieren? Aber so alt war er gar nicht!

Sie merkte nicht, dass hinter seinen Einwänden eine allgemeine Ablehnung stand. Aber als er an einem besonders törichten Einwand besonders beharrlich festhielt, fragte sie ihn verärgert lachend, was er eigentlich wolle. Weiter so leben wie die letzten Jahre?

VI

Sie mieteten einen großen Wagen, ein Cabriolet mit Klimaanlage, CD-Anlage und allerlei elektronischem Schnickschnack. Sie kauften einen großen Stoß CDs, solche, die sie liebten, und andere aufs Geratewohl. Als sie das Kap erreicht hatten, von dem aus sie erstmals auf den Pazifik sahen, legte seine Frau eine Symphonie von Schubert auf. Er hätte lieber den amerikanischen Sender weitergehört, der Musik aus der Zeit spielte, als er studiert hatte. Er wäre auch lieber im Auto sitzen geblieben, statt mit ihr im Regen auszusteigen und herumzustehen. Aber die Symphonie passte zum Regen, zum grauen Himmel und den grau anrollenden Wellen, und er hatte das Gefühl, kein Recht zu haben, die Inszenierung seiner Frau zu stören. Sie war gefahren und hatte die kleine Straße gefunden, die zum Strand führte. Sie hatte daran gedacht, dass im

Kofferraum eine blaue Plastikplane lag, und ihn und sich hineingehüllt. Sie standen am Strand, rochen das Meer, hörten Schubert, die Möwen und den Regen auf der Plane und sahen im Westen hinter den Regenwolken ein Stück hellen Abendhimmel. Die Luft war, obwohl kühl, feucht und schwer.

Nach einer Weile hielt er es unter dem Plastik nicht mehr aus, stand einen Moment unschlüssig im Regen, ging über den Sand ans Wasser und hinein. Das Wasser war kalt, die nassen Schuhe waren schwer, die nasse Hose klebte an den Beinen und am Bauch – nichts von der Leichtigkeit, die ein Körper im Wasser sonst hat, und doch war ihm leicht, und er schlug mit den Händen aufs Wasser und ließ sich in die Wellen fallen. Seine Frau war noch am Abend, als sie im Bett lagen, von seiner Spontaneität begeistert. Er war eher erschrocken und verlegen.

Sie fanden einen Rhythmus des Reisens, der sie jeden Tag rund hundert Meilen weiter nach Süden brachte. Sie vertrödelten die Morgen, hielten oft an, besuchten Nationalparks und Weingüter und liefen lange Stunden am Strand. Abends nahmen sie, was es gab, mal ein schäbiges Motel am Highway mit großen Zimmern, die nach Desinfektionsmitteln rochen und in denen die Fernsehapparate in Kopfhöhe angeschraubt waren, und mal ein Haus in einer Wohngegend, in dem Bed & Breakfast angeboten wurde. Abends waren sie beide früh müde. Jedenfalls versicherten sie es sich, wenn sie früh mit einem Buch und einer Flasche Wein im Bett lagen, ihm die Augen zufielen und er seine Nachttischlampe ausmachte. Als er eines Abends gegen Mitternacht wieder aufwachte, las sie allerdings immer noch.

Manchmal richtete er es so ein, dass er warten und sie auf sich zukommen sehen konnte. Er ließ sich von ihr bei einem Restaurant absetzen und wartete dann vor dem Eingang, bis sie das Auto geparkt hatte und vom Parkplatz über die Straße kam. Oder er rannte am Strand voraus, drehte sich um und sah ihr entgegen. Es war immer schön, ihre Gestalt und ihren Gang zu sehen, und zugleich machte es ihn traurig.

VII

In Oregon lagen Küste und Straße im Nebel. Am Morgen hofften sie, mittags werde das Wetter besser werden, und am Abend setzten sie auf den nächsten Tag. Aber wieder lag der Nebel über der Straße, hing in den Wäldern und hüllte die Farmen ein. Wenn die Karte ihnen die Orte, durch die sie fuhren, oft nur ein paar Häuser, nicht genannt hätte, hätten sie sie übersehen. Manchmal fuhren sie ein bis zwei Stunden durch Wälder, ohne an einem Haus vorbeizukommen und ohne dass ihnen ein Auto entgegenkam oder sie eines überholten. Einmal stiegen sie aus, und das Geräusch des laufenden Motors brach sich an den dichten Bäumen beidseits der Straße, verlor sich nicht, blieb nahe und war zugleich durch den Nebel gedämpft. Sie schalteten den Motor ab, und nichts war zu hören, kein Knacken im Gesträuch, kein Vogel, kein Auto, kein Meer.

Als der letzte Ort weit hinter ihnen und der nächste dreißig Meilen voraus lag, kündigte ein Schild eine Tankstelle an. Dann war sie da, ein großer geschotterter Platz, zwei Zapfsäulen, eine Lampe und hinter dem Platz undeutlich ein Haus. Er bremste, bog auf den Platz und hielt an der Zapfsäule. Sie warteten. Als er ausstieg, um am Haus zu klopfen, ging die Tür auf, und eine Frau trat heraus. Sie kam über den Platz, grüßte, griff nach dem Zapfstutzen, drehte die Benzinkurbel und füllte den Tank. Sie blieb am Auto stehen, hielt mit der Rechten den Zapfstutzen und stützte die Linke auf die Hüfte. Sie sah, dass er die Augen nicht von ihr ließ.

»Der Zapfstutzen ist kaputt, ich muss dabeibleiben. Aber ich mache die Scheiben gleich sauber.«

»Ist es hier nicht einsam?«

Sie sah ihn verwundert und vorsichtig an. Sie war nicht mehr jung, und ihre Vorsicht war die Vorsicht der Frau, die sich zu oft eingelassen hatte und zu oft enttäuscht worden war.

»Der letzte Ort liegt zwanzig Meilen zurück und der nächste dreißig voraus – ist es da nicht... Ich meine, fühlen Sie sich da nicht einsam? Leben Sie alleine hier?«

Sie sah den Ernst, die Konzentration und die Zärtlichkeit in seinem Blick und lächelte. Weil sie sich von seinem Blick nicht verzaubern lassen wollte, lächelte sie spöttisch. Er lächelte zurück, glücklich und verlegen über das, was er als Nächstes sagen musste.

»Sie sind schön.«

Sie wurde ein bisschen rot, kaum sichtbar unter ihren vielen Sommersprossen, und hörte auf zu lächeln. Jetzt schaute auch sie ernst. Schön? Ihre Schönheit war vergangen, und sie wusste es, auch wenn sie den Männern noch gefiel, noch ihr Begehren und ihren Stolz wecken und ihnen noch Angst machen konnte. Sie forschte in seinem Gesicht.

»Ja, es ist einsam, aber ich habe mich daran gewöhnt. Außerdem...« Sie zögerte, guckte hinunter zum Zapfstutzen, schaute wieder auf und ihm ins Gesicht, war jetzt ganz rot, stand ganz aufrecht und bekannte trotzig ihre Sehnsucht. »Außerdem werde ich nicht immer alleine bleiben.«

Einen Augenblick blieb sie so stehen, aufrecht, rot, Auge in Auge mit ihm. Dann war der Tank voll, sie schloss ihn ab, trat vom Auto zurück und hängte den Stutzen an die Säule. Sie bückte sich, nahm einen Schwamm aus dem Eimer, klappte die Wischer hoch und putzte die Scheibe. Er sah, wie sie neugierig seine Frau musterte, die in der Karte auf ihren Knien las, kurz aufguckte, um der Frau zuzunicken und ihm zuzulächeln, und weiterlas.

Ihm war unangenehm, untätig neben ihr zu stehen, während sie putzte. Zugleich sah er sie gerne an und ihr gerne zu. Sie trug weder Jeans mit kariertem Hemd noch ein ausgewaschenes blaues Kleid, sondern eine Latzhose in dem Dunkelblau des Wappens der Benzinfirma und darunter ein weißes T-Shirt. Sie war kräftig, bewegte sich aber leicht. Es lag Anmut in ihren Bewegungen, als genieße sie die Kraft und Leichtigkeit ihres Körpers. Der Träger der Latzhose rutschte ihr von der Schulter, sie schob ihn mit dem Finger wieder hoch, und beides berührte ihn wie eine Intimität. Als sie mit dem Putzen fertig war, er ihr Geld gegeben hatte und sie zum Haus ging, um das Wechselgeld zu holen, ging er mit. Nach ein paar Schritten über den knirschenden Schotter legte sie ihre Hand auf seinen Arm.

»Sie müssen nicht mitkommen, ich bringe das Wechselgeld raus.«

VIII

So blieb er auf dem Platz stehen, auf halbem Weg zwischen seinem Auto und ihrem Haus. Sie ging hinein, hinter ihr fiel die Tür ins Schloss.

Wie lange habe ich, dachte er, um mich zu entscheiden? Eine Minute? Zwei? Wie lange braucht sie, bis sie das Wechselgeld hat? Wie ordentlich ist sie? Hat sie eine Kasse, in der sie die Scheine und Münzen geordnet hat und aus der sie nur hier ein paar Münzen und dort ein paar Scheine nehmen muss? Beeilt sie sich, oder weiß sie, dass ich über noch eine und noch eine Minute froh bin?

Er schaute vor sich auf den Boden und sah, dass der Schotter vom Nebel nass war. Mit der Schuhspitze drehte er einen Stein um; er wollte wissen, ob der Stein auch von unten nass sei, und er war es. Seine Mitarbeiter hatte er gelehrt, dass Nachdenken und Entscheiden zweierlei ist, dass Nachdenken weder die richtige noch überhaupt eine Entscheidung hervorbringen muss, die Entscheidung vielmehr so kompliziert und schwierig machen kann, dass es lähmt. Nachdenken verlangt Zeit, Entscheiden verlangt Mut, so pflegte er zu sagen, und er wusste, dass ihm jetzt nicht die Zeit zum Nachdenken, sondern der Mut zum Entscheiden fehlte. Er wusste auch, dass das Leben die Entscheidungen, die man nicht trifft, ebenso verbucht wie die, die man trifft. Wenn er sich nicht dafür entscheiden würde, hierzubleiben, würde er weiterfahren, auch wenn er sich nicht dafür entschieden hätte, weiterzufahren. Hierbleiben – was soll ich ihr sagen? Soll ich sie fragen, ob ich hierbleiben kann? Was soll sie antworten? Muss sie nicht nein sagen, selbst wenn sie gerne ja sagen würde, weil sie die Verantwortung ablehnen muss, die meine Frage ihr aufbürden würde? Ich müsste, wenn sie wieder aus der Tür tritt, mit meiner Tasche und meinem Koffer dastehen, und das Auto müsste weggefahren sein. Aber wenn sie mich nicht haben will? Oder wenn sie mich zwar jetzt haben will, aber später nicht mehr? Oder wenn ich später nicht mehr bleiben will? Nein, so wird es nicht kommen. Wenn wir uns jetzt wollen, dann wollen wir uns für immer.

Er ging zum Auto. Dass sie sich geirrt haben, wollte er seiner Frau sagen, dass sie ihre Ehe nicht wieder heil machen können, auch wenn sie es gerne wollen. Dass in den letzten Wochen in seiner Freude immer mehr Traurigkeit war und dass er mit dieser Traurigkeit nicht weiterleben will. Dass er weiß, dass er verrückt ist, für diese Frau, die er nicht kennt und die ihn nicht kennt, alles aufs Spiel zu setzen. Dass er lieber verrückt sein als vernünftig und traurig bleiben will.

Als er noch wenige Schritte zum Auto hatte, blickte seine Frau auf. Sie sah ihm entgegen, beugte sich über den Fahrersitz, drehte die Scheibe herunter und rief ihm etwas zu. Er verstand es nicht. Sie wiederholte, sie habe die großen Dünen auf der Karte gefunden. Beim Frühstück hatten sie sich an Bilder erinnert, die sie einmal von den großen Dünen gesehen hatten, und sie hatten sie vergebens auf der Karte gesucht. Jetzt hatte sie sie gefunden. Sie strahlte.

Ihre Freude über Kleinigkeiten – wie oft hatte sie ihn damit überrascht und beglückt. Und die Zutraulichkeit, mit der sie ihre Freude mitteilte! Es war eine kindliche Zutraulichkeit, voller Erwartung, dass die anderen gut sind, sich über Gutes freuen und mit Güte reagieren. Lange Jahre hatte er seine Frau nicht mehr so erlebt, erst in den letzten Wochen war ihre Zutraulichkeit zurückgekehrt.

Er sah ihre Freude. Sie begrüßte und umfing ihn. Ob er fertig sei? Ob sie fahren könnten?

Er nickte, ging schnell, als würde er lieber rennen, stieg ins Auto ein und ließ den Motor an. Er fuhr vom Platz, ohne zurückzuschauen.

Seine Frau erzählte, wie sie die Dünen auf der Karte gefunden habe, warum sie sie am Morgen nicht gefunden hätten. Wann sie am Abend ankommen und wo sie absteigen könnten. Wie weit sie am nächsten Tag fahren sollten. Wie hoch die Dünen seien.

Nach einer Weile merkte sie, dass etwas nicht in Ordnung war. Er fuhr langsam, blickte aufmerksam in den Nebel, begleitete, was sie sagte, gelegentlich mit zustimmendem oder ermunterndem Brummen – dass er nicht redete, war in Ordnung, aber nicht sein zusammengepresster Mund und seine angespannten Wangen. Sie fragte ihn, was sei. Etwas am Motor oder an den Reifen oder der Spur? Etwas mit dem Nebel und der Straße? Sonst was? Sie fragte zuerst unbefangen, dann, als er nicht antwortete, besorgt. Ging es ihm nicht gut? Hatte er Schmerzen? Als er rechts auf den Grasstreifen fuhr und anhielt, war sie sicher, dass es das Herz war oder der Kreislauf. Er saß starr, die Hände am Steuer, den Blick geradeaus.

»Lass mich«, sagte er und wollte fortfahren, dass er nur einen Moment brauche, aber das Reden hatte die Anspannung gelöst, die ihm den Mund verschlossen, die Wangen verkrampft und die Tränen zurückgehalten hatte. Er hatte seit Jahrzehnten nicht mehr geweint. Er wollte das Schluchzen abwürgen, aber aus dem Würgen wurde ein Wimmern und aus dem Wimmern ein Heulen. Er machte mit den Armen Bewegungen, die um Entschuldigung bitten und erklären sollten, dass es ihn überfallen habe und er nicht weinen wolle, aber nicht anders könne. Aber dann wurde das Bedürfnis nach Entschuldigungen und Erklärungen von den Tränen weggeschwemmt, und er saß einfach da, die Hände im Schoß, mit hängendem Kopf und zuckendem Oberkörper und heulte. Sie nahm ihn in ihre Arme, aber er ließ sich in ihren Armen nicht gehen, sondern blieb sitzen, wie er saß. Als das Weinen nicht endete, beschloss sie, im nächsten Ort ein Hotel und vielleicht einen Arzt zu suchen. Sie wollte ihn auf den Beifahrersitz heben und schieben, aber er rückte selbst hinüber.

Sie fuhr los. Er weinte weiter. Er weinte über seinen Traum, über die Angebote, die ihm das Leben gemacht und denen er sich versagt und entzogen hatte, über das Unwiederbringliche und Unersetzbare in seinem Leben. Nichts kehrte wieder, nichts konnte er nachholen. Er weinte darüber, dass er, was er wollte, nicht stärker wollte und dass er oft nicht wusste, was er wollte. Er weinte über das, was in seiner Ehe schwer und schlecht war, ebenso wie über das, was in ihr schön war. Er weinte über die

Enttäuschungen, die sie sich zugefügt, und über die Hoffnungen und Erwartungen, die sie in den letzten Wochen geteilt hatten. Nichts, was ihm in den Sinn kam, zeigte nicht eine traurige, schmerzliche Seite, und sei es bei allem Schönen und Glücklichen nur dessen Vergänglichkeit. Die Liebe, die Ehe, als sie gut war, die guten Jahre mit den Kindern, die Freude am Beruf, die Begeisterung über Bücher oder Musik – es war alles vergangen. Die Erinnerung schob ihm Bild um Bild vor das innere Auge, aber noch ehe er ein Bild richtig zu betrachten begonnen hatte, schlug ein Stempel darauf, und dann stand es da in dicken Buchstaben und mit dickem Rand: Vergangen.

Vergangen? Es war nicht einfach vergangen, hinter seinem Rücken und ohne sein Zutun. Er selbst zerschlug die Welt, die ihrer beider Liebe geschaffen hatte. Danach würde es die Welt nicht mehr geben, nicht ein schwarzweißes Bild statt eines bunten, sondern keines mehr.

x

Er fand ein Motel und handelte eine billige Miete für den ganzen nächsten Monat aus. Er fand ein Restaurant mit großer Theke, Resopaltischen, Plastiksitzen und Musikbox. Er trank viel, war in manchen Augenblicken absurd heiter und hätte in anderen wieder weinen können, wenn er sich nicht gesagt hätte, dass er für einen Tag genug geweint hatte. Es war das einzige Restaurant im Ort, und mit einem Ohr wartete er den ganzen Abend darauf, dass ein Auto vorfahren, jemand aussteigen und dass er in dessen Gang über den Kies den Gang seiner Frau erkennen würde. Er wartete darauf voller Sehnsucht und voller Angst.

Am nächsten Morgen ging er ans Meer. Über dem Strand lag wieder Nebel, Himmel und Meer waren grau, und die Luft war warm, feucht und dumpf. Er hatte das Gefühl, er habe unendlich viel Zeit.

Andrej Kurkow

Die letzte Landung

Es war ein kalter Frühling im fünften Jahr nach der Unabhängigkeit der Ukraine. Ich kehrte von einer Reise nach Deutschland zurück. Die alte Boeing der ukrainischen internationalen Fluglinie war mit schablonenhaften chinesischen Hieroglyphen bemalt, die offensichtlich erklären sollten, was im Falle einer Notlandung zu tun sei. Ihre Duraluminiumflügel erzitterten, als sie sich der Landebahn des Borispolskij-Flughafens näherte. Eine rundliche Stewardess verteilte Zollformulare. Ich bekam auch eines, und wieder einmal schmunzelte ich über die Aufforderung, die Menge der aus dem Ausland eingeführten fremden Währung anzugeben.

Der große Vorraum der Zollabfertigung füllte sich, es knisterten die Blätter der Zollerklärungen. Die Passagiere teilten sich in zwei Warteschlangen auf. Aus Gewohnheit stellte ich mich in die linke Schlange. Sie bewegte sich langsam, aber ich hatte es nicht eilig.

Schließlich kam ich bei der Stelle an, wo die Radioaktivität gemessen wird. Ein Mann im Schutzanzug fuhr mit einem Geigerzähler an meinem Körper entlang und nickte schließlich, in Ordnung, alles okay. Dann musste ich noch durchleuchtet werden – die Zöllner suchten Opiumkuriere, und wie ich wusste, schluckten diese das Opium in kleinen Säckchen vor dem Grenzübertritt. Ich betrat eine metallene Box und legte meine Brust gehorsam auf eine quadratische Platte. Etwas Unsichtbares klirrte in der Box, und mir lief ein Schauer über den Rücken.

»Den Pass bitte«, sagte der Zöllner höflich, schon über den Tisch mit dem Gepäck gebeugt.

Mit einem Lächeln zog ich meinen Sowjetpass hervor, der inzwischen schon ein Relikt geworden war.

»Andrej Jurjewitsch?«, las der Zöllner laut und sah mich dabei an, als warte er auf mein die Wahrheit bestätigendes Nicken. »Sie haben nur diese eine Tasche?«

Ich nickte.

»Bitte, gehen Sie dort hinüber, durch diese Tür!«, sagte er und begleitete seine Worte mit einer weitausladenden Geste, die die Richtung anzeigte. »Und die Tasche nehmen Sie bitte auch mit!«

Hinter der eleganten schwarzen Tür entdeckte ich eine Art Aufenthaltsraum, bequem mit Polstermöbeln ausgestattet. Es war niemand da. Ich ging zum nächstbesten Sessel und setzte mich.

Die Tür öffnete sich lautlos. Ein Mann von ungefähr fünfundvierzig Jahren kam herein. Er trug einen dunkelblauen, teuren Anzug, zu dem die grellrote Krawatte und das einfache, ebenfalls rötliche Gesicht nicht recht passen wollten. In der Hand hielt er eine Röntgenaufnahme.

Er kam zu mir und setzte sich in den nebenstehenden Sessel.

»Andrej Jurjewitsch?«, fragte er.

Ich nickte.

Er sah mich an, dann hob er das Röntgenbild auf seine Augenhöhe an und betrachtete es eingehend.

»Sind Sie Arzt?«, fragte ich.

»Nein, aber ich musste Kurse in Röntgenologie machen…«, sagte er in scherzhaftem Ton. »Sie haben gesundheitliche Probleme…«, fuhr er fort und zeigte mir auf der Röntgenaufnahme etwas, das mit rotem Filzstift markiert war.

Mein namenloser Gesprächspartner seufzte tief. »Wissen Sie, Andrej Jurjewitsch, ich mag keine ruhigen Gespräche. Ich bin an handfeste Streitereien gewöhnt, mit richtigem Geschrei und viel Emotionen… So wie früher. Aber jetzt ist alles nicht mehr so, wie's mal war, jetzt macht man alles viel zu intellektuell… Wenn Sie verstehen, was ich meine…«

»Ncin«, gestand ich.

»Na gut, wenn Sie so widerspenstig sind, dann erzähle ich Ihnen eine interessante Geschichte. Vor einem halben Jahr, Sie erinnern sich vielleicht, es wurde viel darüber in den Zeitungen geschrieben, verschwand ein Kandidat für das Amt als Parlamentsabgeordneter, ein Kandidat der Opposition... Na ja, er verschwand eben. Keine Leiche – kein Fall. Und nun, fünf Monate später, fährt ein Kiewer Schriftsteller nach Deutschland zu einer ernsthaften medizinischen Behandlung. In seiner Jugend hatte er dem Kognak ganz schön zugesprochen – damals war der Kognak billig und, na klar, die Leber hat das nicht ausgehalten. Die Leber ist ein sensibles Organ. So fährt also unser Herr Schriftsteller nach Deutschland und bringt seine kranke Leber zur Behandlung mit. Gut, dass der Schriftsteller dort Freunde hat, die für ihn eine Krankenversicherung organisiert haben, und die tun so, als sei die Leber des Herrn Schriftsteller erst in Deutschland krank geworden. Sollen doch die deutschen Steuerzahler für ihn aufkommen, oder soll doch die Versicherung mit den Beiträgen aufschlagen... unwichtig. Wichtig ist nur, dass die deutschen Ärzte die vom Kognak verdorbene Leber untersuchten, die Köpfe schüttelten und sagten, dass man eine solche Leber nicht mehr heilen kann. Man muss eine neue

Leber einsetzen. Na gut, was Neues ist immer besser als etwas Altes, nicht wahr? So war denn unser Herr Schriftsteller gern zu Operation bereit. Man setzte dem Herrn Schriftsteller eine neue Leber ein, man ließ ihn sich regenerieren, quartierte ihn einen Monat lang in einer Pension ein, hübsch am Wasser gelegen. Ein Monat ging vorbei, die deutschen Kollegen kamen ihn besuchen, nahmen ihn mit nach Köln… Dann übernachtete der Herr Schriftsteller im Hotel Engelbert, und am nächsten Morgen ging's ab zum Flughafen. – Na, Andrej Jurjewitsch, sind Sie immer noch so ruhig? Vielleicht ist Ihnen nicht gut?«, fragte mein Gesprächspartner mit hoffnungsvoller Stimme.

»Nein, nein, alles in Ordnung«, sagte ich, obwohl mir langsam aufging, dass die Geschichte, die er da erzählte, ziemlich genau war. Es war meine eigene Geschichte. »Na endlich werden Sie nachdenklich!«, sagte mein Gesprächspartner zufrieden. »Vorher saßen Sie so ruhig da, als ob Sie rein gar nichts auf dem Kerbholz hätten! Na gut, jetzt ruhen Sie sich ein wenig aus. Ich muss nur kurz weg.«

Er stand auf und ging Richtung Tür.

Im Raum war es sehr still, eine Stille, die mir geradezu steril erschien, fast medizinisch, irgendwie künstlich. Im normalen Leben gab es so was nicht.

Wieder klickte das Türschloss, und eine junge Stewardess kam herein. Sie streckte mir ein Tablett hin, auf dem genau das gleiche Essen stand, das ich vor kurzem im Flugzeug erhalten hatte.

»Guten Appetit!«, sagte sie und ging hinaus.

Ich saß im Sessel mit dem Tablett auf den Knien. Hunger hatte ich eigentlich nicht, aber die Stille erforderte irgendeine Art der Tätigkeit. Also zog ich die Alufolie von meinem Airline-Essen, packte das in Zellophan verpackte Besteck aus und fing an zu essen.

Nach ungefähr fünfzehn Minuten brachte dieselbe Stewardess den Kaffee. Eigentlich hatte ich ja aufgehört, Kaffee zu trinken, meine frühere Leber vertrug es nicht, aber in diesem Moment war es mir unangenehm abzulehnen, und meine Leber war ja jetzt ganz neu, so dass ich darauf keine Rücksicht nehmen musste.

Kurz darauf kam mein Gesprächspartner wieder.

»Na, haben Sie sich gestärkt?«, fragte er. Und ohne eine Antwort abzuwarten, fuhr er fort: »Ich habe auch eine Kleinigkeit zu mir genommen, jetzt sind wir beide wieder frisch, und ich erzähle Ihnen noch eine sehr interessante Geschichte… Erinnern Sie sich an den verschwundenen Parlamentskandidaten, den ich erwähnte? Er war ein ruhiger

Mensch, ein stiller Typ, obwohl er ziemlich extreme Ansichten vertrat. Er trank sehr gern Kaffee… mit einem Wort, er war ein typischer Westukrainer und ein aufrichtiger Nationalist. Tja, und dann verschwand er von der Bildfläche… Nicht aus freien Stücken, natürlich. Man suchte lange nach ihm. Da war er noch am Leben. Gewisse Leute, nennen wir sie Gangster, hatten ihn entführt und hielten ihn zuerst in einem Haus auf dem Land fest, nicht weit entfernt von Kiew. Dann, als die erste Welle der Nachforschungen vorbei war, transportierten sie ihn gefesselt in einem Auto in die Karpaten, dort hatten sie eine Verabredung mit einem Offizier des Grenzschutzes…

Der Offizier flog sie mit einem Militärhubschrauber nach Polen, das ist nicht teuer, kostet gerade dreihundert Dollar, aber Sie verstehen, die Soldaten verdienen zur Zeit so wenig, dass sie sich über jeden Nebenverdienst freuen… Dort in Polen wartete schon ein Auto auf sie, und sie fuhren Richtung Norden. Kurz bevor sie Szczecin erreichten, bogen sie auf einen Feldweg ein und erreichten schließlich ein abseits gelegenes Gehöft. Dieses Gehöft wurde vor fünf Jahren von einem Kiewer gekauft, er war Präsident eines Investmentfonds, der inzwischen schon nicht mehr existiert. Sie müssen sich doch noch erinnern, dass Ihr Vater all sein Geld in drei

Aktienfonds angelegt hatte und alles verlor! Dieses also war einer der Fonds. Der Kiewer lebt jetzt in Prag, und in dem Gehöft wohnt sein Bruder. Er hat dort alles umgekrempelt, hat teure medizinische Geräte gekauft. Irgendwann einmal hat er einen Abschluss in Medizin gemacht und ein paar Jahre als Arzt bei der Ambulanz gearbeitet. Später hat er beim Schnapsgroßhandel Geld gemacht, vor kurzem aber ist er zur Medizin zurückgekehrt, und nun blüht sein Geschäft... Auf dieses Gehöft hin also hat man unseren verschwundenen Kandidaten gebracht, ihn sozusagen aufs Krankenbett gelegt und sorgfältig untersucht. Man entdeckte ein paar Probleme, die in Ordnung gebracht werden sollten. Man behandelte seine Leber, ich hatte ja schon erwähnt, dass sie etwas angegriffen war, weil er zu viel Kaffee trank. Man heilte auch ein paar andere Organe. Eine interessante Gesetzmäßigkeit: Intelligente Leute kümmern sich fast nie um ihre Gesundheit. Sie beispielsweise ja auch nicht... Als man den Kandidaten zu Ende behandelt hatte, stellte der Besitzer dieses Gehöfts sozusagen eine Inventarliste zusammen von all den mehr oder weniger gesunden Organen des Kandidaten, danach setzte er eine genaue Liste dieser Organe mit detaillierter Beschreibung auf. Er faxte diese Liste an verschiedene Nummern in Europa. Schon eine halbe

Stunde später bekam er Rückantworten. Damit war das Schicksal des Kandidaten besiegelt. Am nächsten Abend operierte man ihn, sozusagen unter Vollnarkose. Man entnahm ihm verschiedenste Organe und legte sie in spezielle Gefäße mit einem Lösungsmittel. In einer derartigen Lösung lässt sich eine Leber lange aufbewahren, und auch die Nieren … Unweit von dem Gehöft liegt ein Privatflugplatz. Den flogen mehrere kleine Flugzeuge an, um die Organe abzuholen. Das Herz, beispielsweise, flog nach Frankreich, es schlägt jetzt in der Brust eines uralten Bankiers. Eine Niere wurde einer österreichischen Opernsängerin eingesetzt … Und die Leber … ja, die Leber haben jetzt Sie. Verstehen Sie, was das heißt?«

Ich erschrak. Um die Wahrheit zu sagen, in Deutschland hatte ich gar nicht daran gedacht und auch nicht danach gefragt, wer der Spender meiner Leber war. Man hatte mir nur gesagt, dass die Organe normalerweise von Menschen stammen, die bei einem Autounfall umgekommen sind. Außerdem war es auch nicht gerade angenehm, daran überhaupt zu denken.

»Und was jetzt?«, fragte ich. »Sie werden mir wohl kaum die Leber wieder herausschneiden wollen? Und wozu sollten Sie die auch brauchen?«

»Wozu? Na, sagen wir mal so … Die Sache ist delikat. Verstehen Sie, die Leber, das ist der körperliche Beweis, ein Teil des Körpers. Und wenn wir den Körper haben, haben wir auch einen Fall, den wir dann abschließen können... Man muss das Volk beruhigen, sonst verbreiten die Zeitungen noch, dass dies ein politischer Fall ist. Dabei handelt es sich um ganz normale Kriminelle... Sie sehen es ja selbst! Und auch die Familie des Verstorbenen wird sich endlich beruhigen – lieber eine bittere Gewissheit als völlige Unklarheit. Ich glaube, die Verwandten des Kandidaten wollten auch ein Grab, so dass es völlig möglich ist, dass sie von Ihnen die Leber zurückfordern, um sie zu begraben... Sehen Sie, in was Sie sich da reingeritten haben! Tiefer geht's kaum.«

»Moment mal!«, sagte ich und sah meinem Gesprächspartner aufmerksam in die Augen. »Das heißt doch, dass Sie alles im Voraus gewusst haben. Sie haben genau gewusst, wohin und zu welchem Zweck man diesen Menschen entführt hat?«

»Ich persönlich? Nein, ich beschäftige mich nur mit den Auslandsbeziehungen des Organhandels. Wie es von Polen aus weitergeht. Meine Kollegen wussten natürlich schon etwas. Aber wir sind nicht die Miliz, in unser Aufgabengebiet fällt lediglich das Sammeln konkreter Informationen und ihre Nutzung in Notfällen. Wenn man Ihnen beispielsweise in Deutschland die Leber eines Stephan Sacharowitsch Kuprinenko implantiert hätte – den gab's wirklich, ein Waldarbeiter in den Karpaten –, würden Sie jetzt gemütlich zu Hause sitzen und mit Ihrer Frau Tee trinken. Aber die Leber von Kuprinenko wurde einem anderen Herrn eingesetzt, einem deutschen Professor aus Köln. Die Leber von Kuprinenko war übrigens sogar besser als Ihre neue. Allerdings auch teurer. Aber so, da Sie eine Leber mit, sagen wir mal, politischer Färbung bekommen haben, tja, da ist nichts zu machen... Nun gut, bald bekommen Sie ein Abendessen, und für mich ist es Zeit, nach Hause zu gehen. Also dann, bis morgen!«

Wieder blieb ich allein in der sterilen Stille dieses Raumes ohne Fenster. Mein Befinden verschlechterte sich mit einem Mal. Ich hatte leichte Kopfschmerzen und spürte deutlich die Leber. Nicht, dass sie weh tat, aber es war, als hätte sie stark an Gewicht und Größe zugenommen, und sie fühlte sich an wie etwas Fremdes, das man schleunigst loswerden sollte... Ich stand vom Sessel auf und legte mich auf das Sofa mit dem Veloursbezug, das danebenstand. Allmählich wurde mir besser.

Ein paar Stunden später brachte mir eine andere Stewardess ein Tablett mit dem Flugzeugessen, die Mahlzeit war genau die gleiche wie die vorherige.

Und wieder kam die Stewardess nach etwa fünfzehn Minuten zurück und brachte mir starken Kaffee, diesmal in einer großen Thermoskanne, die sie mir daließ.

Der Kandidat hatte sehr gern Kaffee getrunken, erinnerte ich mich, und berührte meine neue Leber, deren Geschichte ich nun im Detail kannte.

Trotz des äußerst unbequemen Sofas schlief ich tief und fest. Doch beim Aufwachen fühlte ich mich wieder nicht wohl. Kurz darauf brachte mir eine große, etwa fünfunddreißigjährige Stewardess ein Flugzeugfrühstück und eine neue Thermoskanne mit Kaffee.

Nun schon mit einem leichten Anflug von Ekel packte ich das Plastiktellerchen aus, auf dem warmes Bohnenpüree und zwei verschrumpelte Würstchen lagen, die ziemlich zerquält ausschauten. Als ich mein Einwegfrühstück gegessen hatte, schenkte ich mir Kaffee aus der Thermoskanne in die Plastiktasse ein. Sofort stieg mir intensivster Kaffeeduft in die Nase. Dieser Kaffee war entschieden stärker als der gestrige. Ich stellte mir vor, wie schädlich er für die Gesundheit war, besonders für meine neue Leber. Aber gleichzeitig ergriff mich ein vorher nie gekannter ›Kaffeedurst‹, und ich leerte die ganze Kanne, die viereinhalb Tassen enthielt.

Danach spürte ich in meinem Inneren die Bewegung der Flüssigkeit. Nicht, dass mir das früher nie passiert wäre, aber jetzt geschah es irgendwie anders. Als wenn sich die Richtung der Bewegung geändert hätte. Und wieder empfand ich meine Leber als ein Gewicht, als wolle sie extra meine Aufmerksamkeit auf sich lenken.

»Wahrscheinlich vertragen sich meine anderen Organe nicht besonders gut mit der neuen Leber«, dachte ich. »Sie müssen sich erst noch an sie gewöhnen, sich aneinander anpassen... Aber, egal, sie werden sich schon aufeinander einstellen...«

Die Tür ging auf, und ins Zimmer kam mein gestriger Gesprächspartner.

»Guten Morgen, Andrej Jurjewitsch. Wie haben Sie geschlafen?«

Ich nickte zur Antwort.

Er kam heran und setzte sich in den Sessel neben mich.

»Wie geht's der Leber?«, fragte er.

»Ganz gut...«

Er nickte nachdenklich.

»Ja«, seufzte er, »Sie sind nicht zu beneiden. Die Verwandten des Kandidaten sind schon benachrichtigt worden. Die Angelegenheit geht ihrem Ende zu. Mein Sohn kennt Sie übrigens. Er sagt, dass er ein paarmal bei Ihren Lesungen war. Es hat ihm gefallen, hat er gesagt. – Aber gut, kehren wir zu unserer Geschichte zurück. Eigentlich wissen Sie ja schon alles. Wir können nur noch hier sitzen und die Entscheidung abwarten«, sagte er mit nach oben gerichtetem Zeigefinger, »was die Leber des Kandidaten betrifft...«

In diesem Moment klopfte es. Mein Gesprächspartner erhob sich und ging zur Tür. Ich hörte ein undeutliches, aber aufgeregtes Flüstern. Die Tür klickte ins Schloss, und ich war wieder allein.

»Vielleicht ist über meine Leber schon entschieden worden?«, fragte ich mich nicht ohne Schrecken.

Die sterile Stille reizte mich. Meine gestrige Selbstbeherrschung war dahin.

»Nein, kein Grund zur Aufregung«, versuchte ich mich selbst zu beruhigen. »Es wird schon nichts Schlimmes passieren. Schließlich leben wir am Ende des zwanzigsten Jahrhunderts und nicht im blutigen Mittelalter...«

Nichtsdestotrotz wuchs die nervliche Anspannung und wurde zum Schmerz. Es tat irgendwo im Bauch weh. Der Schmerz kam in Wellen, und ich fühlte die Richtung, in die sie gingen. Die Wellen breiteten sich aus, und der Schmerz wurde stärker. In mir braute sich ein regelrechter Schmerzsturm zusammen. Mich interessierte nur noch eines: Hatte das mit meiner neuen Leber zu tun oder nicht?

An einem bestimmten Moment schlug die

Schmerzwelle über mir zusammen, und ich verlor die Besinnung.

Ich wachte in einem gewöhnlichen Krankenzimmer wieder auf und blinzelte. Ich blinzelte nicht lange.

Da hörte ich schon die bekannte Stimme meines letzten Gesprächspartners.

»Verzeihen Sie, Andrej Jurjewitsch… Man hat Sie auf meine Bitte hin zu Bewusstsein gebracht. Ich habe hier eines Ihrer Bücher gekauft. Ein Kinderbuch. Nicht schlecht, wirklich lustig. Geben Sie mir doch ein Autogramm zur Erinnerung…«

Der Nebel vor meinen Augen lichtete sich ein wenig, und ich erblickte das bekannte rötliche Gesicht.

»Unterschreiben Sie! Ich heiße Taras Belonenko…«

Er drückte mir einen Filzstift in die Hand und richtete mich auf, indem er mich zur Seite drehte. Vor mir sah ich mein neuestes Kinderbuch.

»Am besten hier, auf der zweiten Seite…«

Ich schrieb mit zittrigen Buchstaben: ›Dem lieben Taras vom Autor‹.

»Schreiben Sie kein Datum hin«, bat der Gesprächspartner.

Ich ließ mich wieder auf den Rücken fallen und schloss die Augen.

»Danke, Andrej Jurjewitsch«, hörte ich. »Ihre Angelegenheit ist noch nicht entschieden. Vielleicht geht ja alles vorbei. Und bitte, denken Sie nicht, dass wir Sie wirklich beschattet haben, so wie in früheren Zeiten. Sie haben ja selbst alles am Telefon Ihrer Frau erzählt.«

Am Morgen des nächsten Tages starb ich. Die Autopsie ergab einen generellen Infarkt des Herzmuskels. Die Leber war in Ordnung, wenn auch ein wenig vergrößert.

Meine Frau fand schnell eine gemeinsame Sprache mit der Witwe des Kandidaten, und Gott sei Dank beschlossen sie, mich am Stück zu bestatten.

Bei meiner Beerdigung versammelten sich viele mir unbekannte Leute. Es erklang die reine ukrainische Sprache. An meinem Grab wurde ein Meeting abgehalten.

Auf der Marmortafel über meinem Grab wurden zwei Nachnamen eingemeißelt, so hatten sich die beiden Witwen geeinigt, und seit dieser Zeit werden immer frische Blumen an das Denkmal gebracht. Am Grab versammeln sich sympathische junge Leute und reden lange über die Zukunft.

Ich fühle mit ihnen, aber im Grunde habe ich mit der Sache nichts zu tun.

Und auch die Blumen sind nicht für mich, sondern für meine letzte Leber.

Joachim Ringelnatz

Die wilde Miss vom Ohio

Ich rede von einem jener gott- und menschenverlassenen Eisenbahnpunkte, wo normale Fremde den Verstand verlieren, wenn sie nicht Schlafvirtuosen sind oder ein dichterisches Verständnis für die Poesie der Öde haben. –

Als ich die Tür zur Wartehalle klinkte, flehte ich irgendeine überirdische Macht an, mich nicht in eine Gesellschaft zu lancieren, die über Bierqualitäten, Zufälle im Lotteriespiele oder innere Politik polemisierte.

Es war jedoch nur ein einziger Gast anwesend, eine stattliche Baron-Offizier-Lebemann-Erscheinung, die mir gleich durch eine kurze Kopfbewegung zu verstehen gab, dass ich mich zu den unsichtbaren Geistern zählen dürfe. Das war ganz nach meinem Sinn, und ich drückte mich selbst in den entferntesten Winkel, gleichfalls ein deutliches *Noli me tangere* in meine Züge legend.

Der Herr »Ober« bemühte sich, meine schlechte Stimmung auf den nervösesten Punkt zu schrauben, durch allerhand Schikanen, die ich in vier Humoresken und einer Tragödie zu verwenden gedenke. Dann allmählich schlief er am Zeitungsständer ein. Und nun war es still in der leeren Halle. Nur ein melancholischer Landregen nässelte an den Fensterscheiben.

Der Baronartige starrte regungslos auf eine Flasche Burgunder. Ich hatte das Gefühl, dass ich ohne seine Gegenwart ein stimmungsvolles Gedicht verfassen könnte. Die Hände vor die Augen pressend, um ihn nicht mehr zu sehen, gewahrte ich durch die Fingerspalten, dass er energische und eigentlich mehr zielbewusste als blasierte Gesichtslinien hatte, dass eine breite Narbe an seiner Schläfe nicht übel wirkte und dass er einen pompösen, exotischen Ring trug.

Die Einsamkeit ist die Treppe zum Gedankenkeller. Sie ist selbstverständlich wertlos für denjenigen, der unten nichts auf Lager hat. Wer aber sein Fässchen oder gar Fässer, Tonnen dort liegen weiß – meistens die, welche oben nur wenig verzapfen –, dem fällt es nicht schwer, die Stunden in dieser erfrischenden kühlen Tiefe totzuschlagen.

Auch ich wollte mein Fläschchen Spiritus heraufholen, um damit den eingeborenen Zeltinger zu veredeln, den mir das Bahnhofsrestaurant zu Kriegspreisen aufgetischt hatte.

Der Baron war wirklich im Grunde ein recht sympathischer Mann. Er schien ebenfalls trübseliger Laune zu sein und saß noch immer wie ich über sein Glas gebeugt – Zigarrenrauch und Asche studierend.

Da öffnete sich die Türe. Ein älterer, wettergebräunter Dritter im Jagdkostüm blieb auf der Schwelle stehen.

Der Baron bemerkte ihm sofort durch eine kurze Kopfbewegung, dass er sich zu den unsichtbaren Geistern zählen dürfe, und ich legte ein deutliches *Noli me tangere* in meine Züge. Der Jäger aber bediente sich einer noch überlegeneren Sprache. Er sah sich weder nach dem Baron noch nach mir um, sondern placierte sich mit geometrischer Geschicklichkeit so, dass er uns beiden gleichzeitig den Rücken zudrehte. Die schikanöse Einleitung des Kellners kürzte er dadurch ab, dass er ihn sehr bald mit Kamel anredete.

Ich fühlte mein Dichtermilieu durch einen struppigen Bart, verwegen rollende Augen und eine lokomotivierende Meerschaumpfeife erheblich gestört.

Erst als der wilde Mann mit einem Glas heißer Milch gestillt war und das dienstbare Kamel seine Journal-Ecke wieder eingenommen, trat der Status quo ein. Dieses Verhältnis nahm mit der Zeit einen ganz friedlichen Charakter an. Es war, als hätten wir ein stilles Abkommen getroffen, einander rücksichtsvoll zu ignorieren.

Der Ofen begann wie in einer Anwandlung von Mitleid geheimnisvoll zu knistern. In tiefes Sinnen versunken, rührten wir uns nicht. Nur wenn der Kellner seine Beinstellung wechselte, hoben sich für einen Moment drei müde Häupter. Dann war alles tot.

An was denkt man in solcher Situation wohl? – –

Das wird immer individuell sein. Ich zum Beispiel dachte – – ach nein, das ist ganz gleichgültig.

Jedenfalls wurde die Ruhe plötzlich unterbrochen. Es war die seltsame Melodie eines mir unbekannten Liedes, halblaut durch die Zähne gesummt. Ich warf dem Jäger einen vorwurfsvollen Blick zu und beobachtete dann, wie der Baron sich verhielt.

Er hatte gleich mir den Kopf erhoben und außerdem eine Zeitung ergriffen, aber ich bemerkte, dass er hinter derselben neugierig den Jäger fixierte. Gleich darauf legte er das Blatt beiseite, leerte sein Glas mit einem nervösen Schluck, trommelte mit den Fingern auf das Tischtuch und stimmte leise pfeifend in das Lied, dasselbe Lied ein.

Nun sah auch der wilde Mann auf und schwieg. Der Baron schwieg gleichfalls. Es kam mir vor, als sei ein kleines Vorpostengefecht beendet.

Plötzlich erhob sich der Burgunderherr, trat mit ungezwungener vornehmer Haltung an den Jäger heran und sagte: »Mein Herr, erlauben Sie mir die Frage: Waren Sie je am Ohio?«

»Ja«, erwiderte der andere erstaunt.

»Und Sie kennen die wilde Miss vom Ohio?«

»The wild Miss? – –« Etwas wie ein wehmütig-glückliches Lächeln fuhr über das harte Jägergesicht. Er hielt dem Frager seine kräftige Rechte hin, und dann gab's einen Handschlag, den ich im Leben nicht wieder vergessen werde. Und nun rückten die beiden zusammen, und der Kellner wurde aus seinem Presseschlummer gejagt, um Sekt und Zigarren zu bringen, und dann begannen die beiden zu fragen und zu erzählen, und dazwischen stießen sie so feurig die Gläser zusammen, dass der Kellner jedes Mal zusammenfuhr.

Ich verstand kein Wort weiter von dem, was da besprochen wurde, aber ich glaubte den Inhalt zu erraten, und das Herz ward mir dabei weit, als sei ich berauscht.

Es musste eine köstlich interessante Erzählung sein – aus dem Leben dieser Männer, und das Lied, woran sich beide erkannt hatten, sowie die wilde Miss vom Ohio mussten irgendeine romantische Rolle darin spielen. Leidenschaftliche, gefährlich-schöne, vielleicht teilweise sehr traurige Erlebnisse.

Ich sah ein einsames Licht aus dem nachtdunklen Ufergebüsch des Ohio blinken. Die wilde Miss stand vor mir, eine herrliche, heißblütige Kreolin mit tiefschwarzen, verführerischen Augen, und ich wob einen spannenden und ergreifenden Roman um sie. – –

Die Augen der Erzähler leuchteten begeistert, ihr Sekt schäumte und der Zigarrenrauch umlagerte sie, wie Nebelwolken, den kühlen, schwarzen Fluten des Ohio entstiegen. Ich aber saß einsam in meiner Ecke und spürte eine so gewaltige Sehnsucht danach, auch Anteil an diesen bewegten Erinnerungen zu haben und hinzugehen, um zu sagen: Meine Herren, auch ich kenne das Lied, den Ohio und die wilde Miss. Darf ich mich zu euch setzen? – –

Glückliche, beneidenswerte Weltmenschen! –

Noch nie hatte ich ein Alleinsein so bitter empfunden wie in dieser Stunde. Ich fasste den Entschluss, mir auch ohne Belege als Zuhörer einen Platz bei den beiden zu erbitten.

Da pfiff etwas. Ein Zischen – ein Rollen – – der Zug lief ein. – –

Ich habe weder den Jäger noch den Baron wiedergesehen. Die Geschichte der wilden Miss vom Ohio habe ich nie erfahren, aber wenn ich mich ihres Titels erinnere, habe ich eine hässliche, drückende Empfindung.

Es ist das Gefühl des Unbefriedigtseins. Etwa wie wenn man während einer spannenden Lektüre nach der weggelegten Zigarre greift und plötzlich merkt, dass diese auf unerklärliche Weise abhanden gekommen – – Nein, es ist ein ganz anderes, viel tieferes, trüberes Gefühl.

Loriot

Hasch

Mein Gepäck wirkte wohl etwas plump, als ich die Grenze passierte. Der Zollbeamte im Zug Istanbul–München wünschte jedenfalls hineinzusehen. Nicht in den Handkoffer, der getragene Unterwäsche und mein Waschzeug barg, sondern in den groben Leinensack, der die zwei freien Plätze meines Polsterklasseabteils einnahm (ich hatte den Sack seines Gewichtes und eines chronischen Bandscheibenschadens wegen beim besten Willen nicht in die Gepäckablage heben können).

»Was ist das«, sagte der Beamte, nachdem er den Hanfstrick gelöst und hineingefasst hatte. »Hasch«, sagte ich, »anderthalb Zentner, hochfein.« – »Natürlich, natürlich«, sagte er und kostete vorsichtig etwas mit der Zungenspitze. »Langen Sie nur tüchtig zu«, sagte ich höflich und blätterte in der *Süddeutschen*. Er kostete vorsichtig von Salzburg bis Rosenheim. Er saß mir schräg gegenüber, sah sehr glücklich aus und begann sich zu entkleiden. »Ich bin eine Kohlmeise«, sagte der Beamte deutlich und legte als Letztes sein Hemd ab. Dann machte er die ersten Flugbewegungen mit den Ellenbogen.

Kurz vor München öffnete ich das Fenster. Er erhob sich und flatterte hinaus. Ich sah, wie er in einem leichten Bogen nach Westen strich, jubilierend über die Wipfel eines Hochwaldes stieg und sich im Himmel verlor. Ohne jede Verspätung fuhr der Zug um 16 Uhr 31 in Münchens Hauptbahnhof ein.

John Irving

Die Pension Grillparzer

Mein Vater arbeitete für das Österreichische Fremdenverkehrsamt. Und meine Mutter war auf die Idee gekommen, dass doch die ganze Familie mitreisen solle, wenn er als Spion für seinen Arbeitgeber unterwegs war. So kam es, dass meine Mutter, mein Bruder und ich ihn auf seinen geheimen Missionen begleiteten, deren Zweck es war, Unhöflichkeiten, staubige Winkel, schlechtes Essen und Sparmaßnahmen aller Art aufzuspüren, die sich österreichische Restaurants, Hotels und Pensionen zuschulden kommen ließen. Wir waren gehalten, Schwierigkeiten zu machen, wann immer es ging, nie genau das zu bestellen, was auf der Karte stand, ausgefallene Wünsche anzumelden, wie sie für Gäste aus dem Ausland typisch sind – etwa zu ungewöhnlichen Zeiten baden zu wollen, dringend ein Aspirin zu benötigen oder sich den Weg zum Tiergarten beschreiben zu lassen. Wir waren gehalten, uns anständig zu benehmen, aber lästig zu fallen; und wenn der Aufenthalt beendet war, erstatteten wir Vater Bericht. Dann sagte Mutter zum Beispiel: »Der Friseur hat am Vormittag immer geschlossen. Dabei wird draußen eigens auf ihn hingewiesen. Dagegen wäre ja nichts einzuwenden, wenn das Hotel nicht behaupten würde, einen eigenen Friseur zu haben.«

»Aber genau das behaupten sie«, sagte Vater dann und hielt das in seinem dicken Notizbuch fest.

Ich war stets der Chauffeur und berichtete aus meiner Sicht: »Das Auto war zwar nicht auf der Straße geparkt, sondern in der Hotelgarage, aber seit wir es dem Portier übergeben haben, ist jemand vierzig Kilometer damit gefahren.«

»Das sollte man der Hotelleitung direkt melden«, sagte Vater und machte sich eine Notiz.

»Die Toilette war undicht«, sagte ich.

»Ich hab die Toilettentür nicht aufgebracht«, sagte mein Bruder Robo.

»Du hast immer Schwierigkeiten mit Türen, Robo«, meinte Mutter.

»War das denn Klasse C?«, fragte ich.

»Ich fürchte, nein«, sagte Vater. »Es ist noch immer als B-Hotel eingestuft.« Eine Zeitlang fuhren wir schweigend weiter; die Frage, ob ein Hotel oder eine Pension neu kategorisiert werden musste, nahmen wir sehr ernst. Wir schlugen nie leichtfertig die Einstufung in eine andere Klasse vor.

»Ich finde, das schreit nach einem Brief an die Hoteldirektion«, meinte Mutter. »Er sollte nicht zu freundlich ausfallen, aber auch nicht richtig grob. Teile einfach die Fakten mit.«

»Einverstanden. Ich fand den Mann ganz sympathisch«, sagte Vater. Er legte stets Wert darauf, die Hoteldirektoren kennenzulernen.

»Vergiss nicht zu erwähnen, dass jemand mit unserem Auto gefahren ist«, sagte ich. »Das ist wirklich unverzeihlich.«

»Und die Eier waren schlecht«, sagte Robo. Er war noch keine zehn, und sein Urteil wurde nicht wirklich ernst genommen.

Weit unerbittlicher als Bewertungsteam wurden wir, als mein Großvater starb und uns Großmutter hinterließ – die Mutter meiner Mutter, die uns von da an auf unseren Reisen begleitete: Johanna, eine alte Dame mit majestätischem Auftreten, die es gewohnt war, in erstklassigen Hotels abzusteigen, während mein Vater weit häufiger B- und C-Unterkünfte unter die Lupe zu nehmen hatte. Kein Wunder, denn die meisten Touristen waren an Hotels (und Pensionen) in dieser Preislage interessiert. Mit den Restaurants erging es uns etwas besser. Auch Touristen, die es sich nicht leisten konnten, in erstklassigen Hotels abzusteigen, legten sehr wohl Wert auf Spitzenrestaurants.

»Ich gebe mich nicht dazu her, zweifelhafte Lokale zu testen«, erklärte uns Großmutter. »Mag sein, dass euch diese merkwürdige Betätigung in Hochstimmung versetzt, weil das wie kostenloser Urlaub ist, aber ich sehe schon, dass man dafür einen unzumutbaren Preis zahlen muss: Man weiß nie, in was für einem Quartier man landet. Amerikaner mögen es ja durchaus bezaubernd finden, dass es bei uns noch immer Zimmer ohne Bad und Toilette gibt, aber ich bin eine alte Frau, und ich finde es überhaupt nicht bezaubernd, einen öffentlichen Flur entlanglaufen zu müssen, wenn ich mich waschen oder die Toilette aufsuchen möchte. Und das ist noch lange nicht alles. Man kann sich da auch Krankheiten holen – und nicht nur vom Essen. Wenn mir das Bett dubios erscheint, werde ich mich nicht hineinlegen, das garantiere ich euch. Abgesehen davon sind die Kinder noch klein und leicht zu beeinflussen; denkt doch bloß an das Publikum, das in einigen dieser Absteigen verkehrt, und fragt euch dann ernsthaft, ob das der richtige Umgang ist.« Mutter und Vater nickten, sagten aber nichts. »Fahr nicht so schnell!«, herrschte Großmutter mich an. »Du bist ein junger Spund, der nur angeben will.« Ich fuhr langsamer. »Wien«, seufzte Großmutter. »In Wien habe ich immer im Ambassador gewohnt.«

»Das Ambassador steht nicht zur Überprüfung an, Johanna«, sagte Vater.

»Das möchte ich auch meinen«, entgegnete Großmutter. »Gehe ich recht in der Annahme, dass wir überhaupt kein A-Hotel ansteuern?«

»Tja, es ist eben eine B-Reise«, räumte Vater ein. »Jedenfalls weitgehend.«

»Ich hoffe doch«, sagte Großmutter, »das bedeutet, dass es auf unserer Route wenigstens ein erstklassiges Hotel gibt.«

»Nein«, gestand Vater. »Es gibt ein Haus der Klasse C.«

»Das macht gar nichts«, meinte Robo. »In C-Häusern wird viel gestritten.«

»Das kann ich mir denken«, meinte Großmutter.

»Es ist eine *C-Pension*, eine sehr kleine«, sagte Vater, als seien Streitereien in Anbetracht der Größe verzeihlich.

»Und sie bewerben sich für B«, sagte Mutter.

»Aber es hat Beschwerden gegeben«, fügte ich hinzu.

»Davon bin ich überzeugt«, sagte Großmutter.

»Und Tiere«, ergänzte ich. Mutter warf mir einen warnenden Blick zu.

»Tiere?«, fragte Großmutter.

»Es besteht lediglich ein Verdacht«, stellte Mutter richtig.

»Ihr dürft nicht voreingenommen sein«, sagte Vater.

»Ach, das ist ja reizend!«, sagte Großmutter. »Überall Tierhaare auf den Teppichen! Ekelhafte Haufen in den Ecken! Wisst ihr, dass ich sofort Asthmabeschwerden bekomme, wenn ich ein Zimmer betrete, in dem zuvor eine Katze war?«

»Bei der Beschwerde ging es nicht um Katzen«, sagte ich. Mutter stieß mir ihren Ellbogen in die Rippen.

»Hunde?«, fragte Großmutter. »Tollwütige Hunde! Die einen auf dem Weg ins Bad beißen.«

»Nein«, sagte ich, »Keine Hunde.«

»Bären!«, rief Robo.

Aber Mutter sagte: »Das mit den Bären wissen wir nicht genau, Robo.«

»Das kann doch nicht euer Ernst sein«, meinte Großmutter.

»Natürlich ist es nicht ernst!«, sagte Vater. »Wie könnte es in einer Pension Bären geben?«

»Aber genau das stand in einem Brief«, sagte ich. »Natürlich dachte das Fremdenverkehrsamt, die Beschwerde käme von einem Spinner. Aber dann hat noch jemand das Tier gesehen – es kam ein zweiter Brief, in dem es hieß, dass es da einen Bären gibt.«

Vater warf mir über den Rückspiegel missbilligende Blicke zu, aber nachdem wir alle an dieser

Überprüfung beteiligt waren, hielt ich es für ratsam, dafür zu sorgen, dass Großmutter vorgewarnt war.

»Wahrscheinlich ist es gar kein richtiger Bär«, sagte Robo hörbar enttäuscht.

»Ein Mann in einem Bärenkostüm!«, rief Großmutter. »Welch unerhörte Perversion! Eine Bestie von einem Mann, der verkleidet umherschleicht! Wer weiß, was er im Schilde führt? Bestimmt ist es ein Mann in einem Bärenkostüm, ganz bestimmt«, sagte sie. »In diese Pension will ich zuerst. Wenn ich auf dieser Reise schon Bekanntschaft mit Klasse C machen muss, dann wollen wir es möglichst rasch hinter uns bringen.«

»Aber wir haben keine Zimmer für heute reserviert«, sagte Mutter.

»Stimmt, aber wir können den Leuten ebenso gut eine Chance geben, sich von ihrer besten Seite zu zeigen«, meinte Vater. Obwohl er seine Opfer nie darüber aufklärte, dass er vom Fremdenverkehrsamt kam, hielt er Zimmerreservierungen schlicht für eine anständige Art, dem Personal die Möglichkeit zu geben, sich möglichst gut vorzubereiten.

»Ich bin überzeugt, dass man in einer Pension, in der Männer absteigen, die sich als Tiere verkleiden, nicht immer im Voraus Zimmer reservieren muss«, meinte Großmutter. »Ich bin überzeugt, dass da immer was frei ist. Außerdem bin ich überzeugt, dass dort regelmäßig Gäste in ihren Betten sterben – aus Angst oder weil ihnen dieser Verrückte in seinem abgeschmackten Bärenkostüm irgendetwas Unaussprechliches zufügt.«

»Wahrscheinlich ist es ein echter Bär«, sagte Robo hoffnungsvoll, denn angesichts der Wendung, die das Gespräch nahm, wurde ihm wohl klar, dass ein echter Bär Großmutters eingebildetem Unhold allemal vorzuziehen war. Vor einem echten Bär hätte Robo vermutlich keine Angst gehabt.

Ich fuhr so unauffällig wie möglich zu der düsteren unscheinbaren Ecke Planken- und Seilergasse, wo wir Ausschau nach der C-Pension hielten, die in Klasse B aufrücken wollte.

»Nirgends Platz zum Parken«, sagte ich zu Vater, der das bereits in seinem Notizbuch vermerkte.

Ich parkte in zweiter Reihe, und vom Auto aus ließen wir unsere Blicke an der Fassade der Pension Grillparzer emporwandern; vier schmalbrüstige Stockwerke zwischen einer Konditorei und einer Tabak-Trafik.

»Seht ihr?«, sagte Vater. »Keine Bären.«

»Hoffentlich auch keine Männer«, sagte Großmutter.

»Die kommen in der Nacht«, sagte Robo und blickte argwöhnisch die Straße hinauf und hinunter.

Wir betraten die Pension und wurden vom Inhaber, einem Herrn Theobald, begrüßt, der sogleich Großmutters Misstrauen erweckte.

»Drei Generationen, die zusammen verreisen!«, rief er. »Wie in alten Zeiten«, fügte er hinzu, wobei er vor allem Großmutter ansprach, »bevor es diese vielen Scheidungen gab und die jungen Leute ihre eigenen Wohnungen wollten. Das hier ist eine Familienpension! Ich wünschte nur, Sie hätten im Voraus bestellt – dann hätte ich Sie näher beisammen unterbringen können.«

»Wir sind es nicht gewohnt, im selben Zimmer zu schlafen«, erklärte ihm Großmutter.

»Natürlich nicht!«, rief Theobald. »Ich meinte nur, ich hätte Ihnen gerne Zimmer gegeben, die näher beisammen sind.«

Großmutter sah man die Besorgnis an.

»Wie weit liegen sie denn auseinander?«, fragte sie.

»Na ja, ich habe nur zwei Zimmer frei«, sagte er. »Und nur eins davon ist groß genug für die beiden Jungen und die Eltern.«

»Und wie weit ist es bis zu meinem Zimmer?«, fragte Großmutter kühl.

»Ihr Zimmer liegt genau gegenüber der Toilette!«, erklärte Herr Theobald, als wäre das ein Vorteil.

Doch als er uns die beiden Zimmer zeigte – wobei Großmutter, die voller Verachtung das Schlusslicht machte, sich an Vaters Seite hielt –, hörte ich sie murmeln: »So habe ich mir mein Dasein im Alter nicht vorgestellt. Gegenüber der Toilette, so dass ich wohl oder übel sämtliche Gäste hören muss.«

»Hier ist jedes Zimmer anders eingerichtet«, erläuterte Herr Theobald. »Die Möbel stammen samt und sonders aus meiner Familie.« Das glaubten wir sofort. Das große Zimmer, das Robo und ich uns mit den Eltern teilen sollten, war ein Museumssaal voller Schnickschnack, in dem jede Kommode Beschläge in einem anderen Stil hatte. Andererseits waren die Wasserhähne am Waschbecken aus Messing, und das Bett hatte ein geschnitztes Kopfteil. Ich sah Vater an, dass er diese Einzelheiten, die er in seinem dicken Notizbuch festhalten würde, sorgfältig gegeneinander abwog.

»Das kannst du später machen«, erklärte ihm Großmutter. »Wo schlafe ich?«

Brav folgte die ganze Familie Herrn Theobald und meiner Großmutter durch einen langen, gewundenen Gang; Vater zählte die Schritte bis zur Toilette. Der Gangläufer war fadenscheinig und verblichen. An den Wänden hingen alte Fotografien von Eisschnelllaufmannschaften – mit eigenartigen Gleitern an den Füßen, die vorn aufgebogen waren wie Hofnarrenschuhe oder die Kufen uralter Schlitten.

Robo, der vorausgelaufen war, verkündete, er habe die Toilette entdeckt.

Großmutters Zimmer war voller Porzellan, blankem Holz und roch leicht schimmlig. Die Vorhänge fühlten sich klamm an. Das Bett hatte in der Mitte einen beunruhigenden Wulst, der an das gesträubte Rückenfell eines Hundes erinnerte; fast sah es so aus, als läge unter der Bettdecke ein graziler Körper.

Großmutter sagte kein Wort, und als Herr Theobald aus dem Zimmer wirbelte wie ein Schwerverletzter, der soeben erfahren hat, dass er überleben wird, fragte sie meinen Vater: »Wie kommt die Pension Grillparzer bloß dazu, sich ein B zu erhoffen?«

»Ganz entschieden C«, sagte Vater.

»Ist und bleibt C«, sagte ich.

»Ich persönlich«, erklärte Großmutter, »plädiere für E oder F.«

Im düsteren Teesalon sang ein Mann ohne Krawatte ein ungarisches Lied. »Das bedeutet nicht, dass er Ungar ist«, versicherte Vater unserer Großmutter, die jedoch misstrauisch blieb.

»Ich würde sagen, die Wahrscheinlichkeit spricht

eher gegen ihn«, meinte sie. Sie wollte weder Tee noch Kaffee. Robo aß ein Stück Kuchen, das ihm angeblich schmeckte. Mutter und ich rauchten eine Zigarette. Sie versuchte mit dem Rauchen aufzuhören, ich versuchte es mir anzugewöhnen; deshalb teilten wir uns eine Zigarette – wir hatten einander sogar versprochen, nie eine allein zu rauchen.

»Er ist ein wunderbarer Gast«, flüsterte Herr Theobald meinem Vater zu und deutete dabei auf den Sänger. »Er kennt Lieder aus aller Welt.«

»Zumindest aus Ungarn«, sagte Großmutter, doch sie lächelte.

Ein kleiner Mann, glattrasiert, aber mit jenem dauerhaft metallisch grauen Bartschatten auf dem hageren Gesicht, sprach Großmutter an. Er trug ein sauberes weißes (vom Alter und vom vielen Waschen jedoch vergilbtes) Hemd, eine Anzughose und ein nicht dazu passendes Sakko.

»Wie bitte?«, sagte Großmutter.

»Ich sagte, ich erzähle Träume«, erläuterte der Mann.

»Sie erzählen also Träume«, sagte Großmutter. »Heißt das, Sie haben diese Träume?«

»Ich habe sie, und ich erzähle sie«, sagte er geheimnisvoll. Der Sänger hörte zu singen auf.

»Egal, welchen Traum Sie hören wollen«, sagte der Sänger, »er kann ihn erzählen.«

»Ich bin ganz sicher, dass ich keinen Traum hören will«, sagte Großmutter. Voller Missfallen betrachtete sie den breiten Streifen dunkler Haare, die aus dem offenen Hemdkragen des Sängers quollen. Sie würde den Mann, der Träume »erzählte«, künftig ignorieren.

»Wie ich sehe, sind Sie eine Dame«, sagte der Traummann zu Großmutter. »Sie reagieren nicht auf jeden Traum, der einfach so daherkommt.«

»Ganz bestimmt nicht«, sagte Großmutter. Sie warf Vater einen ihrer Blicke zu, die besagten: Wie kannst du zulassen, dass jemand mir das antut.

»Aber einen kenne ich«, sagte der Traummann und schloss die Augen. Der Sänger zog einen Stuhl heran und saß auf einmal ganz dicht neben uns. Robo hockte auf Vaters Schoß, obwohl er dafür viel zu alt war. »In einem großen Schloss«, hob der Traummann an, »lag eine Frau neben ihrem Mann. Mitten in der Nacht wurde sie plötzlich hellwach. Sie hatte nicht die geringste Ahnung, wovon sie aufgewacht war, und fühlte sich so munter, als sei sie seit Stunden auf. Gleichzeitig spürte sie – ohne dass es eines Blickes oder eines Wortes oder einer Berührung bedurft hätte –, dass ihr Mann ebenfalls hellwach und ebenso plötzlich aufgewacht war.«

»Hoffentlich ist das für Kinderohren auch geeignet, haha«, meinte Herr Theobald, aber niemand würdigte ihn eines Blickes. Großmutter faltete ihre Hände im Schoß und starrte sie an – Knie fest beisammen, Fersen unter den Stuhl mit der geraden Lehne geschoben. Mutter hielt Vaters Hand.

Ich saß neben dem Traummann, dessen Jackett wie ein ganzer Zoo roch. Er erzählte weiter: »Die Frau und ihr Mann lagen wach in ihren Betten und lauschten den Geräuschen im Schloss, das sie nur gemietet hatten und nicht besonders gut kannten. Sie lauschten den Geräuschen draußen im Hof, den abzuschließen sie sich nie die Mühe machten. Die Leute aus dem Dorf gingen immer beim Schloss spazieren, und die Dorfkinder durften am großen Hoftor hin- und herschwingen. Wovon waren sie nur aufgewacht?«

»Bären?«, meinte Robo, aber Vater legte seinen Zeigefinger auf Robos Mund.

»Sie hörten Pferde«, fuhr der Traummann fort. Großmutter, die mit geschlossenen Augen und gesenktem Kopf dasaß, schien auf ihrem harten Stuhl zu erschauern. »Sie hörten das Schnauben und Stampfen von Pferden, die sich ruhig zu halten versuchten«, sagte der Traummann. »Der Mann streckte die Hand aus und berührte seine Frau. ›Pferde?‹, fragte er. Die Frau stieg aus dem Bett und trat ans Fenster. Sie würde bis zum heutigen Tag beschwören, dass der Hof voller berittener Soldaten war –

aber was für Soldaten! Sie trugen Rüstungen! Die Visiere ihrer Helme waren heruntergelassen, und ihr Stimmengemurmel klang so blechern und schwerverständlich wie Stimmen von einem schwächer werdenden Rundfunksender. Ihre Rüstungen schepperten, wenn die Pferde unruhig auf der Stelle traten.

Im Schlosshof befand sich das alte, leere Becken eines ehemaligen Brunnens, doch nun bemerkte die Frau, dass der Brunnen lief; Wasser schwappte über den verwitterten Rand, und die Pferde tranken. Die Ritter waren wachsam, nicht einer saß ab; sie blickten zu den dunklen Fenstern des Schlosses empor, als wüssten sie, dass sie an dieser Wasserstelle nicht willkommen waren.

Die Frau sah ihre großen Schilde im Mondlicht aufblitzen. Sie schlüpfte wieder ins Bett und drückte sich steif an ihren Mann.

›Was ist denn da?‹, fragte er.

›Pferde‹, antwortete sie.

›Das hab ich mir gedacht‹, sagte er. ›Die werden die Blumen abfressen.‹

›Wer hat eigentlich dieses Schloss bauen lassen?‹, erkundigte sie sich. Dass es ein sehr altes Schloss war, wussten sie beide.

›Karl der Große‹, sagte er. Damit schlief er wieder ein.

Aber die Frau lag wach und horchte; das Wasser

schien jetzt durch das ganze Schloss zu fließen und in allen Rohren zu gurgeln, als zöge der alte Brunnen Wasser aus allen verfügbaren Quellen. Und man hörte die verzerrten Stimmen der flüsternden Ritter – der Krieger Karls des Großen, die ihre tote Sprache sprachen! Auf die Frau wirkten ihre Stimmen so schauerlich wie das achte Jahrhundert und das damals herrschende Volk der Franken. Die Pferde tranken weiter.

Die Frau lag lange wach und wartete darauf, dass die Soldaten abzogen. Sie hatte keine Angst, angegriffen zu werden, denn sie war überzeugt, dass sich die Männer auf dem Marsch befanden und nur an einer Stelle, die sie von früher her kannten, Rast gemacht hatten. Aber solange das Wasser lief, hatte sie das Gefühl, die Stille und die Dunkelheit im Schloss nicht stören zu dürfen. Als sie einschlief, kam es ihr vor, als wären die Männer Karls des Großen noch immer da.

Am Morgen fragte ihr Mann: ›Hast du auch Wasser laufen hören?‹ Ja, natürlich hatte sie es gehört. Aber der Brunnen war trocken, und vom Fenster aus sah man, dass keine Blumen abgerupft waren; dabei weiß jeder, dass Pferde Blumen fressen.

›Da siehst du's‹, sagte ihr Mann; er ging mit ihr hinunter in den Hof. ›Da sind keine Hufabdrücke und auch keine Pferdeäpfel. Wir müssen geträumt haben, dass wir Pferde gehört haben.‹ Sie erwähnte weder, dass sie auch Soldaten gesehen hatte, noch sagte sie, dass sie es für höchst unwahrscheinlich halte, dass zwei Menschen denselben Traum träumen. Und sie erinnerte ihn auch nicht daran, dass er als starker Raucher es nie roch, wenn die Suppe vor sich hin köchelte; der schwache Pferdegeruch in der frischen Luft war zu fein für seine Nase.

Sie sah – oder träumte – die Ritter noch zweimal während ihres Aufenthalts im Schloss, aber ihr Mann wachte nicht mehr gleichzeitig mit ihr auf. Es geschah immer ganz plötzlich. Einmal erwachte sie mit einem metallischen Geschmack auf der Zunge, als hätte sie ein Stück altes, verrostetes Eisen an die Lippen gehalten – ein Schwert, einen Brustschild, ein Kettenhemd, eine Beinschiene. Sie waren wieder draußen im Hof, diesmal bei kälterem Wetter. Dichter Nebel, der vom Wasser im Brunnen aufstieg, hüllte sie ein; die Pferde waren mit Reif bedeckt. Beim zweiten Mal waren es nicht mehr so viele, als hätten der Winter oder die Scharmützel ihre Reihen gelichtet. Und beim letzten Mal kamen ihr die Pferde ausgemergelt vor und die Männer fast wie leere Rüstungen, die sich nur mit knapper Not im Sattel halten konnten. Über den Mäulern der Pferde hingen längliche Masken aus Eis. Das Atmen bereitete ihnen (und den Männern) Mühe.

»Ihr Mann«, schloss der Traummann, »starb später an einer Infektion der Atemwege. Aber das wusste die Frau nicht, als sie diesen Traum träumte.«

Großmutter blickte von ihrem Schoß auf und schlug den Traummann in das bartgraue Gesicht. Robo richtete sich auf Vaters Schoß kerzengerade auf; meine Mutter ergriff die Hand ihrer Mutter. Der Sänger stieß seinen Stuhl zurück und sprang verängstigt oder auch kampfbereit auf, aber der Traummann verbeugte sich nur vor Großmutter und verließ den düsteren Teesalon. Es war, als hätte er mit Großmutter einen Pakt geschlossen, der zwar lebensnotwendig war, aber keinem von beiden große Freude bereitete. Vater schrieb etwas in sein dickes Notizbuch.

»Na, war das nicht eine grandiose Geschichte?«, fragte Herr Theobald. »Haha.« Er wuschelte Robo durchs Haar, was Robo nicht ausstehen konnte.

»Herr Theobald«, sagte Mutter, die noch immer Großmutters Hand hielt, mit einiger Schärfe, »mein Vater ist an einer Infektion der Atemwege gestorben.«

»Ach du Schande«, sagte Herr Theobald. »Tut mir leid, gnädige Frau«, sagte er zu Großmutter, aber die alte Dame weigerte sich, mit ihm zu sprechen.

Wir führten Großmutter in ein erstklassiges

Restaurant, aber sie rührte ihr Essen kaum an. »Dieser Mensch war ein Zigeuner«, erklärte sie uns, »ein teuflisches Geschöpf und obendrein ein Ungar.«

»Bitte, Mutter«, sagte meine Mutter. »Das mit Vater konnte er nicht wissen.«

»Er weiß mehr, als du ahnst«, herrschte Großmutter sie an.

»Das Schnitzel ist hervorragend«, sagte Vater und vermerkte das in seinem dicken Notizbuch. »Und der Gumboldskirchner passt ausgezeichnet dazu.«

»Die Kalbsnieren sind prima«, sagte ich.

»Die Eier sind in Ordnung«, sagte Robo.

Großmutter sagte nichts, bis wir in die Pension Grillparzer zurückkehrten, wo wir bemerkten, dass die Toilettentür mindestens dreißig Zentimeter hoch über dem Boden hing – wie die Türen amerikanischer Toilettenabteile oder die Saloontüren, die man aus Western kennt. »Ich bin heilfroh, dass ich die Toilette im Restaurant aufgesucht habe«, sagte Großmutter. »Wie abstoßend! Ich werde versuchen, die Nacht zu überstehen, ohne mich an einem Ort zur Schau zu stellen, wo jeder, der vorbeigeht, meine Fesseln beäugen kann!«

In unserem Familienzimmer sagte Vater: »Hat Johanna nicht einmal in einem Schloss gewohnt?

Ich glaube, sie und Großvater haben vor langer Zeit mal ein Schloss gemietet.«

»Ja, das war vor meiner Geburt«, sagte Mutter. »Da haben sie das Schloss Katzelsdorf gemietet. Ich kenne es von Fotos her.«

»Also deshalb hat sie sich über den Traum des Ungarn so aufgeregt«, sagte Vater.

»Jemand fährt auf dem Gang Fahrrad«, sagte Robo. »Ich habe ein Rad vorbeirollen sehen – unten durch den Türspalt.«

»Schlaf jetzt, Robo«, sagte Mutter.

»Es hat quietsch-quietsch gemacht«, sagte Robo.

»Gute Nacht, ihr zwei«, sagte Vater.

»Wenn ihr noch reden dürft, dürfen wir auch reden«, sagte ich.

»Dann redet miteinander«, sagte Vater. »Ich rede mit eurer Mutter.«

»Ich möchte schlafen«, sagte Mutter. »Mir wäre es am liebsten, niemand würde mehr reden.«

Wir versuchten es. Vielleicht schliefen wir auch ein. Irgendwann flüsterte Robo mir zu, er müsse aufs Klo.

»Du weißt ja, wo es ist«, sagte ich.

Robo ging aus dem Zimmer und ließ die Tür einen Spaltbreit offen; ich hörte ihn den Flur hinuntergehen, wobei er mit einer Hand an der Wand entlangstreifte. Er war sehr bald wieder zurück.

»Da ist jemand drin«, sagte er.

»Dann warte, bis er fertig ist«, sagte ich.

»Das Licht war nicht an«, sagte Robo, »aber ich konnte unter der Tür was sehen. Da ist jemand drin, im Dunkeln.«

»Mir ist es im Dunkeln auch lieber«, sagte ich.

Aber Robo bestand darauf, mir genau zu erzählen, was er gesehen hatte. Er sagte, unter der Tür seien zwei Hände zu sehen gewesen.

»Hände?«, fragte ich.

»Ja, da, wo die Füße hingehören«, sagte Robo. Er behauptete, er habe zu beiden Seiten der Toilettenschüssel eine Hand gesehen – statt eines Fußes.

»Raus mit dir, Robo!«, sagte ich.

»Bitte, komm mit und schau selber«, flehte er mich an. Ich ging mit ihm den Gang hinunter, aber die Toilette war leer. »Er ist weg«, sagte er.

»Bestimmt ist er auf den Händen weggelaufen«, sagte ich. »Und jetzt geh pinkeln. Ich warte.«

Er ging in die Toilette und pinkelte betrübt im Dunkeln. Wir waren fast an unserer Zimmertür angelangt, als ein kleiner, dunkelhaariger Mann mit der gleichen Haut und genauso gekleidet wie der Traummann, der Großmutter brüskiert hatte, an uns vorbeikam. Er zwinkerte uns zu und lächelte; ich konnte nicht umhin zu bemerken, dass er auf Händen ging.

»Siehst du?«, flüsterte Robo mir zu. Wir gingen in unser Zimmer und schlossen die Tür ab.

»Was ist los?«, fragte Mutter.

»Da ist ein Mann, der auf Händen geht«, sagte ich.

»Ein Mann, der auf Händen pinkelt«, ergänzte Robo.

»Klasse C«, murmelte Vater im Schlaf. Vater träumte oft, dass er sich Notizen in sein dickes Buch machte.

»Wir reden morgen früh darüber«, sagte Mutter.

»Wahrscheinlich war es nur ein Akrobat, der dir imponieren wollte, weil du ein Kind bist«, erklärte ich Robo.

»Wie kann er wissen, dass ich ein Kind bin, wenn er im Klo war?«, fragte Robo.

»Schlaft jetzt endlich«, flüsterte Mutter.

Dann hörten wir Großmutter am anderen Ende des Flurs schreien.

Mutter schlüpfte in ihren hübschen grünen Morgenmantel; Vater schlüpfte in seinen Bademantel und setzte die Brille auf. Ich zog eine Hose über meinen Schlafanzug. Robo war als Erster auf dem Gang. Wir sahen Licht unter der Toilettentür. Drinnen stieß Großmutter rhythmische Schreie aus.

»Wir sind schon da!«, rief ich ihr zu.

»Was ist denn los, Mutter?«, fragte meine Mutter.

Wir versammelten uns in dem breiten Lichtstreif. Unter der Tür sahen wir Großmutters malvenfarbene Pantoffeln und ihre porzellanweißen Knöchel. Sie hörte zu schreien auf. »Als ich im Bett lag, habe ich jemanden flüstern hören.«

»Das waren Robo und ich«, erklärte ich.

»Dann, als ich den Eindruck hatte, dass sie fort sind, bin ich in die Toilette gegangen«, sagte Großmutter. »Ohne das Licht anzumachen. Alles war still«, berichtete sie. »Und dann habe ich das Rad gesehen und gehört.«

»Welches Rad?«, fragte Vater.

»Vor der Tür ist mehrere Male ein Rad vorübergefahren«, sagte Großmutter. »Es ist vorbeigerollt und zurückgekommen und wieder vorbeigerollt.«

Vater ließ einen Zeigefinger wie ein Rad neben seiner Schläfe kreiseln und schnitt eine Grimasse in Mutters Richtung. »Da braucht jemand ein paar neue Räder«, flüsterte er, aber Mutter warf ihm einen bösen Blick zu.

»Dann habe ich das Licht angemacht«, sagte Großmutter, »und das Rad ist verschwunden.«

»Ich hab euch doch gesagt, dass ein Fahrrad auf dem Gang war«, sagte Robo.

»Halt den Mund, Robo«, sagte Vater.

»Nein, es war kein Fahrrad«, widersprach Großmutter. »Es war nur ein einzelnes Rad.«

Vater ließ beide Zeigefinger wild neben seinem Kopf kreiseln. »Und bei ihr sind ein paar Rädchen locker«, zischelte er Mutter zu, aber die gab ihm einen Klaps, dass ihm die Brille halb von der Nase rutschte.

»Und dann ist jemand gekommen und hat unter der Tür durchgeschaut«, sagte Großmutter. »Und da habe ich geschrien.«

»Jemand?«, fragte Vater.

»Ich habe seine Hände gesehen, es waren Männerhände – mit Haaren an den Fingerknöcheln«, sagte Großmutter. »Seine Hände waren auf dem Teppich vor der Tür. Er muss zu mir raufgeschaut haben.«

»Nein, Großmutter«, sagte ich. »Ich glaube, er stand einfach nur da draußen auf seinen Händen.«

»Werd nicht frech«, sagte Mutter.

»Aber wir haben einen Mann gesehen, der auf Händen gegangen ist«, sagte Robo.

»Unsinn«, sagte Vater.

»Doch, das stimmt«, sagte ich.

»Wir wecken noch alle Leute auf«, beschwichtigte uns Mutter.

Die Klospülung ging, und Großmutter kam, das letzte Restchen Würde wahrend, herausgeschlurft.

Sie trug drei Morgenmäntel übereinander; mit ihrem langen Hals und dem weiß eingecremten Gesicht sah sie aus wie eine aufgescheuchte Gans. »Er ist böse und gemein«, sagte sie zu uns. »Und er verfügt über schreckliche magische Kräfte.«

»Der Mann, der dich angeschaut hat?«, fragte Mutter.

»Der Mann, der meinen Traum erzählt hat«, sagte Großmutter. Eine Träne bahnte sich den Weg durch die Furchen ihrer Gesichtscreme. »Das war mein Traum«, sagte sie, »und er hat ihn allen erzählt. Es ist unerhört, dass er ihn überhaupt kennt«, zischte sie empört. »*Meinen* Traum von den Pferden und den Kriegern Karls des Großen – dabei dürfte den nur ich kennen, sonst niemand. Ich hatte diesen Traum vor deiner Geburt«, sagte sie zu meiner Mutter. »Und dieser böse, gemeine Zauberer hat meinen Traum erzählt, als wäre er was völlig Neues. Ich habe deinem Vater nie den ganzen Traum erzählt. Ich war auch nie ganz sicher, ob es überhaupt ein Traum war. Und jetzt gibt es hier Männer, die auf Händen gehen und haarige Fingerknöchel haben, und verzauberte Räder. Ich möchte, dass die Jungen bei mir im Zimmer schlafen.«

So kam es, dass Robo und ich uns das große Familienzimmer weit weg von der Toilette mit Großmutter teilten, die mit ihrem eingecremten, feucht glänzenden Gespenstergesicht auf Vaters und Mutters Kissen lag. Robo war wach und beobachtete sie. Ich glaube nicht, dass sie sehr gut schlief; vermutlich träumte sie wieder ihren Todestraum – erlebte noch einmal die frierenden Soldaten Karls des Großen mit ihren seltsamen, reifbedeckten Kettenhemden und den eingefrorenen Rüstungen in ihrem letzten Winter.

Als ich wohl oder übel auf die Toilette musste, folgten mir Robos runde, glänzende Augen bis zur Tür.

In der Toilette war jemand. Unter der Tür kam kein Licht hervor, aber draußen an der Wand lehnte ein Einrad. Der Fahrer saß in der dunklen Toilette und betätigte wie ein Kind ein ums andere Mal die Spülung – ohne abzuwarten, bis der Wasserbehälter vollgelaufen war.

Ich trat näher, um unter der Tür durchzulugen, aber der oder die Betreffende stand nicht auf den Händen. Ich erkannte deutlich ein Paar Füße, fast in der erwarteten Stellung, nur berührten sie den Boden nicht; die Fußsohlen, dunkelviolett und wulstig, zeigten schräg zu mir nach oben. Es waren riesige Pfoten, die an kurzen, pelzigen Schienbeinen hingen: Bärentatzen, allerdings ohne Krallen. Ein Bär kann seine Krallen nicht einziehen wie eine Katze; wenn er Krallen hat, sieht man sie auch.

Folglich war das hier ein Schwindler in einem Bärenkostüm oder ein Bär ohne Krallen. Ein zahmer Bär vielleicht. Zumindest ein stubenreiner Bär, wie man aus der Tatsache schließen durfte, dass er die Toilette benutzte. Am Geruch erkannte ich, dass es sich nicht um einen Mann in einem Bärenkostüm handelte, denn es roch eindeutig nach Bär. Es war ein echter Bär.

Ich wich zurück und knallte gegen die Tür des ursprünglichen Zimmers meiner Großmutter, hinter der Vater auf weitere Störungen lauerte. Er riss die Tür auf, und ich fiel ins Zimmer, so dass wir beide erschraken. Mutter schoss im Bett hoch und zog sich das Federbett über den Kopf. »Ich hab ihn!«, rief Vater und warf sich auf mich. Der Boden bebte; das Einrad des Bären rutschte an der Wand ab und fiel gegen die Toilettentür, hinter der plötzlich der Bär zum Vorschein kam; er stolperte über sein Einrad und torkelte noch ein Stück weiter, bis er sich gefangen hatte. Besorgt blickte er durch die offene Tür auf Vater, der auf meiner Brust hockte. Dann hob er mit den Vorderpfoten das Einrad auf.

»*Grauf?*«, sagte der Bär. Vater knallte die Tür zu.

Vom anderen Ende des Flurs hörten wir eine Frau rufen. »Wo bist du, Duna?«

»*Harf!*«, sagte der Bär.

Vater und ich hörten die Frau näher kommen.

»Ach, Duna, übst du schon wieder?«, sagte sie. »Immer musst du üben! Aber bei Tageslicht geht es besser.« Der Bär sagte nichts. Vater machte die Tür auf.

»Lass ja niemand rein«, sagte Mutter, ohne unter ihrem Federbett hervorzukommen.

Auf dem Flur stand eine hübsche ältere Frau neben dem Bären, der jetzt, eine riesige Pfote auf ihrer Schulter, mit dem Einrad auf der Stelle balancierte. Sie trug einen leuchtendroten Turban und ein langes Wickelkleid, das an einen Vorhang erinnerte. Auf ihrem hohen Busen ruhte eine Kette aus aufgefädelten Bärenkrallen; ihre Ohrringe reichten bis auf die eine Schulter des Vorhangkleides und die andere nackte Schulter mit einem entzückenden Leberfleck, den Vater und ich anstarrten. »Guten Abend«, sagte sie zu Vater. »Es tut mir leid, wenn wir Sie gestört haben. Natürlich darf Duna nachts nicht üben, aber er liebt eben seine Arbeit.«

Der Bär murmelte etwas und radelte von der Frau weg. Er hielt hervorragend die Balance, war aber unachtsam, streifte an den Wänden entlang und berührte die Fotos der Eisschnellläufer mit den Tatzen. Die Frau verbeugte sich vor Vater und folgte dem Bären den Gang hinunter, wobei sie »Duna, Duna« rief und im Vorbeigehen die Fotos geraderückte.

»*Duna* ist das ungarische Wort für Donau«, erklärte uns Vater. »Dieser Bär ist nach unserer geliebten Donau benannt.« Zuweilen schien es meine Familie zu überraschen, dass auch Ungarn einen Fluss lieben konnten.

»Ist der Bär ein echter Bär?«, fragte Mutter – noch immer unter dem Federbett –, aber ich überließ es Vater, ihr alles zu erklären. Ich wusste, dass Herr Theobald am nächsten Morgen viel zu erklären haben würde, und dann hörte ich die ganze Geschichte ohnehin noch einmal.

Ich ging über den Flur zur Toilette. Der in der Luft hängende Bärengeruch und der Verdacht, dass überall Bärenhaare herumlagen, trieben mich zur Eile an; es war wirklich nur ein Verdacht, denn der Bär hatte alles sehr reinlich hinterlassen – oder zumindest sauber für einen Bären.

»Ich habe den Bären gesehen«, flüsterte ich Robo zu, als ich wieder ins Zimmer zurückkehrte, aber Robo war in Großmutters Bett gekrochen und neben ihr eingeschlafen. Großmutter jedoch war wach.

»Von Mal zu Mal habe ich weniger Soldaten gesehen«, sagte sie. »Beim letzten Mal waren es nur noch neun. Und alle sahen ausgehungert aus; bestimmt haben sie die überzähligen Pferde gegessen. Es war bitter kalt. Natürlich wollte ich ihnen helfen! Aber sie lebten nicht in derselben Zeit wie ich. Wie hätte ich ihnen helfen können, wo ich noch nicht einmal geboren war? Natürlich wusste ich, dass sie sterben würden, aber es dauerte furchtbar lange. Als sie das letzte Mal kamen, war der Brunnen zugefroren. Mit ihren Schwertern und ihren langen Speeren schlugen sie das Eis in Stücke. Sie schichteten Holz für ein Feuer auf und ließen das Eis in einem Topf schmelzen. Dann holten sie Knochen aus ihren Satteltaschen – alle möglichen Knochen – und warfen sie in die Suppe. Es muss eine sehr dünne Suppe gewesen sein, weil die Knochen schon vor langer Zeit blank genagt worden waren. Ich weiß nicht, woher die Knochen stammten. Vermutlich von Hasen, vielleicht auch von einem Hirsch oder einem Wildschwein. Oder auch von den überzähligen Pferden. Ich möchte mir lieber nicht ausmalen«, sagte Großmutter, »dass es die Knochen der anderen Soldaten waren.«

»Schlaf jetzt, Großmutter«, sagte ich.

»Mach dir keine Sorgen wegen des Bären«, sagte sie.

Im Frühstücksraum der Pension Grillparzer stellten wir Herrn Theobald samt seiner Menagerie sonderbarer Gäste, die unsere Nachtruhe gestört hatten, zur Rede. Ich wusste, dass mein Vater vorhatte, sich (was noch nie vorgekommen war) als Kundschafter des Fremdenverkehrsamtes zu erkennen zu geben.

»Hier gibt es Männer, die auf Händen herumlaufen«, sagte Vater.

»Männer, die unter der Toilettentür durchschauen«, sagte Großmutter.

»Das ist der Mann«, sagte ich und deutete auf den kleinen Burschen, der mit seinen Freunden – dem Traummann und dem ungarischen Sänger – schmollend am Tisch in der Ecke beim Frühstück saß.

»Er tut das, um seinen Lebensunterhalt zu verdienen«, erklärte uns Herr Theobald, und als wollte er demonstrieren, dass es stimmte, stellte sich der Mann, der auf Händen gegangen war, auf seine Hände.

»Sagen Sie ihm, dass er aufhören soll«, sagte Vater. »Wir wissen, dass er es kann.«

»Aber wussten Sie auch, dass er überhaupt nur so gehen kann?«, fragte unvermittelt der Traummann. »Wussten Sie, dass seine Beine nicht zu gebrauchen sind? Er hat keine Schienbeine. Es ist phantastisch, dass er auf Händen gehen kann! Sonst könnte er sich überhaupt nicht fortbewegen.« Der Mann nickte, obwohl es ihm sichtlich schwerfiel, solange er auf den Händen stand.

»Bitte, setzen Sie sich doch«, sagte Mutter.

»Es ist völlig in Ordnung, wenn man ein Krüppel ist«, meinte Großmutter ziemlich kühn. »Aber Sie sind böse«, warf sie dem Traummann vor. »Sie wissen Dinge, die zu wissen Sie kein Recht haben. – Er kannte meinen Traum«, sagte sie zu Herrn Theobald, als hätte sie einen Diebstahl in ihrem Zimmer zu melden.

»Ich weiß, dass er ein bisschen böse ist«, gab Herr Theobald zu. »Aber normalerweise nicht! Und er benimmt sich zunehmend besser. Er kann nichts für das, was er weiß.«

»Ich habe nur versucht, Ihnen den Kopf ein bisschen zurechtzurücken«, sagte der Traummann zu Großmutter. »Ich dachte, es würde Ihnen guttun. Schließlich ist Ihr Mann seit geraumer Zeit tot, und Sie sollten allmählich aufhören, so viel Aufhebens um diesen Traum zu machen. Sie sind nicht der einzige Mensch, der so einen Traum gehabt hat.«

»Schluss damit«, sagte Großmutter.

»Ich fand nur, Sie sollten es wissen«, meinte der Traummann.

»Kein Wort mehr davon, bitte«, sagte Herr Theobald zu ihm.

»Ich bin vom Fremdenverkehrsamt«, verkündete Vater, wahrscheinlich weil ihm sonst nichts einfiel.

»Ach du Schreck!«, rief Herr Theobald.

»Es ist nicht Theobalds Schuld«, sagte der Sänger. »Es ist allein unsere Schuld. Er ist so freundlich, uns hier zu dulden, obwohl er damit seinen Ruf aufs Spiel setzt.«

»Sie haben meine Schwester geheiratet«, erklärte uns Herr Theobald. »Sie gehören zur Familie, verstehen Sie? Was kann ich da schon machen?«

»Was soll das heißen, *Sie* haben Ihre Schwester geheiratet?«, fragte Mutter.

»Na ja, erst hat sie mich geheiratet«, sagte der Traummann.

»Und dann hörte sie mich singen!«, sagte der Sänger.

»Mit dem da war sie nie verheiratet«, sagte Herr Theobald, und alle sahen voller Bedauern den Mann an, der nur auf Händen gehen konnte.

»Früher einmal sind sie im Zirkus aufgetreten«, sagte Herr Theobald, »aber die politischen Umstände haben sie in Bedrängnis gebracht.«

»Wir waren die Besten in ganz Ungarn«, sagte der Sänger. »Haben Sie je vom Zirkus Szolnok gehört?«

»Nein, tut mir leid«, sagte Vater ernst.

»Wir sind in Miskolc, in Szeged und in Debrecen aufgetreten«, sagte der Traummann.

»In Szeged sogar zweimal«, sagte der Sänger.

»Wir hätten es bis nach Budapest geschafft, wenn

uns nicht die Russen in die Quere gekommen wären«, sagte der Mann, der auf Händen ging. – »Ja, und die haben ihm auch die Schienbeine rausgenommen!«, sagte der Traummann.

»Sag die Wahrheit«, sagte der Sänger.

»Er ist ohne Schienbeine auf die Welt gekommen. Aber dass wir mit den Russen nicht klargekommen sind, das stimmt.«

»Sie wollten den Bären ins Gefängnis sperren«, sagte der Traummann.

»Sag die Wahrheit«, sagte Herr Theobald.

»Wir haben seine Schwester vor ihnen gerettet«, sagte der Mann, der auf Händen ging.

»Also musste ich sie natürlich aufnehmen«, sagte Herr Theobald, »und sie arbeiten, so hart sie können. Aber wer interessiert sich in diesem Land schon für ihre Zirkusnummer? Es ist eine ungarische Nummer. Bären, die auf Einrädern fahren, haben hier einfach keine Tradition«, erklärte uns Herr Theobald. »Und die verfluchten Träume bedeuten uns Wienern gar nichts.«

»Sag die Wahrheit«, sagte der Traummann. »Es liegt daran, dass ich die falschen Träume erzählt habe. Wir sind in einem Nachtclub in der Kärntner Straße aufgetreten, bekamen aber Hausverbot.«

»Diesen einen Traum hättest du auch nie erzählen dürfen«, sagte der Sänger feierlich.

»Deine Frau war mit daran schuld!«, sagte der Traummann.

»Damals war sie deine Frau«, entgegnete der Sänger.

»Bitte, hört auf«, bat Herr Theobald.

»Wir treten bei Wohltätigkeitsveranstaltungen zugunsten kranker Kinder auf«, sagte der Traummann. »Und ab und zu in staatlichen Krankenhäusern, vor allem an Weihnachten.«

»Wenn ihr nur mehr mit dem Bären machen würdet«, meinte Herr Theobald.

»Das musst du mit deiner Schwester bereden«, sagte der Sänger. »Der Bär gehört ihr. Sie hat ihn abgerichtet, sie hat zugelassen, dass er faul und nachlässig wird und schlechte Gewohnheiten annimmt.«

»Er ist der Einzige, der sich nie über mich lustig macht«, sagte der Mann, der nur auf Händen gehen konnte.

»Ich möchte gern weg von hier«, sagte Großmutter. »Für mich ist das alles schrecklich.«

»Bitte, liebe gnädige Frau«, sagte Herr Theobald, »wir wollten Ihnen nur klarmachen, dass wir es nicht böse gemeint haben. Es sind harte Zeiten. Ich brauche die Einstufung in Klasse B, um mehr Touristen anzulocken, und ich bringe es einfach nicht übers Herz, den Zirkus Szolnok hinauszuwerfen.«

»Er bringt es nicht übers Herz, dass ich nicht lache!«, sagte der Traummann. »Er hat Angst vor seiner Schwester. Er denkt nicht im Traum daran, uns rauszuwerfen.«

»Würde er davon träumen, würdest du es wissen«, rief der Mann, der auf Händen ging.

»Ich habe Angst vor dem Bären«, sagte Herr Theobald. »Das Tier macht alles, was sie ihm sagt.«

»Sag nicht ›das Tier‹, sag ›er‹«, wies der Mann, der auf Händen ging, ihn zurecht. »Er ist ein braver Bär, und er hat noch nie jemand etwas zuleide getan. Er hat keine Krallen, das weißt du ganz genau, und Zähne hat er auch kaum mehr.«

»Der arme Kerl tut sich furchtbar schwer mit dem Fressen«, räumte Herr Theobald ein. »Er ist ziemlich alt und macht ziemlich viel Dreck.«

Ich schaute meinem Vater über die Schulter und sah ihn in sein dickes Notizbuch schreiben: »Ein depressiver Bär und ein arbeitsloser Zirkus. Im Mittelpunkt der Familie steht die Schwester.«

In dem Augenblick bemerkten wir sie draußen auf dem Gehsteig mit dem Bären. So früh am Morgen war auf der Straße noch nicht viel Betrieb. Natürlich hatte sie den Bären vorschriftsmäßig an der Leine, aber die war nur symbolisch. Mit ihrem auffallenden roten Turban ging die Frau auf dem Gehsteig auf und ab und folgte den trägen Bewegungen des Bären auf dem Einrad. Er fuhr mühelos von Parkuhr zu Parkuhr, stützte sich nur ab und zu mit einer Tatze ab, wenn er kehrtmachte. Man sah auf Anhieb, dass er ein großes Talent zum Einradfahren besaß, merkte aber auch, dass das Einrad für ihn eine Sackgasse war. Und man sah ihm an, dass er selbst spürte, dass ihn das Einradfahren nicht weiterbrachte.

»Sie sollte ihn lieber wieder ins Haus schaffen«, meinte Herr Theobald gereizt. »Die Leute von der Konditorei nebenan beschweren sich ständig«, berichtete er. »Sie behaupten, der Bär würde ihre Kunden verscheuchen.«

»Dabei lockt der Bär die Kunden an!«, sagte der Mann, der auf Händen ging.

»Einige Leute lockt er an, andere vergrault er«, sagte der Traummann. Plötzlich wurde er melancholisch, als hätte ihn diese profunde Erkenntnis deprimiert.

Die Kapriolen des Zirkus Szolnok hatten unsere ganze Aufmerksamkeit beansprucht, so dass wir gar nicht auf Großmutter geachtet hatten. Als Mutter bemerkte, dass sie leise vor sich hin weinte, hieß sie mich den Wagen vorfahren.

»Es war zu viel für sie«, flüsterte Vater Herrn Theobald zu. Die Angehörigen des Zirkus Szolnok wirkten beschämt.

Draußen auf dem Gehsteig radelte der Bär auf mich zu und überreichte mir die Autoschlüssel; der Wagen war am Randstein geparkt. »Nicht jeder mag es, wenn man ihm die Schlüssel auf diese Weise aushändigt«, sagte Herr Theobald zu seiner Schwester.

»Ach, ich dachte, ihm gefällt das«, sagte sie und wuschelte mir durchs Haar. Sie war reizvoll wie eine Bardame, was heißen soll, dass sie abends reizvoller aussah; bei Tageslicht sah man, dass sie älter war als ihr Bruder und auch älter als ihre Männer – und vermutlich würde sie mit der Zeit aufhören, ihnen Schwester oder Geliebte zu sein, und für sie alle eine Art Mutter werden. Für den Bären war sie bereits eine Mutter.

»Komm her«, sagte sie zu ihm. Er trat auf seinem Einrad lustlos auf der Stelle und stützte sich auf eine Parkuhr. Er leckte das kleine Sichtfenster der Parkuhr ab. Sie zog an der Leine. Er starrte sie an. Sie zog noch einmal. Mit überheblicher Miene fuhr der Bär los – erst in die eine Richtung, dann in die andere. Anscheinend machte es ihm mehr Spaß, als er feststellte, dass er Publikum hatte. Jetzt begann er anzugeben.

»Mach keinen Unsinn«, ermahnte ihn die Schwester, aber der Bär trat schneller und schneller in die Pedale, sauste hin und her, fuhr scharfe Schlenker und kurvte zwischen den Parkuhren hindurch; die Schwester hatte die Leine längst losgelassen. »Hör auf, Duna!«, rief sie, aber der Bär war außer Rand und Band. Er geriet mit dem Rad zu nahe an den Randstein, so dass es abrutschte und der Bär heftig gegen den Kotflügel eines parkenden Autos prallte. Er hockte auf dem Gehsteig, neben sich das Einrad. Verletzt hatte er sich offensichtlich nicht, aber er wirkte sichtlich verlegen. Niemand lachte. »Ach, Duna«, sagte die Schwester vorwurfsvoll, ging aber zu ihm hin und setzte sich neben ihn auf den Randstein. »Duna, Duna«, tadelte sie ihn liebevoll. Er schüttelte den großen Kopf, sah sie aber nicht an. Seitlich am Maul hing ihm ein Speichelfaden herunter, den sie mit der Hand wegwischte. Er schob ihre Hand mit der Pfote weg.

»Beehren Sie uns wieder!«, rief Herr Theobald uns kläglich nach, als wir einstiegen.

Mutter saß mit geschlossenen Augen im Auto und massierte sich mit beiden Händen die Schläfen; auf diese Weise hörte sie angeblich nicht, was wir redeten. Sie behauptete, nur so könne sie sich auf den Reisen mit einer derart streitsüchtigen Familie schützen.

Ich wollte nicht wie üblich über den nachlässigen Umgang mit dem Auto berichten, sah aber, dass Vater versuchte, Ruhe und Ordnung aufrechtzuerhalten; er hatte sein riesiges Notizbuch auf dem Schoß aufgeschlagen, als hätten wir soeben eine routinemäßige Überprüfung abgeschlossen. »Was sagt der Tacho?«, fragte er.

»Jemand ist fünfunddreißig Kilometer gefahren«, sagte ich.

»Dieser schreckliche Bär war hier drin«, sagte Großmutter. »Auf dem Rücksitz sind Haare von diesem Untier, und riechen kann ich es auch.«

»Ich rieche nichts«, sagte Vater.

»Und das Parfum dieser Zigeunerin mit dem Turban«, fügte Großmutter hinzu. »Es hängt unter dem Autodach.« Vater und ich schnüffelten. Mutter massierte weiterhin ihre Schläfen.

Auf dem Boden neben Brems- und Kupplungspedal entdeckte ich ein paar minzgrüne Zahnstocher, von denen der ungarische Sänger immer einen – wie eine Narbe – im Mundwinkel hatte. Ihr Anblick genügte mir, um mir auszumalen, wie die ganze Bagage in unserem Auto eine Spritztour machte. Am Steuer der Sänger, neben ihm der Mann, der auf Händen ging – und mit den Füßen zum Fenster hinauswinkte. Und auf dem Rücksitz, zwischen dem Traummann und seiner ehemaligen Frau – mit dem großen Kopf das gepolsterte Autodach streifend, die malträtierten Tatzen entspannt im breiten Schoß – lümmelte der alte Bär wie ein gutmütiger Betrunkener.

»Diese armen Menschen«, sagte Mutter, noch immer mit geschlossenen Augen.

»Lügner und Verbrecher«, sagte Großmutter. »Schwärmer und Flüchtlinge und verwahrloste Tiere.«

»Sie haben sich große Mühe gegeben«, sagte Vater, »aber es hat ihnen nichts genützt.«

»Im Zoo wären sie besser aufgehoben«, sagte Großmutter.

»Mir hat es gut gefallen«, sagte Robo.

»Es ist schwer, aus Klasse C herauszukommen«, sagte ich.

»Die sind jenseits von Z«, sagte Großmutter. »Die haben das menschliche Alphabet längst hinter sich gelassen.«

»Ich meine, da ist ein Brief fällig«, sagte Mutter.

Aber Vater hob die Hand, als wollte er uns segnen, und wir verstummten. Er schrieb in sein dickes Notizbuch und wollte dabei nicht gestört werden. Seine Miene war finster. Ich wusste, dass Großmutter seinem Urteil voller Zuversicht entgegensah. Mutter wusste, dass es sinnlos war zu diskutieren. Robo langweilte sich bereits. Ich kutschierte uns durch die winzigen Straßen, durch die Spiegelgasse zum Lobkowitzplatz. Die Spiegelgasse ist so schmal, dass man in den Schaufenstern der Geschäfte, an denen man vorbeifährt, das Spiegelbild des eigenen

Autos sehen kann; dadurch entstand bei mir der Eindruck, als würde unsere Fahrt durch Wien in das Stadtbild eingeblendet – ein Kameratrick, der uns die Illusion verschaffte, eine Märchenreise durch eine Spielzeugstadt zu machen.

Sobald Großmutter eingenickt war, sagte Mutter: »Vermutlich spielt es bei dieser Pension keine große Rolle, ob sie anders eingestuft wird, egal, ob rauf oder runter.«

»Nein«, sagte Vater, »überhaupt keine.« Er hatte recht. Allerdings sollte es Jahre dauern, bis ich wieder in der Pension Grillparzer abstieg.

Als Großmutter starb, ganz plötzlich und im Schlaf, verkündete Mutter, sie habe das Umherreisen satt. Der eigentliche Grund war jedoch, dass Großmutters Traum nun auch sie heimsuchte. »Die Pferde sind so mager«, erzählte sie mir eines Tages. »Ich meine, ich habe immer gewusst, dass sie dürr sind, aber doch nicht so klapperdürr. Und dass die Soldaten gottserbärmlich dran waren, hab ich auch nicht gewusst«, sagte sie.

Vater kündigte beim Fremdenverkehrsamt und bekam eine Anstellung bei einer Detektei in der Stadt, die sich auf Hotels und Kaufhäuser spezialisiert hatte. Er war mit seiner Arbeit zufrieden, weigerte sich allerdings, in der Weihnachtszeit zu arbeiten – denn da, fand er, sollte es einigen Leuten erlaubt sein, ein bisschen zu klauen.

Ich hatte den Eindruck, dass meine Eltern mit zunehmendem Alter gelöster wurden, und spürte deutlich, dass sie eigentlich ganz glücklich und zufrieden waren, als es dem Ende zuging. Der Einfluss von Großmutters Traum wurde durch das wirkliche Leben abgemildert, vor allem durch das Schicksal, das Robo widerfuhr. Er besuchte zunächst eine Internatsschule und war dort recht beliebt; doch im ersten Jahr an der Universität kam er durch eine selbstgebastelte Bombe ums Leben. Dabei war er nicht einmal »politisch«. In seinem letzten Brief an unsere Eltern schrieb er: »Die radikalen Studentengruppen nehmen sich selbst nicht annähernd so wichtig, wie allgemein angenommen wird. Und das Essen ist scheußlich.« Dann ging Robo in sein Geschichtsseminar, und der ganze Hörsaal flog in die Luft.

Nach dem Tod meiner Eltern hörte ich auf zu rauchen und begann wieder zu reisen. Mit meiner zweiten Frau fuhr ich in die Pension Grillparzer. Mit meiner ersten kam ich gar nicht bis nach Wien.

Die Pension Grillparzer hat die von Vater veranlasste Einstufung in Klasse B nicht lange behalten und gehörte, als ich sie endlich wiedersah, gar keiner Kategorie mehr an. Herrn Theobalds Schwester führte die Pension. Verschwunden waren ihre flittchenhaften Reize, und an ihre Stelle war der geschlechtslose Zynismus gewisser altjüngferlicher Tanten getreten. Sie war aus dem Leim gegangen und hatte ihr Haar in einem rötlichen Bronzeton gefärbt, so dass ihr Kopf aussah wie einer dieser kupferfarbenen Topfreiber aus Stahlwolle. Sie erinnerte sich nicht mehr an mich und reagierte argwöhnisch auf meine Fragen. Da ich so viel über ihre ehemaligen Gefährten wusste, nahm sie wahrscheinlich an, ich sei von der Polizei.

Der ungarische Sänger war fortgegangen – er hatte eine andere Frau mit seiner Stimme umgarnt. Der Traummann war fortgebracht worden – in eine Anstalt. Seine eigenen Träume hatten sich in Alpträume verwandelt, so dass er Nacht für Nacht die ganze Pension mit seinem schauerlichen Geheul aufweckte. Fast gleichzeitig mit seinem Verschwinden aus diesem schäbigen Etablissement büßte die Pension ihre B-Klassifizierung ein, wie Herrn Theobalds Schwester berichtete.

Herr Theobald war gestorben. Er war, beide Hände aufs Herz gepresst, eines Nachts im Flur umgefallen, als er sich hinausgewagt hatte, um einen vermeintlichen Eindringling zu stellen. Dabei war es nur Duna gewesen, der missmutige Bär, der den Nadelstreifenanzug des Traummannes trug. Warum Herrn Theobalds Schwester den Bären so angezogen hatte, erfuhr ich nicht, aber offenbar hatte der Anblick des verdrießlichen Bären, der in dem zurückgelassenen Anzug des Verrückten Einrad fuhr, genügt, um Herrn Theobald zu Tode zu erschrecken.

Der Mann, der nur auf Händen gehen konnte, hatte ebenfalls ein tragisches Ende genommen. Seine Armbanduhr hatte sich an der gezackten Kante einer Rolltreppe verhakt, so dass er auf einmal nicht mehr abspringen konnte; seine Krawatte, die er nur selten trug, weil sie beim Gehen auf den Händen am Boden schleifte, geriet unter die Trittplatte am Ende der Rolltreppe, wurde hineingezogen – und erdrosselte ihn. Hinter ihm bildete sich eine Schlange. Die Leute traten auf der Stelle, indem sie einen Schritt zurückgingen, sich von der Rolltreppe weitertragen ließen und dann wieder einen Schritt zurückgingen. Es dauerte ziemlich lange, bis jemand den Mut aufbrachte, über den Toten hinwegzusteigen. Auf der Welt gibt es viele unbeabsichtigt grausame mechanische Vorrichtungen, die nicht für Menschen konzipiert sind, die auf Händen gehen.

Danach, so berichtete Herrn Theobalds Schwester, verschlechterte sich die Pension Grillparzer ganz erheblich und fiel weit hinter C zurück. Je mehr Verantwortung für die Pension auf der Schwester lastete, umso weniger Zeit blieb ihr für Duna; der Bär wurde senil und benahm sich ziemlich ungehörig. Einmal jagte er einen Postboten so rasant die Marmortreppe hinunter, dass der Mann stürzte und sich den Schenkelhals brach; der Vorfall wurde gemeldet, und die Behörden setzten eine alte Stadtverordnung durch, der zufolge es untersagt war, Tiere an öffentlich zugänglichen Orten frei herumlaufen zu lassen. Duna wurde aus der Pension Grillparzer verbannt.

Eine Zeitlang hielt Herrn Theobalds Schwester den Bären in einem Käfig im Hinterhof, wo Hund und Kinder ihn piesackten und Leute aus den Wohnungen, die zum Hof hinausgingen, Essensreste und Schlimmeres auf ihn hinunterwarfen. Mit der Zeit verhielt er sich nicht mehr wie ein Bär, wurde verschlagen – stellte sich zum Beispiel schlafend – und fraß eines Tages jemandes Katze. Danach wurde er zweimal vergiftet und bekam Angst, in dieser gefährlichen Umgebung überhaupt etwas zu fressen. Es gab keine andere Alternative, als ihn dem Tiergarten Schönbrunn zu schenken, der ihn jedoch nur zögernd aufnahm. Er war zahnlos und krank, hatte vielleicht sogar etwas Ansteckendes, und nachdem man ihn so lange wie ein menschliches Wesen behandelt hatte, war er nicht auf das eher beschauliche Alltagsleben im Zoo vorbereitet.

Durch das Schlafen unter freiem Himmel im Hof der Pension Grillparzer hatte sich sein Rheuma verschlimmert, und seine einzige besondere Fähigkeit, das Einradfahren, war unwiederbringlich dahin. Als er es im Tiergarten das erste Mal versuchte, fiel er hin. Irgendjemand lachte. Wurde Duna bei etwas, was er machte, einmal ausgelacht, machte er es nie wieder, erklärte Herrn Theobalds Schwester. Am Ende bekam der Bär sein Gnadenbrot in Schönbrunn, wo er, knapp zwei Monate nachdem er seine neue Behausung bezogen hatte, starb. Nach Ansicht von Herrn Theobalds Schwester war er aus Scham gestorben – die Folge eines Ausschlags, der sich über seine gewaltige Brust ausgebreitet hatte, so dass sie rasiert werden musste. Ein kahlgeschorener Bär, meinte ein Tierpfleger, geniert sich zu Tode.

In dem kalten Hinterhof der Pension Grillparzer sah ich mir Dunas leeren Bärenkäfig an. Die Vögel hatten nicht einen Obstkern zurückgelassen, aber in einer Ecke des Käfigs lag ein großer Haufen vertrockneter Exkremente – so leblos und völlig geruchlos wie die Leichen der Menschen von Pompeji, die vom Vesuvausbruch überrascht worden waren. Ich konnte nicht umhin, an Robo zu denken; von dem Bären war noch mehr übrig als von ihm.

Als ich ins Auto stieg, stellte ich deprimiert fest, dass der Tacho nicht einen Kilometer mehr anzeigte, dass kein einziger Kilometer heimlich gefahren worden war. Hier gab es niemanden mehr, der sich Freiheiten herausnahm.

»Wenn wir in sicherer Entfernung von deiner geliebten Pension Grillparzer sind«, sagte meine zweite Frau, »würde ich zu gern erfahren, warum du mich in diese schäbige Absteige gebracht hast.«

»Das ist eine lange Geschichte«, musste ich zugeben.

Ich dachte darüber nach, dass mir an Herrn Theobalds Schwester der eigenartige Mangel an Begeisterung, aber auch an Bitterkeit aufgefallen war, mit dem sie von ihrer kleinen Welt berichtet hatte. Ihre Erzählung war irgendwie lustlos gewesen – wie man das von Geschichtenerzählern kennt, die sich mit traurig endenden Geschichten abgefunden haben –, so als hätte sie persönlich ihr Leben und ihre Gefährten nie als exotisch empfunden, als wäre der lächerliche und zum Scheitern verurteilte Versuch, eine Klasse aufzurücken, immer nur Theater gewesen.

Arnon Grünberg

Uschi und Septembrius

Der Strand war wie alle Strände an einem dieser Tage, die eigentlich zu heiß sind, um rauszugehen, und die jeder am liebsten in einer Wanne eiskaltem Bier verbringen würde. Aber ich wusste, dass das dem Mann im Strandkorb mit seinen langen Beinen und dem kurzen braunen Haar egal war, weil er doch jeden Tag dort saß.

Wir waren jetzt eine Woche hier. An jeder Ecke des Badeorts roch es nach Essen, selbst das Meer hatte den Geruch von alter Pizza Marinara. Meine Mutter war ins Dorf gegangen, um Schuhe zu kaufen. Das tat sie schon seit drei Tagen. Und das würde sie auch noch ein paar Tage weiter so machen, bis alle Verkäuferinnen in den Schuhgeschäften ihr Pest und Cholera an den Hals wünschten. Rechts von mir saß mein Vater. Meine Mutter hatte ihm eine weiße Mütze aufgesetzt, weil er fast keine Haare mehr hatte und sie befürchtete, er könne sich sonst am Kopf einen Sonnenbrand holen.

Wie es Menschen gibt, die denken, sie könnten

fliegen, so dachte mein Vater, er könne laufen. Schon am ersten Morgen am Strand war er achtmal aufgestanden und in den Sand gefallen. Meine Mutter und ich mussten ihm immer wieder aufhelfen und ihn in den Strandkorb setzen. Aber als er an dem Morgen zum achten Mal gefallen war, hatte meine Mutter drei Bratfische in den Sand geworfen und gerufen: »Du kannst nicht laufen, alter Mann, du wirst nie wieder laufen können. Und darum musst du in dem Korb sitzen bleiben, sonst binden wir dich fest.«

Auch heute Morgen hatte mein Vater wieder auf dem Bauch im Sand gelegen und gerufen: »Ich *kann* laufen, ich bin doch nicht verrückt, nimm die Hände weg, oder ich schreie.«

Zwei ältere Damen mit Hund blieben stehen und schauten interessiert zu.

»Frag doch irgendwen anders, wenn du mir nicht glaubst«, rief meine Mutter. Dann war sie zu einem Mann gegangen, der etwas weiter weg von uns am Strand saß, und sagte: »Bitte helfen Sie mir, mein Mann denkt, er kann laufen, sagen Sie ihm, dass er das nicht kann, mir glaubt er nicht.«

Mein Vater lag immer noch im Sand, nur die Mütze war ihm vom Kopf gerutscht. »Ich kann laufen« rief er den zwei alten Damen zu, »wenn Sie mir mal eben helfen, zeig ich Ihnen, dass ich es kann.«

Meine Mutter kam mit dem Mann zurück. Zusammen hoben sie meinen Vater hoch und setzten ihn in seinen Strandkorb. »Ich soll Ihnen sagen, dass Sie nicht laufen können«, sagte er, »und Sie sollten es auch nicht mehr versuchen.«

Wir setzten meinem Vater die Mütze wieder auf und legten ihm die Zeitung auf den Schoß.

Der Mann setzte sich neben mich, und zusammen hatten wir meiner Mutter zugesehen, wie sie mit einer großen Tasche über den Strand lief. Sofort wusste ich wieder, warum sie so zwischen all diesen Menschen auffiel: Niemand lief mit so einer Tasche am Strand herum.

»Sind das deine Eltern?«, fragte er.

»Ja«, sagte ich.

»Magst du ein Bier?«

Ich nickte.

»Mag dein Vater vielleicht auch eins?«

Ich ging mit einer Flasche zu ihm und drückte sie ihm in die Hand. »Hier – Bier«, sagte ich, »schönes, kaltes Bier.«

»Wie ging das Lied noch mal?«, fragte er.

»Keine Ahnung«, sagte ich, »das weiß ich nicht.« Schon seit einer Woche fragte er dauernd nach irgendeinem Lied.

»Ich habe gemalt«, sagte der Mann. »Meine Eltern haben mich nicht Septembrius genannt. Sie nannten mich Eric. Aber, na ja, sie wussten nicht, dass ich Maler werden wollte. Jetzt heiße ich Septembrius, ich arbeite im Casino. Frag mich nicht, was ich da mache.« Er zeigte auf eines der großen Hotels an der Promenade.

»Vergiss dein Bier nicht«, rief ich meinem Vater zu; der Wind hatte ihm die Mütze wieder vom Kopf geweht, aber ich hatte keine Lust, sie zu suchen.

»Gestern hat er ein Foto von Präsident Bush in der Zeitung gesehen«, erzählte ich, »da hat er gesagt: Schau, das ist meine Mutter. Nein, hab ich gesagt, das ist nicht deine Mutter, das ist Präsident Bush. Aber das hat er mir nicht geglaubt. Er sagte: Lügner, das ist meine Mutter.«

Danach spielten Septembrius und ich Backgammon, und mein Vater fiel an dem Nachmittag nur ein einziges Mal aus dem Strandkorb, was das beste Ergebnis der ganzen Woche war.

Am späteren Nachmittag setzte sich ein Mädchen zu Septembrius, das er offenbar kannte, denn sie fingen ein Gespräch an. Es war die Zeit, als ich keine nackten Brüste sehen konnte, ohne mich schuldig zu fühlen; darum versuchte ich, ihr nur ins Gesicht zu sehen, aber das klappte natürlich nicht.

»Ist er gekommen?«, fragte Septembrius.

Sie schüttelte den Kopf.

»Ich warte noch bis Dienstag. Er hat gesagt, er

braucht Zeit zum Nachdenken. Wir hätten uns zum falschen Zeitpunkt kennengelernt.«

»Alle Menschen lernen sich zum falschen Zeitpunkt kennen, es ist das alte Lied«, antwortete Septembrius. »Weißt du, es gibt ein schönes russisches Lied über einen Mann, der abends erzählt, wie er morgens aufstand und dachte: Das wird ein schöner Tag. Das Wetter ist gut, er hat keine Kopfschmerzen, und der Krieg ist vorbei. Aber dann geht er auf die Straße und fragt sich: Warum geht Puškin hier nicht neben mir? Und so landet er in der Kneipe. Magst du ein Stück Fisch?«

Sie schüttelte den Kopf und ging schwimmen.

Zu mir sagte Septembrius: »Als ich noch zur Schule ging, war ich sechs Jahre in Greet verliebt, sie war die Tochter vom Pfarrer, und wir redeten nur einmal im Jahr zusammen, im Mai, beim jährlichen Tischtennisturnier. Eigentlich weiß ich nicht, warum ich dir das erzähle. Hast du das Mädchen gesehen? Sie wohnt bei euch im Hotel. Sie wartet auf ihren Verlobten. Sie hat mir alles über ihn erzählt, aber das war echt überflüssig, ich bin zwölfmal verlobt gewesen.«

Mein Vater war wach geworden. »Hilf mir hoch«, rief er mir zu, »hilf mir doch.« Aber ich tat, als hörte ich ihn nicht.

»Dein Vater will aufstehen«, sagte Septembrius.

»Ich hab's gehört. Wir müssen noch eine Woche hierbleiben. Eine Woche, verstehst du? Vor einer Weile ist die alte Frau Weinbaum gestorben. Da mussten wir auch hin. Bei der Einäscherung ist er vom Stuhl gefallen und hat gerufen: Lass mich liegen, ich kann allein aufstehen. Da bin ich sitzen geblieben. Sie hatte nur eine kleine Grippe, Frau Weinbaum. Und eines Abends war sie hin, sie war ja schon alt. Alte Menschen sterben öfter an einer Grippe. All diese Geschichten, wie Leute gestorben sind, da krieg ich die Krise.«

»Wir sind die letzten paar Tage zusammen gewesen«, sagte er. »Ich arbeite nur abends, normalerweise lieg ich tagsüber auf meinem Zimmer. Gestern hat Uschi zu mir gesagt: Septembrius, Hamburg ist die hässlichste Stadt, die du dir vorstellen kannst, meine Eltern kommen aus Hamburg, und die sind genauso hässlich wie die Stadt, und mein Bruder kommt auch daher, und er sieht ihnen ähnlich. Ich will da nur noch weg, aber wo soll ich hin – in den Regenwald? Mein Verlobter kommt aus Köln. Köln ist auch hässlich, aber wenigstens nicht so hässlich wie Hamburg. Wenn er in fünf Tagen nicht hier ist, muss ich weg, dann ist mein Geld alle. Dann bring ich mich um.

Dann sind wir ein bisschen geschwommen, raus zu dieser Insel. Sie hat gesagt: Warum sagst du nichts? Was ist das eigentlich zwischen uns? Aber ich war müde und hab geantwortet: Nennen wir's mal Liebe.«

In dem Moment rief mein Vater: »Herrgott, wie ging das Lied gleich wieder?«

»Das weiß der Mann nicht«, rief ich zurück und sah, dass er schon wieder im Sand lag. Er schüttelte die Faust nach mir, als hätte ich ihn aus dem Korb geworfen. Ich wusste, dass meine Mutter gleich wiederkommen und eine Szene machen würde, weil seine Mütze weg war, und dass diese Szene dauern würde, bis wir ins Bett gingen. Dann sah ich Uschis Brüste, die näher kamen. Sie hob meinen Vater auf, und ich war erstaunt, denn sie ekelte sich offenbar nicht vor seinem Speichel, der auf ihren nackten Bauch tropfte.

»Wie ging das Lied gleich wieder?«, fragte er. *»Ich hatt' ein'n Kameraden, ein'n bessern findst du nit.* – Wie geht das weiter?«

Uschi nahm ein Taschentuch und wischte ihm damit den Mund ab. »So«, sagte sie: »Eine Kugel kam geflogen, gilt's mir oder gilt es dir?«

»Wie heißt du?«, fragte mein Vater.

»Uschi«, sagte sie, und setzte sich zu uns. Ich hörte meinen Vater sagen: »Uschi ist lieb.« Ich schüttelte den Kopf. Ich fand, dass er an dem Tag schon genug krauses Zeug geredet hatte.

Aber Septembrius sagte: »Uschi ist eine kleine Hure aus Hamburg.«

Sie lief zurück zur Wasserlinie, wo viele Kinder spielten.

»Jetzt müssen wir sie einen Moment allein lassen«, sagte Septembrius, »beim Heulen wollen die Leute nicht gestört werden.«

Mein Vater rief: »Ich geh auf die Toilette.« Er stand auf, schwankte und fiel in den Sand.

»Heb du ihn auf«, sagte Septembrius, aber auch ich war müde, und es waren schon wieder Leute stehen geblieben.

»Gehen Sie weiter«, sagte ich, »gehen Sie weiter, es ist alles in Ordnung, er hat nur vergessen, dass er nicht laufen kann. Wir vergessen alle ab und zu mal was.«

Es war zu warm, und ich hatte zu viel Bier getrunken. Und dachte daran, was sie mir früher immer über Gott erzählt hatten. Und dass die Welt der Genüsse unendlich war. Aber dass man dazu wahrscheinlich in ein anderes Land emigrieren müsste, oder auf einen anderen Planeten.

Ich spürte, wie Septembrius mich am Ohr zog und mir zuflüsterte: »Glücklicher als jetzt wirst du nie werden, mein Junge, nie.«

Dezsö Kosztolányi

Der Schaffner

Das muss ich euch erzählen«, sagte Kornél Esti. »Letzthin in einer Gesellschaft hat jemand versichert, er würde nie in ein Land reisen, dessen Sprache er nicht kenne. Ich habe ihm zugestimmt. Auch mich interessieren beim Reisen vor allem die Menschen. Viel mehr als die Dinge in den Museen. Wenn ich ihr Reden nur höre und nicht verstehe, kommt mir ein Gefühl, als sei ich geistig taub, als laufe da ein Stummfilm ab, doch ohne Musik und erläuternde Zwischentitel. Das ist so irritierend wie langweilig.

Nachdem ich das alles dargelegt hatte, fiel mir ein, dass auch hiervon das Gegenteil genauso wahr ist wie immer von allem auf der Welt. Es ist ein ungeheures Vergnügen, in der Fremde so herumzulaufen, dass einen der Lärm der Münder gleichgültig lässt und man jeden, der einen anredet, blöd anstarrt. Was für eine vornehme Einsamkeit, Freunde, was für eine Unabhängigkeit und Sorglosigkeit. Mit einem Mal fühlt man sich als unmündiger Säugling.

Es erwacht ein unerklärliches Vertrauen in die Erwachsenen, die so viel klüger sind. Man überlässt das Reden und das Handeln ihnen. Und akzeptiert alles unbesehen beziehungsweise ungehört.

Ich hatte wenige solche Erlebnisse – wie ihr wisst, spreche ich zehn Sprachen –, eigentlich nur ein einziges Mal, als ich unterwegs in die Türkei durch Bulgarien fuhr. In Bulgarien verbrachte ich insgesamt vierundzwanzig Stunden. Und auch die bloß in der Eisenbahn. Da ist mir etwas zugestoßen, das zu verschweigen schade wäre. Ich könnte ja jederzeit sterben – im Herzen oder im Gehirn platzt eine Ader –, und jemand anderer, da bin ich sicher, wird so etwas nicht erleben, nie.

Also, es war Nacht. Mitternacht schon vorbei. Der Schnellzug raste mit mir dahin, zwischen unbekannten Bergen und Dörfern. Es muss ungefähr halb zwei gewesen sein. Ich konnte nicht schlafen und stellte mich auf den Gang, um Luft zu schnappen. Bald begann ich mich zu langweilen. Von den Schönheiten der Gegend sah ich bloß schwarze Kleckse. Es war schon ein Ereignis, wenn irgendwo ein leuchtender Punkt aufschien. Ringsum schliefen sämtliche Reisenden den Schlaf der Gerechten. Kein Mensch in den Gängen.

Ich schickte mich an, in mein Abteil zurückzukehren, als mit einer Laterne in der Hand der

Schaffner auftauchte, ein vierschrötiger Bulgare mit schwarzem Schnurrbart, der offenbar gerade seinen nächtlichen Rundgang beendete. Meine Fahrkarte hatte er schon längst gesehen. Er hatte mit mir nichts mehr zu schaffen. Doch er ließ seine Laterne und seine Augen auf mich blitzen, zum freundlichen Gruß. Dann stellte er sich neben mich. Offensichtlich war ihm auch langweilig.

Ich weiß gar nicht, warum, aber ich beschloss da, auf Biegen und Brechen mit ihm zu plaudern, und zwar lange und ausgiebig. Ich fragte ihn auf Bulgarisch, ob er rauche. Das war alles, was ich auf Bulgarisch konnte. Und auch das hatte ich in der Eisenbahn vom Hinweisschild gelernt. Außerdem wusste ich noch fünf, sechs Wörter, solche, die sich einem anhaften, ob man will oder nicht, *ja* und *nein* und so. Aber – ich schwör's euch – mehr konnte ich nicht.

Der Schaffner hob die Hand an den Mützenschirm. Ich klappte mein Zigarettenetui auf und bot ihm eine an. Er nahm sich eine Zigarette mit Goldmundstück, in tiefer Ehrfurcht. Dann kramte er ein Streichholz hervor, zündete es an und hauchte in einer mir völlig unverständlichen Sprache so etwas wie: *bitte sehr*. Worauf ich ihm die blaue Flamme meines Feuerzeugs hinhielt und das Wort nachplapperte, das ich eben zum ersten Mal in meinem Leben gehört hatte.

So glommen und pafften wir und bliesen den Rauch durch die Nase aus. Eindeutig ein ermutigender Anfang. Noch heute erfüllt mich Stolz, wenn ich daran denke, denn immer noch schmeichelt es meinem Selbstwertgefühl, mit welcher Menschenkenntnis ich diese Szene eingefädelt, mit welchem psychologischen Scharfblick ich das Sämlein gesetzt hatte, das später – wie sich herausstellen wird – zu einem ausladenden, dichtbelaubten Baum heranwuchs, unter dem ich mich von den Mühen der Reise erholen konnte, bevor ich mich in der Morgenfrühe zurückzog, voller nicht alltäglicher Erfahrungen.

Ihr müsst zugeben, dass mein Auftreten gleich vom ersten Augenblick an sicher und fehlerfrei war. Es ging darum, ihn glauben zu machen, ich sei gebürtiger Bulgare und könne mindestens so gut Bulgarisch wie ein Professor für Literatur an der Universität Sofia. Aus diesem Grund gab ich mich eher ungerührt und lässig. Vor allem schwatzte ich nicht. Was nicht nur von mir abhing, aber egal. Für die Fremden ist typisch, dass sie in der Sprache des Landes, durch das sie reisen, zu sprechen bemüht sind, mit allzu großem Eifer bemüht, was gleich verrät, dass sie Ausländer sind. Die Einheimischen, die Eingeborenen hingegen nicken bloß, machen sich mit Zeichen verständlich. Man muss ihnen die

Wörter mit der Beißzange entreißen. Und auch dann werfen sie verschlafen nur ein paar abgegriffene, blankgewetzte Wörter hin, aus dem reichen, verborgenen Schatz der in ihnen schlummernden Muttersprache. Im Allgemeinen scheuen sie vor gewählten Formulierungen, vor ausgewogenen, literarischen Konstruktionen zurück. Wenn es irgend geht, reden sie nicht, woran sie gut tun, denn wenn sie auf einem Podium einen mehrstündigen Vortrag halten oder ein Buch von zwanzig Bogen schreiben müssten, würden auch ihnen die Zuhörer oder Kritiker – und zwar nicht einmal ganz grundlos – nachweisen, dass sie von ihrer Muttersprache eigentlich keinen Dunst haben.

Wir rauchten also fröhlich dahin, ich und der Schaffner, in der traulichen Stille, aus der die großen Freundschaften, das wahre Verständnis, die ein Leben lang währenden seelischen Bündnisse entstehen. Ich war ernst und freundlich. Zuweilen runzelte ich die Stirn, dann wieder – der Abwechslung halber – glättete ich sie und blickte den Schaffner äußerst aufmerksam an. Doch die Konversation, deren bezaubernde Möglichkeit bereits in der Luft schwebte, unmittelbar über unseren Köpfen, musste noch irgendwie in Gang gebracht werden. Ich gähnte und seufzte. Auf einmal legte ich ihm die Hand auf die Schulter, zog die Augenbrauen in die

Höhe, so dass beide zu riesigen Fragezeichen wurden, warf den Kopf zurück und murmelte: ›Na?‹ Der Schaffner – für den diese kameradschaftliche Form des Interesses wohl allerlei Kindheitserinnerungen oder auch die Manier eines seiner Kumpane heraufbeschwor, der sich auf diese Art zu erkundigen pflegte, wie denn bei ihm daheim ›die Dinge stehen, alter Junge‹ – musste lächeln. Er begann zu reden. Sagte vier, fünf Sätze. Dann verstummte er und wartete.

Ich wartete auch. Das hatte seine Gründe. Ich musste überlegen, was wohl die passende Antwort war. Nach kurzem Zögern entschied ich mich. Ich sagte: *Ja.*

Die Erfahrung hatte mich das gelehrt. Wenn ich auf die Konversation nicht achtgebe oder etwas nicht verstehe, sage ich zu Hause auch immer: *Ja.* Das hat mir noch nie die geringsten Schwierigkeiten eingetragen. Nicht einmal dann, wenn ich gutzuheißen scheine, was ich verwerfen sollte. Bei solchen Gelegenheiten kann man den anderen einreden, man habe es spöttisch gemeint. Das *Ja* ist meistens auch ein *Nein.*

Dass dieses Räsonnement durchaus begründet war, wird durch das Folgende glanzvoll belegt. Der Schaffner wurde viel mitteilsamer. Leider verstummte er dann erneut und wartete. Jetzt erkundigte ich mich in fragendem Ton, ein bisschen verständnislos und erstaunt: *Ja?* Das – wenn ich mich so ausdrücken darf – brach das Eis vollends. Der Schaffner taute auf und redete, redete ungefähr eine Viertelstunde, freundlich, vermutlich auch unterhaltsam, und unterdessen brauchte ich mir nicht den Kopf zu zerbrechen, was ich antworten sollte.

Damit hatte ich meinen ersten entscheidenden Erfolg verbucht. Denn so wie ihm die Wörter aus dem Mund quollen, so wie er klatschte und tratschte, war es klar, dass er mich nicht einmal mehr im Traum für einen Fremden gehalten hätte. Dieser Glaube, der eisern schien, musste doch genährt werden. Vorläufig konnte ich mich zwar vor der höchst peinlichen Pflicht des Antwortgebens drücken, konnte mir den Mund mit dem goldenen Ende meiner Zigarette verstopfen, um gewissermaßen zu signalisieren, dass mein Mund ›besetzt‹ war und also nicht gut reden konnte, aber ich durfte meinen selbstlosen Unterhalter trotzdem nicht vernachlässigen und musste von Zeit zu Zeit das Feuer der Konversation irgendwie schüren.

Wie bewerkstelligte ich das? Nicht mit Worten. Wie ein Schauspieler – ein ausgezeichneter Schauspieler – brachte ich meinen ganzen Körper zum Einsatz. Mein Gesicht, meine Hände, meine Ohren, ja, sogar meine Zehen arbeiteten einwandfrei.

Wobei ich darauf achtete, nicht zu chargieren. Ich mimte Aufmerksamkeit, aber nicht krampfhafte Aufmerksamkeit, die von vornherein verdächtig ist, sondern die Aufmerksamkeit, die einmal nachlässt und abschweift, dann wieder aufflackert, lodert. Ich achtete auch auf anderes. Dann und wann gab ich durch eine Gebärde zu erkennen, dass ich etwas nicht verstanden hatte. Ihr meint natürlich, das sei das Leichteste gewesen. Ihr täuscht euch aber. Das, Freunde, war das Schwierigste. Ich verstand ja von seinem Geplapper tatsächlich kein müdes Wort, und so musste ich aufpassen, dass mein Geständnis nicht zu ehrlich und überzeugend ausfiel. Aber ich traf ins Schwarze. Der Schaffner wiederholte einfach seinen letzten Satz, und ich nickte, als wollte ich sagen: ›Ach so, ja, jetzt wird die Sache klar.‹

Später war es nicht mehr nötig, das Feuer der Konversation mit derartigem Kleinholz zu nähren. Es prasselte von sich aus wie ein Scheiterhaufen. Der Schaffner redete und redete. Wovon? Das hätte mich selbst wundergenommen. Vielleicht von der Verkehrsordnung, vielleicht von seiner Familie und seinen Kindern, vielleicht vom Rübenanbau. Es ist alles möglich. Nur der liebe Gott vermöchte zu sagen, wovon er redete. Am Rhythmus seiner Sätze spürte ich jedenfalls, dass er eine gemütliche, fröhliche, langatmige und zusammenhängende Geschichte zum Besten gab, die in epischem Flussbett langsam und würdevoll ihrer Konklusion zuströmte. Er hatte es überhaupt nicht eilig. Ich auch nicht. Ich ließ ihn abschweifen, abziehen wie einen rauschenden Bach, bis er dann wieder den Bogen fand und in den breiten, bequemen Strom der Erzählung zurücksprudelte. Er lächelte oft. Die Geschichte war ganz offensichtlich würzig, und sie hatte Teile, die geradezu pikant, ja, vielleicht gewagt und schlüpfrig waren. Er zwinkerte mir zu, mit einem flachen, komplizenhaften Blick, und lachte. Ich lachte mit. Aber nicht jedes Mal. Zuweilen war ich nicht ganz seiner Meinung. Ich wollte ihn nicht verwöhnen. Nur mit Maßen würdigte ich den echt von Herzen kommenden, goldigen, deftigen Humor, mit dem er seinen Vortrag würzte.

Es muss um drei Uhr in der Frühe gewesen sein – wir plauderten schon anderthalb Stunden –, als der Zug die Fahrt verlangsamte. Wir kamen zu einer Station. Der Schaffner packte seine Laterne, bat um Entschuldigung dafür, dass er rasch hinuntermüsse, er komme aber gleich wieder, und dann werde er das Ende erzählen, die Pointe dieses kapitalen Ulks, denn die sei das Beste daran.

Ich lehnte mich aus dem Fenster. Badete meinen brummenden Schädel in der kühlen Luft. Am aschgrauen Himmel gingen da und dort die Pfingstrosen der Morgenröte auf. Ein nach Sauerrahm riechendes Dörflein lag vor mir. Auf dem Bahnhof warteten ein paar Bauern, ein paar kopftuchbedeckte Frauen. Mit diesen sprach der Schaffner bulgarisch, so wie mit mir, aber mit größerem Erfolg, da ihn die Reisenden sogleich verstanden und sich zu den Drittklasswagen am Ende des Zugs aufmachten.

Einige Minuten später stand der Schaffner wieder neben mir – auf seinen Lippen war das Lächeln noch nicht einmal erkaltet – und fuhr schmunzelnd fort. Bald knallte auch die versprochene Pointe. Das Lachen brach aus ihm heraus. Er wieherte, dass ihm der Bauch wackelte. So ein Pfundskerl war das, ein richtiger Satansbraten. Er wieherte immer noch, als er in seine Tasche griff und aus ihr ein mageres, von einem Gummiband zusammengehaltenes Notizbuch hervorholte und daraus einen zerknitterten, schmutzigen Brief, der wahrscheinlich organisch zur Geschichte gehörte – vielleicht ein entscheidendes Argument darstellte – und den er mir in die Hand drückte, ich solle ihn lesen, was ich dazu sagte. Mein Gott, was konnte ich dazu sagen? Ich sah mit Bleistift geschriebene verschmierte kyrillische Buchstaben vor mir, wie ich sie – leider – nicht lesen kann. Ich vertiefte mich in den Brief. Währenddessen stellte er sich ein bisschen abseits und wartete auf die Wirkung. *Ja*, murmelte ich, *ja, ja* – teils im Ton einer Feststellung, teils im Ton der Widerrede, teils im Ton einer Frage. Dazwischen schüttelte ich den Kopf, als wollte ich sagen: *bezeichnend* oder: *unerhört* oder: *so ist das Leben.* Es gibt im Leben keine Situation, zu der das nicht passen würde. Wenn jemand stirbt, noch dann sagt man: *so ist das Leben.* Ich betastete den Brief, beroch ihn auch – er roch leicht modrig –, und da ich nichts weiter mit ihm tun konnte, gab ich ihn zurück.

In seinem Notizbuch befand sich noch allerlei. Bald entnahm er ihm eine Fotografie, die – zu meiner nicht geringen Überraschung – einen Hund darstellte. Ich betrachtete das Bild mit geschürzten Lippen, ganz der hingerissene Hundefreund. Aber ich merkte, dass dem Schaffner das nicht gefiel. Es machte den Anschein, als sei er richtiggehend böse auf den Hund. Also verdüsterte ich mich auch und fletschte den Hund an. Doch ihren Höhepunkt erreichte meine Verblüffung, als er aus der Leinenhülle des Notizbuchs ein in Seidenpapier gewickeltes Etwas herausnahm und mich bat, es selbst auszupacken. Das tat ich. Es kamen zwei große grüne Knöpfe zum Vorschein, zwei Knöpfe aus Horn, zwei Hornknöpfe von einem Herrenmantel. Ich ließ die beiden Knöpfe klimpern, spielerisch, als wäre ich ein ganz besonderer Knöpfeliebhaber, doch da riss sie mir der Schaffner aus der Hand und versteckte sie rasch in seinem Notizbuch, als möge er sie gar nicht mehr sehen. Dann machte er ein paar Schritte, wandte sich ab und lehnte sich an die Wagenwand.

Ich verstand die Situation nicht und eilte zu ihm hin. Da sah ich etwas, wovon mir das Blut in den Adern gefror. Seine Augen waren voller Tränen. Der große, dicke Mann weinte. Zuerst auf männliche Art, indem er seine Tränen hinunterschluckte, doch dann weinte er mit zuckenden Lippen und bebenden Schulterblättern.

Ehrlich gesagt, mir begann zu schwindeln von der tiefen, unauflösbaren Wirrnis des Lebens. Was war denn das? Wie hingen die vielen Wörter mit dem Lachen und dem Weinen zusammen? Was hatte eines mit dem andern zu tun, der Brief mit der Hundefotografie, die Hundefotografie mit den zwei grünen Hornknöpfen und alles zusammen mit dem Schaffner? War es Wahn oder gerade sein Gegenteil, das menschlich gesunde Überquellen der Gefühle? Hatte das Ganze überhaupt einen Sinn, auf Bulgarisch oder sonst in einer Sprache? Es war zum Verzweifeln.

Ich packte den Schaffner hart an den Schultern, damit er sich ermanne, und ich rief ihm auf Bulgarisch dreimal ins Ohr: *Nein, nein, nein!* Tränenerstickt stotterte er ein anderes, ebenfalls einsilbiges Wort, das bedeuten konnte: *Danke für Ihre gütige Anteilnahme*, aber auch bedeuten konnte: *Schäbiger Schmierenkomödiant, miserabler Schurke.*

Allmählich fasste er sich. Er schnappte leiser nach Luft und fuhr sich mit dem Taschentuch über das nasse Gesicht. Und begann zu reden. Aber jetzt war seine Stimme völlig verändert. Er stellte mir kurze, scharfe Fragen. Wahrscheinlich in dem Sinn: ›Wenn du vorhin *ja* gesagt hast, warum sagst du dann gleich darauf *nein*? Warum verwirfst du etwas, dem du zugestimmt hast? Genug des verdächtigen Spiels. Gilt jetzt *ja* oder *nein*?‹ Die Fragen knatterten immer rascher und entschiedener, als hätte man mir ein Maschinengewehr an die Brust gesetzt. Da gab es kein Entrinnen.

Offensichtlich war ich in die Klemme geraten, offensichtlich hatte mich das Glück verlassen. Doch meine Überheblichkeit rettete mich. Ich richtete mich hoch auf, maß den Schaffner mit Eisesblicken, und als sei es unter meiner Würde, auf so etwas zu antworten, drehte ich mich auf dem Absatz um und zog mich mit großen Schritten in mein Abteil zurück.

Dort ließ ich meinen Kopf auf das zerknüllte kleine Kissen fallen. Und schlief so rasch ein wie jemand, dem vor Schreck das Herz stehengeblieben ist. Gegen Mittag wachte ich in heißem Schlaglicht auf. Jemand hatte an die Scheibe meines Abteils geklopft. Der Schaffner trat ein. Er erinnerte mich daran, dass ich an der nächsten Station aussteigen musste. Aber er rührte sich nicht vom Fleck. Sondern stand einfach da, treu wie ein Hund. Wieder redete er, leise, kontinuierlich, unaufhaltsam. Vielleicht versuchte er die peinliche nächtliche Szene wegzureden, vielleicht machte er mir Vorwürfe, ich weiß es nicht, doch auf seinem Gesicht zeigten sich tiefe Reue und Herzschmerz. Ich benahm mich kühl. Erlaubte ihm lediglich, meine Koffer zusammenzusuchen und auf den Gang zu stellen.

Im letzten Augenblick erbarmte ich mich seiner dann doch. Als ich die Stufen hinunterschritt, warf ich ihm einen stummen Blick zu, der ausdrückte: ›Was du getan hast, ist nicht schön, doch Irren ist menschlich, und für diesmal will ich dir verzeihen.‹ Und auf Bulgarisch rief ich ihm nur ein Wort zu: *Ja!*

Es war von zauberhafter Wirkung. Der Schaffner entkrampfte sich, entwölkte sich, war wieder ganz der Alte. Über sein Gesicht ging ein dankbares Lächeln. Er salutierte in strammster Haltung. So stand er am Fenster, vor Glück erstarrt, die ganze Zeit, bis der Zug abfuhr und er auf ewig, auf immer und ewig aus meinen Augen verschwand.«

Meir Shalev

Der freundliche Gasthof

Vor einiger Zeit war ich in den Vereinigten Staaten. Ein amerikanischer Freund empfahl mir wärmstens eine Herberge mit dem Namen *The Friendly Inn* in Virginia. Im Allgemeinen stehe ich Hotels, die sich als »freundlich« bezeichnen, äußerst skeptisch gegenüber, aber mein Freund beredete mich, es mit diesem zu versuchen.

»Ein wunderbarer Gasthof«, sagte er, »sehr freundlich. Sogar Jefferson soll da mal übernachtet haben.«

Nach einer schönen Tour durch die herrliche Landschaft Virginias erreichte ich den Gasthof – ein behäbiges altes Holzhaus. Bunte Bauerngardinen zierten seine Fenster, und ein paar große, freundliche Kürbisse schmückten den Zaun. Eine robuste Alte öffnete mir die Tür.

»Hi Meir«, sagte sie freundlich vertraut.

Das hat tatsächlich keinerlei Ähnlichkeit mit den amerikanischen Hotels, die ich bisher erlebt habe, dachte ich im Stillen. Und als hätte er meine Gedanken gelesen, erschien plötzlich auch ein betagter Labrador, legte mir gleichermaßen freundlich ein speicheltriefendes Holzscheit zu Füßen und blickte mich flehend an.

»Das ist General Jackson«, sagte Barbara, »einer seiner Vorfahren hat mal Jefferson gebissen.«

Wir gingen hinein. Auf den Fensterbrettern standen Porzellanteller, Porzellanhunde, Porzellan-Jeffersons und Porzellanelefanten, das verheißende Feuer brannte im Kamin, und davor saßen ein paar Gäste, die mir einer Ohnmacht nahe schienen. Einer, im Reitdress, spielte Dame mit sich selbst. Ein Zweiter schnarchte über *Onkel Toms Hütte*. Der Dritte verschob kleine Zinnsoldaten auf einer Karte des Bürgerkriegs. Der Vierte stickte unter Anleitung einer blauäugigen und blauhaarigen alten Dame einen Gobelin mit Jefferson-Motiv.

Barbara führte mich in mein Zimmer und beredete mich, an den Kamin zurückzukehren, sobald ich mich häuslich eingerichtet hätte – wir könnten dann bei einem Glas Blütentee Auflaufrezepte austauschen. Ich warf den lästigen Köter von meinem Bett, wischte seinen Speichel vom Kissen, sagte dem Jefferson in Öl an der Wand gute Nacht und schlief auf der Stelle ein.

Zehn Minuten später weckten mich Barbara und General Jackson lächelnd beziehungsweise schwanzwedelnd und brachten mir eine Tasse Tee und das bewusste Holzscheit.

»Tee aus Ahornrinde und Wildbirnenblüten«, sagte Barbara. »Trinken Sie ihn, dann schlafen Sie wie ein Baby.«

Ich versuchte zu erklären, dass ich schon aus eigener Kraft eingeschlafen war, aber Barbara sagte, Benjamin Franklin habe das Teerezept Thomas Jefferson gegeben, und wenn ich wolle, könnte ich von dem freundlichen Koch des Gasthauses erhalten.

»Morgen ... Morgen früh ...«, flüsterte ich, »und nehmen Sie den Hund mit, wenn Sie rausgehen.«

»Just trying to be friendly«, flötete Barbara lächelnd, »übrigens wird der Dametisch bald frei, und mein Mann würde sich freuen, mit Ihnen zu spielen. Wer verliert, hackt das Brennholz für den Kamin, das ist bei uns Tradition, seit Jefferson auf ebendiesem Tisch Washington beim Mikadospiel besiegt hat.«

Eineinhalb Stunden später, nach beendetem Holzhacken, kroch ich wieder ins Bett, und tatsächlich – Benjamin Franklins Tee tat seine Wirkung: Ich schlief wie ein Baby. Aber eine Stunde danach wachte ich wieder auf, weil Barbara da war, um nachzusehen, ob ich auch gut zugedeckt war, und mir einen Teelöffel jener Wacholdermarmelade zu verabreichen, die Jefferson allabendlich zu nehmen pflegte, um seinen Stuhlgang zu erleichtern.

Danach sah ich sie nicht mehr, aber um fünf Uhr morgens hörte ich sie plötzlich hinter der Tür fragen, ob die Wacholdermarmelade gewirkt habe oder ob ich noch ein Löffelchen bräuchte.

Ich stand auf, zog mich an, packte meine Reisetasche und glitt aus dem Fenster nach draußen. General Jackson rannte mir ein paar Kilometer nach und bestürmte mich zu bleiben, aber als wir die Autobahn erreicht hatten, hielt ich an, tätschelte ihm den Kopf, warf sein Holzscheit geradewegs auf die Schwerlasterspur und flüchtete heimwärts.

Patricia Highsmith

Nichts Auffallendes

Helene war keine auffallende Erscheinung. Sie war ein bisschen größer als der weibliche Durchschnitt, einsneunundsechzig, und vielleicht auch attraktiver, aber außergewöhnlich war sie nicht. Ihre Augen wirkten manchmal blau und manchmal grau. Das dunkle, rötlichbraune Haar trug sie in der Mitte gescheitelt und im Nacken zu einem kleinen Knoten geschlungen, der freilich höchstens fünf Minuten hielt, wenn sie sich morgens oder nach dem Bad vor dem Abendessen frisiert hatte. Ihre Lippen waren ein wenig dünn, doch wenn sie lächelte, ließen die stark aufwärts gebogenen Mundwinkel das Lächeln strahlender erscheinen. Ihre Nase war schmal und gerade bis zur Spitze, die jäh nach oben strebte. Helene fand ihre Nase grotesk und hielt sie für ihren größten Makel. Sie war weder gertenschlank noch pummelig, und ihr Gang wirkte ein bisschen steif, was von einer leichten Neigung zur X-Beinigkeit herrührte. Sie war fünfundvierzig Jahre alt.

Sie hatte nichts Ungewöhnliches an sich, als sie an einem Mittwochnachmittag im Januar im Hotel Waldhaus in Alpenbach eintraf. In Latexhosen, schwarzen Stiefeln mit weißem Pelzbesatz und einer grünen Lodenjacke stand sie am Empfang, und doch – kaum dass sie mit zurückgelegtem Kopf und einem zufriedenen Lächeln des Wiedererkennens im Gesicht einen wohlgefälligen Blick durch die grün-weiße Halle schweifen ließ, schien jedermanns Auge von ihr angezogen. Ihr Knoten war halb aufgelöst, und während der Schlittenfahrt vom Bahnhof zum Hotel hatte sich ihr Lippenstift verwischt. Sie hatte feine Krähenfüße unter den Augen und zwei Querfalten auf der Stirn. Sie wirkte nicht annähernd so glamourös wie die meisten Frauen, die im Waldhaus abstiegen, und doch wandten alle – die Pagen (zwei junge Burschen in Lodengrün, die sich erwartungsvoll am Empfang bereithielten), der hochgewachsene Portier im zweireihigen grünen Gehrock mit Silberknöpfen, der Hoteldirektor im Cut und mit Eckenkragen, ja, selbst die beiden Gäste nebst der Gattin des einen, die gerade durch die Halle gingen – einmütig die Köpfe nach Helene und ließen ihre Blicke auf ihr ruhen.

»Entschuldigung, jetzt hab ich mich verschrieben«, sagte Helene und lachte. Sie sprach englisch mit Wiener Akzent.

»Madam haben gewiss kalte Hände. Es ist sehr kalt heute.« Der Manager nutzte die Gelegenheit, sein Englisch aufzupolieren, obwohl er wusste, dass sie aus München kam. Das Hotel und die meisten seiner Gäste sprachen vorzugsweise deutsch, aber Französisch, Italienisch und Englisch oder auch ein Gemisch all dieser Sprachen waren oft zu hören und eher die Regel als die Ausnahme.

Helene korrigierte den Fehler, der ihr beim Datum unterlaufen war, und folgte dann dem kleinen Pagen, der mit ihrem abgewetzten Antilopenlederkoffer voranging. Während sie im Lift in den dritten Stock hinauffuhren, blickte der Junge immer wieder verstohlen zu ihr hoch. »Habt ihr zur Zeit viele Gäste?«, fragte Helene. Der Junge war kaum älter als ihr Sohn Klaus.

»Och… es geht«, antwortete der Page. Dann schluckte er und fragte hastig: »Bleiben Sie lange?« Es klang, als hätte er sich damit schon zu viel herausgenommen.

»Ein paar Tage«, sagte Helene und lächelte ihn an, als sie aus dem Aufzug trat.

Ihr Zimmer war ein großer, quadratischer Raum mit weißgetünchten Wänden, einem grünen Teppich und grünen, rotbestickten Vorhängen. Die Fenster gingen auf einen verschneiten Hang hinaus, auf dem sich ein paar Skiläufer tummelten. Sie gab dem Jungen zehn Schilling Trinkgeld, und er schielte verstohlen nach dem Schein, bevor er die Augen wieder zu Helene aufschlug. Mit einem gemurmelten Dankeschön entfernte er sich rückwärts aus dem Zimmer.

Helene hängte ein paar von ihren Sachen auf und bestellte sich eine halbe Flasche Champagner aufs Zimmer. Während sie in kleinen Schlucken ein Glas davon trank, ruhte ihr Blick auf der wunderbar makellosen Welt vor ihren Fenstern. Sie öffnete eines, stützte sich auf den Sims und bewegte die Zehen in den dicken Wollsocken. Ihre Füße waren wieder warm geworden. Sie war sehr zufrieden mit dem Ort, den sie sich ausgesucht hatte – Alpenbach. Sie war schon einmal mit ihrem Mann und einem Ehepaar aus Wien hier gewesen, allerdings vor so vielen Jahren, dass sie von dem Dorf nur noch eine verschwommene Vorstellung hatte. Sie erinnerte sich lediglich, dass es recht hübsch war. Und genau das hatte sie gesucht, etwas recht Hübsches, an dem keine besonderen Erinnerungen hingen.

Sie schlüpfte wieder in Stiefel und Walkjanker, setzte eine Skimütze auf und ging spazieren. Die Straße vom Hotel führte hinunter ins Dorf, das knapp einen Kilometer entfernt lag. Helene zögerte, dann wandte sie sich in die andere Richtung und schlug den Fußweg ein, der bergan führte.

»Guten Tag... *Bonjour*«, grüßte sie heimkehrende Skifahrer zurück, die ihr entgegenkamen.

Sie merkte nicht, dass die Leute sich mit einem »Wer ist das?« nach ihr umdrehten.

Der Wind hatte den körnigen Schnee von den Höhen fortgeblasen und hie und da winzige Blümchen freigelegt, die im Schutz der Felsen wuchsen. Die Mehrzahl hatte kunstvoll geformte blaue Blütenkelche, aber es gab auch rosarote, gelbe und weiße. Zusammengenommen bildeten sie ein Muster, wie in einem Kaleidoskop. Wieder andere, die vereinzelt abseits standen, erinnerten an die filigranen Knospen in den Glaskugeln viktorianischer Briefbeschwerer. Helene beugte sich tief mal zu dieser, mal zu jener hinunter und bestaunte die zarten Farben, die die weiß verkrustete Schneedecke ringsum zum Leuchten brachten. Lange Erfahrung und Anpassungsfähigkeit, dachte sie, hatte diese kleinen Blumen schneetauglich gemacht. Wenn ihre Zeit gekommen war, öffneten sie in anmutig heiterem Trotz ihre winzigen Blütenkelche mit der gleichen Leichtigkeit, mit der ein Zauberer ein Kunststück aus dem Handgelenk schüttelte. Helene hörte leise knirschende Schritte hinter sich und sah, als sie sich umwandte, einen blonden Jüngling in pelzbesetzter Jacke auf sich zustapfen. »Guten Tag! Wollen Sie bis ganz nach oben?«, fragte er auf Deutsch.

Helene blickte zum Gipfel hinauf und sah dann den jungen Mann an. »Ich weiß nicht. Wohl kaum.« Der ungebetene Begleiter irritierte sie, aber nur flüchtig. Im Grund war das doch alles unwichtig.

Sie gingen im Gleichschritt nebeneinander her; der Pfad war gerade breit genug für zwei.

»Ich bin Gert von Böchlein«, sagte der junge Mann. »Sie sind erst heute angekommen, nicht wahr?«

Er hatte ein offenes Gesicht, ein gewinnendes Lächeln, er war nicht älter als zwanzig und, dachte Helene, er sieht nicht aus wie einer, der eine reifere Frau ansprechen würde, ohne ihr vorgestellt worden zu sein.

»Vor etwa einer Stunde bin ich eingetroffen, ja«, sagte Helene und strich sich ein paar Haarsträhnen aus dem Gesicht. »Puh! Ich weiß nicht, ob ich Lust habe, bis ganz da rauf zu kraxeln.«

»Das kann ich mir auch nicht vorstellen! Wissen Sie, dass man acht Kilometer zu laufen hat bis zum Gipfel?« Er lachte. »Andererseits…«

»Andererseits?«

»…sollten wir vielleicht doch noch ein Stückchen weitergehen. Von dem Felsen da hat man nämlich eine sehr schöne Aussicht.« Er zeigte auf einen mächtigen schwarzen Felsen ein paar hundert Meter oberhalb.

Sie setzten ihren Weg fort, und er sah alle paar Schritte zu ihr hin. »Sie kommen aus Wien?«

»Ja. Aber ich lebe schon seit vielen Jahren in München.«

»Trotzdem haben Sie noch ganz den wienerischen Stil.« Seine Hand, die in einem dicken Schaffell-Fäustling steckte, vollführte eine lässig-elegante Geste. »Meine Mutter und meine Schwester sind übrigens auch hier im Hotel. Sie müssen sie unbedingt kennenlernen. Ich meine, die beiden müssen Sie kennenlernen, falls es Ihnen recht ist.« Vor Verlegenheit schoss ihm das Blut in die ohnehin rosigen Wagen. »Darf ich fragen, wie Sie heißen?«

»Helene Sacher-Hartmann.« Wieder beugte sie sich über ein kleines Blütenmosaik, pflückte eine rosarote Blume und zog den Stengel durch ein Knopfloch ihres Jankers. »Die ist so winzig, dass sie an mir gar nicht zur Geltung kommt«, sagte sie.

»O nein! Nein, das stimmt ganz und gar nicht.«

Als sie von der Felsenhöhe aufs Dorf hinabblickten, zeigte ihr der junge Mann, wo sich die beste Konditorei im Ort befand, gleich um die Ecke hinterm Kirchturm, dort, wo eben der Schlitten mit den zwei Pferden wendete. Seine Mutter und seine Schwester Hedwig – sie war erst vierzehn – kehrten dort jeden Nachmittag um vier zu heißer Schokolade und Kuchen ein.

»Und Sie gehen nicht mit?«, fragte Helene.

Gert errötete wieder. »Nein… jedenfalls nicht heute.«

Als Helene beim Abstieg einmal ausrutschte, griff Gert rasch nach ihrer Hand, die er aber ebenso rasch wieder losließ, als ob er sich verbrannt hätte. »Pardon!«, sagte er. Und ein paar Augenblicke später: »Ich bin heute deshalb nicht mitgegangen, weil ich Sie bei Ihrer Ankunft gesehen habe, und ich… ich wollte Sie unbedingt kennenlernen.«

»Das ist aber nett«, sagte Helene lächelnd, doch es klang zerstreut, denn sie hatte nicht wirklich zugehört. Sie konzentrierte sich vielmehr ganz auf die kalte, klare Luft in ihren Lungen, eine Köstlichkeit, wie ein kühler Schluck Wasser, wenn man durstig ist.

Der junge Mann sprach mittlerweile von seinem Studium. Er besuchte die Technische Hochschule in Graz und wollte Wasserbauingenieur werden. Beim Hotel angekommen, fragte er, und seine Stimme klang dabei fast flehentlich, ob er sie vielleicht… ob sie sich eventuell um halb acht mit ihm und seiner Familie zu einem Aperitif in der Hotelbar treffen würde.

Helene, der jedes Zeitgefühl abhandengekommen war, sah auf ihrer Armbanduhr, dass es fünf Minuten nach halb sechs war. »Ja, warum nicht?

Danke für die Einladung.« Damit verabschiedete sie sich und ging auf ihr Zimmer.

Helene kam vor der vereinbarten Zeit in die Bar; das heißt, eigentlich hatte sie die Verabredung schon halb vergessen. Nachdem sie ein heißes Bad genommen und sich umgezogen hatte, betrat sie um sieben Uhr in einem dunkelgrünen Wollkostüm, mit passender Fransenstola um die Schultern, die Bar, in der bereits Hochbetrieb herrschte. Im weißen Kamin prasselte ein loderndes Feuer. Normalerweise wäre Helene ein solcher Auftritt peinlich gewesen, denn sie war ein bisschen schüchtern, doch heute stellte sie erfreut fest, dass sie keine Spur von Scheu oder Unsicherheit empfand, nicht einmal im ersten Augenblick. Dann fiel ihr Gert ein. Rasch blickte sie sich um, aber als sie ihn nirgends entdeckte, trat sie an den Tresen, wo zufällig gerade alle Plätze besetzt waren. Doch sogleich erhob sich ein Herr und bot ihr seinen Barhocker an.

»Permettez-moi, Madame.«

»O danke, aber ich wollte nur etwas bestellen«, sagte Helene auf Französisch und lächelte ihn an.

»Ach nein, bitte setzen Sie sich doch. Sie sehen ja, es ist nirgends ein Tisch frei.«

»Danke sehr.« Helene bestellte ein Kirschwasser. Der Franzose bestand darauf, es von dem Kleingeld, das er auf der Theke liegen hatte, zu bezahlen. Er war etwa Mitte vierzig, dunkelhaarig, mit einem schmalen Schnurrbart und buschigen schwarzen Augenbrauen. Er erkundigte sich, ob sie zum ersten Mal in Alpenbach sei, wie lange sie bleiben werde, und der Herr, der auf der anderen Seite neben dem nun stehenden Franzosen saß, verfolgte das Gespräch so aufmerksam, als sei er ein Bekannter von ihm, auch wenn der Franzose ihn nicht vorstellte.

Kurz darauf bat er sie, ihm beim Abendessen Gesellschaft zu leisten. Helene hatte inzwischen gemerkt, dass eines seiner grauen Augen aus Glas war. Er hatte schlanke, nervöse Hände. Er sei Cellist in einem Pariser Orchester, hatte er ihr erzählt. Helene nahm seine Einladung an. Allerdings, meinte sie, habe sie um halb acht noch eine Verabredung mit ein paar Herrschaften hier in der Bar.

»Ich weiß gar nicht, wozu ich die überhaupt noch trage«, sagte sie mit einem raschen Blick auf ihre Armbanduhr. »Wo ich mich doch nie nach ihr richte. Ich bin viel zu früh dran.«

»Wären Sie um halb acht gekommen«, sagte der Franzose, »dann hätte ich Sie möglicherweise nicht kennengelernt. Übrigens... ich heiße André Lemaitre... Ach nein«, setzte er mit einem nachdenklichen Lächeln hinzu. »Irgendwie hätten wir uns bestimmt getroffen.«

Als Gert mit seinen Begleiterinnen erschien, ließ sie den Franzosen und ihr leeres Glas stehen und setzte sich zu den von Böchleins an ein Tischchen, das Gert reserviert hatte. Seine Mutter, eine Blondine mit feingeschnittenen Zügen, wirkte anfangs ein wenig kühl, was Helene nicht im mindesten störte, doch nach fünf Minuten war Frau von Böchlein aufgetaut, und sie lachten und plauderten so angeregt miteinander, als ob sie alte Bekannte wären. Im Moment ging es um den schielenden und möglicherweise debilen Stationsvorsteher von Alpenbach, der heute eine ganze für Alpenbach bestimmte Ladung Gepäck fehlgeleitet hatte, so dass sie um ein Haar in Wien gelandet wäre. Gerts Schwester Hedwig, ein blutjunges Mädchen, das immerhin schon einen Hauch von Lippenstift aufgelegt hatte, blickte Helene unverwandt mit freundlichen, verträumten Augen an, schien jedoch wenig gesprächig. Gert war ganz Kavalier, der sich um die Getränke kümmerte und Helene gegenüber einen so besitzerstolzen Ton anschlug, als ob sie seine Eroberung wäre, was Helene amüsierte. Als man sich erhob, um zum Speisesaal hinüberzuwechseln, schien es ausgemacht, dass Helene mit den von Böchleins essen würde, und sie selbst hätte den Franzosen ganz vergessen, wäre der ihr nicht in der Halle hinterhergeeilt.

»*Madame!... Pardon, Madame,* Sie haben doch nicht vergessen, dass wir ...«

»Ach!« Helene tippte sich lachend an die Stirn. »Bitte verzeihen Sie, Frau von Böchlein ... und Sie auch Gert, aber ich habe diesem Herrn versprochen, dass ich mit ihm essen würde.«

»Was haben Sie?« Gert schäumte, doch dann bezwang er sich. »Na ja, wenn Sie's versprochen haben ... Ich finde das allerdings sehr, sehr schade.« Und in der Tat wirkte er ganz untröstlich.

»Morgen ist auch noch ein Tag, Gert.«

»Also morgen«, nahm Gert sie beim Wort. »Zum Mittagessen? Falls Sie nicht Ski laufen wollen.«

Den Blick, den ihm seine Mutter zuwarf, bemerkte er nicht.

»Ja, morgen zum Lunch, wenn Sie möchten«, sagte Helene, an alle drei gewandt. »Und vielen Dank für den Aperitif. Hat mich gefreut, Sie kennenzulernen.«

»Ganz meinerseits«, antwortete Frau von Böchlein zuvorkommend.

Zu ihnen an den Tisch, der für vier Personen gedeckt war, gesellte sich der Mann, der schon in der Bar neben André gesessen hatte. André schien darüber nicht erfreut, stellte ihn Helene jedoch als seinen »Skikameraden« vor und schien seinen Unmut binnen weniger Minuten vergessen zu haben. Jeder

der beiden unterhielt sich mit Helene, als ob der andere Luft wäre.

Gegen elf war man bereits zu acht, darunter ein italienisches Ehepaar aus Mailand. Eigentlich hatte man sich zum Kartenspielen in der Bar versammelt, aber dann wurde doch nur geredet, und Helene fand sich zu ihrem Erstaunen im Mittelpunkt des Interesses, obwohl sie – wie gewöhnlich – ihrem Eindruck nach nichts Besonderes zu sagen hatte und auch wirklich nichts Bemerkenswertes von sich gab; trotzdem hingen anscheinend alle an ihren Lippen. Man erkundigte sich nach ihrem Leben in München, und sie erzählte von dem Buch- und Schreibwarenladen, der ihr gemeinsam mit zwei anderen Frauen gehörte, und davon, wie sie sich im Verkauf abwechselten, damit jede reichlich Urlaub nehmen konnte und das Geschäft trotzdem florierte. Helene erwähnte nicht, dass sie ihren Laden nicht wiedersehen würde. Der Gedanke schmerzte sie nicht. Esther und Henriette konnten und würden ganz gut ohne sie weitermachen. Alles war bestens geregelt. Esther, die keine eigenen Möbel besaß und momentan ein ziemlich teures möbliertes Zimmer gemietet hatte, würde mit Freuden Helenes Wohnung übernehmen, die diese ihr in einem zu Hause deponierten Brief vermacht hatte. Doch davon sprach sie ebenso wenig wie von ihrem Sohn.

Als man sie fragte, sagte Helene, sie sei kinderlos. Alle schienen fasziniert von dem wenigen, was sie erzählte, selbst von den kleinen Blumen im Schnee, die sie so entzückt hatten.

Es ist, als trüge ich ein zauberkräftiges Parfum, dachte Helene bei sich, eines, das selbst die Frauen betört. Sehr merkwürdig.

In den nächsten Tagen blieb Helene, kaum dass sie ihr Zimmer verließ, keinen Augenblick für sich allein. Die Männer reagierten gereizt, wenn andere sich hinzugesellten, wurden aber wieder versöhnlich, sobald alle gemeinsam beschlossen, einen Spaziergang zu machen, mit der Gondel zur Hütte hinaufzufahren (Helene hatte keine Lust, Ski zu laufen) oder im Dorf unten Tee zu trinken. Einzig bei Gert legte sich die Gereiztheit nicht, und eines Morgens schoss er aus einem Sessel in der Halle auf und ihr entgegen, bevor jemand anders sie ansprechen konnte, und machte ihr, kaum dass sie zur Tür hinaus waren, eine Liebeserklärung.

»Aber Gert, ich bin ja alt genug, um Ihre Mutter zu sein«, stammelte Helene verdutzt. »Mindestens!«

»Ach, machen Sie sich doch nicht lustig über mich, Helene«, flehte er. Seit zwei Tagen nannte er Helene mit ihrer Erlaubnis beim Vornamen. »Ich ertrage es nicht, Sie umschwärmt von all diesen Männern zu sehen, denen nicht halb so viel an Ihnen liegt wie mir. Ich halte das nicht mehr aus!« Und er drückte sich Zeige- und Mittelfinger wie eine Pistole an die Schläfe.

»Aber ...« Helene hob abwehrend die Hände und wusste nicht, was sie entgegnen sollte. Sein Ausbruch amüsierte sie, was sie sich keinesfalls anmerken lassen durfte, denn dem jungen Mann war es todernst. Auf Gefühlsausbrüche hatte sie noch nie zu reagieren gewusst, warf sie sich vor.

»Wie soll ich ohne Sie weiterleben, Helene? Ich kann's nicht!«

»Unsinn, Gert! Glauben Sie mir, in einer Woche –«

»Nicht in einem Jahr, niemals. Ich schwör's. Das ist endgültig. Für immer und ewig!«

»Kommen Sie, wir gehen ein Stück spazieren.«

Sie schlugen den Bergpfad ein, auf dem er sie zuerst angesprochen hatte.

»Wissen Sie, ich gehe bald fort, und dann werden wir uns ohnehin nicht mehr sehen können«, sagte Helene.

»Wo wollen Sie denn hin?... Und warum kann ich Sie nicht wiedersehen?«

Zurück nach München, dachte Helene unwillkürlich, doch da dies nicht der Fall war, konnte sie es auch nicht sagen. »Sie werden bald nach Graz zurückkehren.«

»Aber ich würde überallhin gehen, um bei Ihnen sein zu können«, beteuerte er. »Australien, China, egal, wohin!«

Aber nicht dorthin, wo ich hingehe, dachte sie mit dem Anflug eines nervösen Lächelns. »Ich hab Ihnen doch gesagt, dass ich verheiratet bin, Gert.«

»Ja, aber... mir ist aufgefallen, dass Sie Ihren Mann nie erwähnen, wenn Sie von München erzählen. Wo ist er?«

»Er ist in Wien. Aber ich bin nicht geschieden.«

»Ach, was kümmert mich das – Ehe, Scheidung –, ich liebe Sie völlig losgelöst von alledem. Über alles und jenseits und unbeschadet davon.« Seine Linke, die in einem Fäustling steckte, deutete mit ausladender Geste zum Gipfel hinauf. Seine bloße Rechte hielt Helenes behandschuhte Hand.

»Ich bin vielleicht noch vier Tage hier. Warten wir also ab, wie Sie dann empfinden.« Sie sagte es so freundlich und beiläufig wie nur möglich und hatte doch ein bisschen Angst davor, wie er es aufnehmen würde.

Er entgegnete ingrimmig: »Meine Gefühle sind unwandelbar, und wenn ich Sie nicht wiedersehen kann, dann ist mir mein Leben nichts mehr wert. Das weiß ich.«

»Hallo!«, hörte man es plötzlich rufen, und der Berg warf das Echo zurück.

Auf dem Wegstück unterhalb von ihnen standen die beiden Franzosen, und André winkte mit ausgestrecktem Arm.

Gert stöhnte.

Als Helene an dem Morgen vom Frühstück zurückkam, standen Blumen auf ihrem Zimmer. Eine Karte war nicht dabei. Das Zimmermädchen hatte den Strauß in eine Vase gestellt. Langstielige rote Rosen, dazwischen ein paar kleine weiße und eine einzelne Paradiesvogelblume, vermutlich aus Nizza eingeflogen. Es klopfte. Doch als sie öffnete, standen draußen weder der Blumenkavalier noch ein Bote mit der vergessenen Karte, sondern der kleine Page, der am Ankunftstag ihr Gepäck heraufgebracht hatte. Er hielt eine rote Konfektschachtel in Händen.

»Für Sie, gnädige Frau«, sagte der Junge.

»Danke«, sagte sie und nahm die Bonbonniere entgegen. Wieder war keine Karte dabei. »Von wem?«

Der Junge wich mit schüchternem Lächeln zurück. »Das darf ich nicht sagen, gnädige Frau.«

Helene tippte auf Gert. An diesem ungestümen, romantischen Jüngling hätte Goethe seine Freude gehabt. Helene bezweifelte allerdings, dass seine Leidenschaft es mit der Werthers aufnehmen konnte.

Sie aß mit den von Böchleins zu Mittag, aber Gert machte keinerlei Anspielung auf die Blumen oder das Konfekt, und als Helene sich im Speisesaal umsah und ihr Blick auf das italienische Paar fiel, das ihr lächelnd zunickte, auf die beiden Franzosen, die sie ebenfalls anlächelten, auf vier oder fünf andere Männer und Frauen, die anscheinend jedes Mal, wenn sie in ihre Richtung blickte, zu ihr hinschauten, gab sie es auf, den Blumen- und Pralinenkavalier erraten zu wollen. Gert hatte sie inzwischen ausgeklammert. Der hätte sich etwas Kostspieligeres und Symbolträchtigeres einfallen lassen.

Später am Nachmittag, als Helene sich umgezogen und in Rock und Pullover mit einem Buch aufs Bett gelegt hatte, rief Gert an und fragte, ob er für einen Moment heraufkommen dürfe. Helene brachte es nicht übers Herz, ihn abzuweisen. Er erschien unverzüglich und überreichte ihr eine große Rubinbrosche, ein Erbstück von seiner Großmutter, wie er sagte, das fortan ihr gehören solle.

»Oh, Gert, die ist doch sicher für Ihre Braut bestimmt.« Helene lächelte ihn verwundert an.

»Du bist meine Braut«, sagte Gert mit feierlichem Ernst.

»Deine Mutter wäre sehr verärgert, mein lieber Junge, wenn sie wüsste, dass du mir diesen Schmuck schenken wolltest.«

»Die Brosche gehört mir, und ich kann damit tun, was ich will. Bisher habe ich sie immer bei mir getragen, sogar in den Vorlesungen. Gefällt sie Ihnen denn nicht, Helene? Willst du sie nicht?«

Helene sann auf eine Möglichkeit, wie sie den Schmuck zwar annehmen, ihm aber später zurückgeben könnte. Sie sah wohl, dass es ihn bitter kränken würde, wenn sie die Brosche von vornherein zurückwiese. »Also gut. Ich fühle mich geehrt«, sagte Helene und nahm die in zerknittertes weißes Seidenpapier eingeschlagene Brosche entgegen.

Gert lächelte strahlend. »Ich danke dir, meine Liebste.«

Er trat vor, und sie hob das Gesicht, um sich küssen zu lassen. Sie empfing einen keuschen Kuss auf die Lippen, flüchtig und seltsam, denn weder war es ein leidenschaftlicher Kuss, noch besiegelte er etwas, sann Helene, und doch schien er dem Augenblick angemessen.

»Ich lass dich jetzt ein Weilchen allein«, sagte Gert und wandte sich zum Gehen. Sein Gesicht strahlte vor Glück. Leise schloss er die Tür hinter sich.

Sie war recht froh, dass sie nicht versprochen hatte, am Abend zusammen mit den von Böchleins zu essen, denn Gerts Mutter wäre seine glückstrahlende Miene sicher aufgefallen. Was für ein törichter Junge, wie konnte er nur so felsenfest an die Unwandelbarkeit seiner Gefühle glauben! Helene war um sieben mit André in der Bar verabredet. Er hatte einen Schlitten bestellt und wollte zur Abwechslung einmal in einem Restaurant im Dorf essen.

Als Helene und André das Restaurant unten im Dorf betraten, bereitete der Oberkellner ihnen einen königlichen Empfang.

Das Lokal war klein, aber André hatte einen ganzen Raum für sie beide reservieren lassen, der mit roten Rosen und kleinen Ornamenten aus den zarten Bergblumen dekoriert war, die Helene so liebte.

»So, da wären wir. Ich hoffe, sie haben's nicht übertrieben«, sagte André ein bisschen verlegen, nachdem sie Platz genommen hatten.

Unverzüglich erschien ein Ober und brachte Champagnercocktails.

André erzählte ausführlich von Paris, von seinen Kriegserlebnissen, von der Gefangenschaft in Deutschland und davon, wie er später, zurück in Frankreich, bei der Résistance ein Auge verloren hatte. Von seiner zweijährigen Ehe, die vor zehn Jahren zerbrochen war, von seiner steinigen Laufbahn als Musiker und von seinen Erfolgen, die sich erst kürzlich eingestellt hatten. Zwischen den einzelnen Geschichten legte er lange Pausen ein, um

Helene die Chance zu geben, etwas dazu zu sagen oder gegebenenfalls das Thema zu wechseln, aber sie schwieg. Sie fand seine Erlebnisse interessant und war gerührt, dass seine Zuneigung zu ihr so weit ging, dass er ihr das alles anvertraute.

»Sie finden es vielleicht eigenartig, dass ich Ihnen mein ganzes Leben erzähle«, sagte er, als sie mit dem Essen fertig waren, »aber die Sache ist die, dass ich Sie bitten möchte, meine Frau zu werden, und wenn ich das tue, dann … na ja, ich denke, dann sollten Sie auch ein bisschen über mich Bescheid wissen. Wollen Sie mich heiraten, Helene?«

Helene war fassungslos. »Aber Sie wissen doch rein gar nichts über mich!«

»Das macht nichts. Natürlich möchte ich gern mehr über Sie erfahren«, setzte er lächelnd hinzu, »aber im Grunde ist das nicht entscheidend, denn ich weiß, Sie sind ehrlich und gut … eine Schönheit, sollte ich sagen, schön von innen heraus. Alles Weitere hat Zeit bis später. Mir ist auch klar, dass Sie wahrscheinlich verheiratet sind. Aber selbst das ist nicht wichtig, denn ich werde warten. Wenn's sein muss, für den Rest meines Lebens, doch ich hoffe, das wird nicht nötig sein. Sie sind doch verheiratet, oder?«

»Ja.«

»Und Ihr Mann ist in München?«

»Nein, in Wien. Wir leben getrennt, und ich habe ihn seit drei Jahren nicht gesehen. Ich habe auch ein Kind«, sagte sie leise, »aber –«

»Aber?«

»Er ist zwölf. Und… na ja, er ist seinem Vater sehr ähnlich, und ich glaube, er hat ihn lieber als mich. Jedenfalls hat Klaus entschieden, dass er lieber bei seinem Vater leben möchte. Das war vor drei Jahren. Sein Vater hat sehr viel Geld, verstehen Sie? Und der Junge hat immer die Sommerferien bei seinem Vater verbracht. Das heißt, seit seinem achten Lebensjahr. Mein Mann macht sehr viel Aufhebens um ihn, hat ihm ein Pferd gekauft und ein Boot, eine Unmenge Sachen zum Anziehen… und zurzeit bringt er ihm das Schießen bei. Mir sind Waffen ein Greuel.«

»Ich verstehe«, sagte André.

»Meinem Sohn gefällt das alles. Ich kann nichts daran ändern, so ist er nun einmal, genau wie sein Vater eben.« Und Helene lächelte, ließ die Gabel sinken und legte die Handflächen zusammen, als ginge es um etwas, was ihr Freude machte oder worum sie gebetet hätte… und tatsächlich hatte sie es vor Wochen, ja vor Monaten schon aufgegeben, sich zu grämen, sie hatte sich mit der Situation ausgesöhnt, und wenn sie jetzt über all das sprach, dann berührte es sie innerlich nicht mehr. Sie hatte das

Gefühl, André könne das verstehen. »Ich mag Sie wirklich sehr gern, André«, sagte Helene, »aber ich will nicht wieder heiraten. Das hat nichts mit Ihnen oder sonst jemandem zu tun. Vielleicht haben wir uns einfach zur falschen Zeit kennengelernt.«

André dachte einen Moment darüber nach, dann sagte er: »Nein. Nein, bestimmt nicht, aber ich werde warten. Und ich werde es leichten Herzens tun«, versetzte er mit einem spontanen Lächeln, das sie an Gerts Lächeln erinnerte, »weil mich nach Ihnen keine andere Frau mehr reizen könnte.«

Ein paar Minuten später, sie waren inzwischen beim Brandy angelangt, sagte André: »Vermutlich werden Sie sich irgendwann von Ihrem Mann scheiden lassen.«

»Vermutlich.« Helene ließ es dabei bewenden.

»Würden Sie eventuell mit mir nach Paris kommen? Ich habe eine sehr große Wohnung. Gleich hinter dem Invalidendom. Mit einem zauberhaften Blick auf ...«

Helene schüttelte lächelnd den Kopf. »Danke, das ist sehr nett, aber nein. Auch das könnte ich mir im Moment nicht vorstellen.« Bei sich dachte sie: lauter Verrückte, diese Leute im Hotel Waldhaus. Das muss an der Höhenluft liegen.

»Vielleicht erscheint Ihnen das lächerlich ... in meinem Alter«, sagte André. »Ich meine, dass ich

Ihnen quasi aus heiterem Himmel einen Antrag mache. Doch ich bin alt genug, um zu erkennen, was für mich richtig ist, wenn ich's vor mir sehe.«

Am nächsten Morgen begleitete Gert sie auf ihrem Morgenspaziergang, nachdem er ihr wie tags zuvor in einem Sessel unten in der Halle aufgelauert hatte. Doch heute lächelte er nicht und war überhaupt ziemlich verstimmt. Als sie das Hotel ein Stück weit hinter sich gelassen hatten, sagte er:

»Ich weiß, dass du gestern Abend mit dem Franzosen unten im Dorf gegessen hast. Ein sehr ausgelassenes Dinner, nach dem, was mir der Page erzählt hat.«

Diese klatschsüchtigen Pagen!, dachte Helene verärgert. »Na und? Was ist schlimm daran, wenn man zur Abwechslung mal im Dorf zu Abend isst?«

»Am Abend des Tages, an dem ich dir die Brosche meiner Großmutter geschenkt habe. Und mit einem Mann, von dem jeder weiß, dass er in dich verliebt ist.« Gerts Stimme bebte vor Entrüstung.

»Er bedeutet mir nichts«, sagte Helene rasch und wie zur Entschuldigung.

»Und ich bedeute dir vielleicht auch nichts! Sag's ruhig, wenn's so ist.«

Wer kennt schon die Wahrheit? In einem Punkt freilich war sie sich sicher: Sie wollte Gert nicht verletzen. Aber sie spürte auch, dass er diese Eifersuchtsszene aus reinem Selbstschutz und also im eigenen Interesse inszenierte. »Nein, so ist es nicht. Aber ich habe dir auch kein Versprechen gegeben, Gert. Und deine Brosche kannst du zurückhaben … Ich treibe keine Spielchen mit dir.«

»Wenn du mich nicht willst … wenn dir dieser Franzose lieber ist, dann bringe ich mich lieber um, jawohl, das tue ich!«

Sie glaubte ihm kein Wort, wollte ihn das jedoch nicht merken lassen. Sie stieg weiter den verschneiten Weg hinauf, und Gert ging neben ihr, die Augen unverwandt auf ihr Gesicht geheftet. Diese Leute saugen mich aus, dachte Helene, und da sie das Gefühl hatte, viel sei aus ihr nicht mehr herauszuholen, wunderte es sie nicht, dass sie sich so erschöpft und hilflos vorkam. Und sie suchte vergeblich nach einer probaten Methode, um mit Gert ins Reine zu kommen. Wahrscheinlich fiel ihr nichts ein, weil sie sich von derlei Dingen losgesagt hatte, bevor sie nach Alpenbach gekommen war, ja, sogar schon Tage vor ihrer Abreise aus München. Plötzlich erinnerte sie sich voll schmerzlicher Wehmut an den Abschied am Bahnhof, daran, wie sehr es sie überrascht hatte, dass sogar Frau Müller, ihre Zugehfrau, mit dem Fahrrad zum Bahnhof gekommen war, um ihr Lebewohl zu sagen. Es war, als hätten alle gespürt, dass sie Helene zum letzten Mal sahen, und trotzdem waren alle besonders vergnügt und herzlich gewesen.

»Siehst du die Felsen da?«, fragte Gert und zeigte auf die zerklüfteten Zacken am Gipfel des Berges, den sie nie bestiegen hatten. »Da werde ich mich runterstürzen, es sei denn –«

»Es sei denn?«, wiederholte Helene so beiläufig, wie sie auf etwas, was sie nicht ganz mitbekommen hatte und was sie auch nicht sonderlich interessierte, mit einem höflichen »Wie bitte?« reagiert hätte. Sie hatte selber schon an diesen Gipfel gedacht, dem gegenüber sie einen ganz sonderbaren, um nicht zu sagen aberwitzigen Besitzanspruch entwickelt hatte. Gert würde das mit dem Felssturz nie wahr machen, und dass er eben damit gedroht hatte, war bloß ein ironischer Zufall gewesen.

»Es sei denn, ich darf auch weiter mit dir zusammen sein. Es sei denn, wir können uns auf einen … einen Pakt einigen.«

Sie wusste, was er meinte. Er wollte ihr einziger Liebhaber sein, freilich in einem sehr romantischen und wahrscheinlich platonischen Sinne. Er wollte hin und wieder zum Kaffee oder zum Essen in ihre Münchner Wohnung kommen dürfen, in der Gewissheit, dass sie das keinem anderen Mann gestattete. Irritiert schüttelte Helene den Kopf.

»Was soll das heißen?«, fragte Gert. Er verfolgte immer noch jede Regung in ihrem Gesicht.

Knirsch, knirsch… knirsch, knirsch ächzten ihre Stiefel im Schnee, und auf einmal hielt Helene es nicht mehr aus. Sie blieb stehen, hob den Kopf und warf rasch einen Blick empor zum Gipfel des sanft ansteigenden Berghangs – der bestimmt keine acht Kilometer entfernt war, wie Gert behauptet hatte –, dann machte sie kehrt.

Doch er rührte sich nicht.

»Darf ich dich wiedersehen?«, fragte Gert eindringlich.

»Ja. Hier. Aber nicht in München«, erklärte sie kategorisch. Sie war es müde, Erklärungen abzugeben, die ohnehin sinnlos waren. Sie trat den Rückweg an.

»Dann bleibt's bei dem, was ich gesagt habe«, versetzte Gert, der jetzt im Gehen die Arme genauso kläglich hängen ließ wie den Kopf. »Aber erst schreibe ich noch ein Gedicht auf dich.«

Das, dachte Helene, ist eine gute Beschäftigung vor dem Tod. Und sie sah voraus, dass die Arbeit an seinem Gedicht Gerts Gemüt vermutlich so beruhigen würde, dass er darüber jeden Gedanken an Selbstmord vergaß. Überhaupt war sie absolut sicher, dass er sich nicht umbringen würde, auch wenn sie nicht hätte sagen können, warum. Es war einfach eine intuitive Gewissheit, wie die jähe Erkenntnis: Ich bin verliebt.

»Darf ich dich noch zu einer Tasse Tee einladen?«, fragte Gert, als sie wieder vor dem Hoteleingang standen.

Helene hatte nicht vorgehabt, so bald zurückzukommen, aber jetzt wollte sie nur noch allein sein, und das konnte sie nur in ihrem Zimmer. »Nein, Gert. Danke – aber wenn du mich entschuldigen willst, ziehe ich mich für eine Weile auf mein Zimmer zurück.«

»Wenn ich dich entschuldige!«, wiederholte Gert mit leisem Lächeln. »Aber natürlich.«

»Bye-bye«, sagte Helene, ins Englische wechselnd, tätschelte ihm flüchtig den Arm und verschwand im Hotel.

Oben in ihrem Zimmer nahm sie die Mütze ab, schlüpfte aus den Stiefeln und trug sie automatisch in das geflieste Bad, damit die paar Schneereste, die noch an den Sohlen hafteten, nicht auf dem Teppich schmelzen würden. Dann zog sie die Jacke aus und trat ans Fenster. Schwarz ragte der zerklüftete Berggipfel in den fahlen, blassblauen Himmel. Bis auf drei, vier riesige, immergrüne Tannen war der ganze Hang weiß verschneit. Skifahrer waren keine in Sicht, und als ihr das auffiel, fand sie das Panorama plötzlich einsam und melancholisch.

Diese Leute begehren mich alle nur deshalb, weil ich sie jetzt nicht mehr brauche, schoss es Helene durch den Kopf. Das ist bitter, aber dann auch wieder menschlich. Sie haben das Gefühl, ich würde ihnen nichts wegnehmen, womit sie ja auch ganz richtig liegen.

Und die Situation entbehrte nicht der Komik. Wäre sie zum Beispiel hergekommen und hätte sich in den Franzosen verliebt oder, falls sie noch jünger gewesen wäre, in Gert, und wenn sie dann versucht hätte, einen der beiden zu erobern, wäre das wahrscheinlich fehlgeschlagen. Sie war keine Schönheit. Es hatte in ihrem Leben ein paar Männer gegeben – zwei oder drei –, zu denen sie sich hingezogen fühlte, aber es war ihr nicht gelungen, sie auf sich aufmerksam zu machen. Helene lächelte auf die Landschaft vor dem Fenster hinab. Sie war wieder schön, wunderschön sogar. Auch sie selbst kam sich seltsam schön vor – und seltsam rein und schuldlos. Kein Mensch wirkt anziehender auf die Welt als der, der im Begriff steht, sie zu verlassen, dachte Helene. Und wahrscheinlich erscheint einem auch die Welt nie schöner als in diesem Augenblick, aber es ist nicht die Art Schönheit, die man begehrt, die man besitzen möchte oder der man nachtrauert, wenn man sie aufgeben muss. Sie war erfüllt von der beglückenden Gewissheit, dass die

Welt weiterbestehen würde – mit allmählichen Veränderungen zwar, aber unverändert schön, wie eben jetzt.

Nachdem sie sich um elf Uhr vormittags mit solchen Gedanken getragen hatte, traf Signora Cacciaguerras seltsames Anliegen sie um halb eins folglich nicht ganz unvorbereitet. Helene war vor dem Lunch auf ein Kirschwasser heruntergekommen, doch noch auf dem Weg zur Bar fing Signora Cacciaguerra, eine eher kleine Brünette um die vierzig, gutgekleidet und sehr gepflegt, sie in der Halle ab. Die Signora bat darum, Helene einen Moment allein sprechen zu dürfen, und Helene schlug vor, in die Bar zu gehen.

Signora Cacciaguerra wirkte ziemlich fahrig, und ihre Stirn legte sich in bange Falten. »Ach bitte, würde es Ihnen etwas ausmachen, wenn wir uns in Ihrem Zimmer unterhielten?«

»Ist etwas mit Ihrem Mann?«, fragte Helene, die unwillkürlich an einen Skiunfall dachte.

»Nein, nichts dergleichen«, antwortete die Signora und deutete zum Lift hinüber. »Könnten wir –«

»Ja, natürlich.« Helene folgte ihr in den Fahrstuhl. Oben in ihrem Zimmer sagte Helene: »Wenn Sie möchten, können wir uns etwas zu trinken heraufkommen lassen.« Und als Signora Cacciaguerra stumm blieb, bestellte Helene beim Zimmerkellner ein Kirschwasser und einen Americano. »Bitte setzen Sie sich doch, Signora«, sagte Helene schon zum zweiten Mal.

Endlich nahm Signora Cacciaguerra auf der Sesselkante Platz. »Sie finden das vielleicht sehr merkwürdig... nein, bestimmt kommt es Ihnen merkwürdig vor, dass eine Ehefrau zu Ihnen kommt, um... Aber mein Mann...« Sie suchte nach Worten, lächelte und nahm einen neuen Anlauf. »Er benimmt sich auf einmal ganz eigenartig. Nicht... ich meine, er hat nicht direkt etwas gesagt, aber er sieht Sie dauernd an, und er träumt mit offenen Augen von Ihnen. Das müssen Sie doch auch gemerkt haben.«

Helene war nichts Besonderes aufgefallen, weil Signor Cacciaguerra sie nicht öfter ansah als drei oder vier andere Männer und Frauen auch – einschließlich der Signora Cacciaguerra.

»Und er ist neuerdings auch so launenhaft – abwechselnd euphorisch und todtraurig. Dauernd starrt er aus dem Fenster. Aber nach draußen gehen mag er nicht. Das Komische daran ist, dass ich nicht eifersüchtig auf Sie bin«, sagte die Frau und lachte kurz auf. »Es mag abwegig klingen, aber ich bin gekommen, um Ihren Rat einzuholen. Wie wäre es zum Beispiel –«

»Zum Beispiel?«

»Wollen wir heute Abend zusammen essen? Vielleicht würde es helfen, wenn mein Mann Ihnen näherkommen könnte. Hin und wieder spricht er nämlich von Ihnen, und es ist gerade die Art, wie er von Ihnen spricht, die ich so sonderbar finde. Dass er sich ab und zu für andere Frauen interessiert, das bin ich schon gewohnt, glauben Sie mir, aber nicht so. Sie stellt er auf ein Podest.«

Just in dem Moment klopfte der Page, der die Getränke brachte, und Helene war froh über die Unterbrechung. Sie nahm einen Zehnschillingschein aus ihrer Handtasche, gab ihn dem Pagen und bedankte sich.

»Danke vielmals, gnädige Frau«, sagte der Junge, stellte das Tablett auf den Frisiertisch und ging.

Helene reichte Signora Cacciaguerra den Americano. »Hoffentlich schmeckt Ihnen so was.«

»Sehr sogar. In Mailand trinke ich ständig amerikanische Cocktails. *Cheers!*«

Helene prostete ihr ebenfalls auf Englisch zu. Ansonsten hatte Signora Cacciaguerra italienisch gesprochen und Helene französisch, das ihr geläufiger war. An jenem Abend, als man nach dem Essen in großer Runde beisammensaß, hatten sich alle auf Französisch verständigt. »Es ist so schön hier, um sich von Kleinigkeiten die Laune verderben zu lassen. Außerdem reise ich in ein paar Tagen ab, falls Ihnen das ein Trost ist«, erklärte Helene fröhlich.

»O nein, durchaus nicht. Und ich bedaure keineswegs, Sie kennengelernt zu haben.« Signora Cacciaguerra erwiderte Helenes Lächeln ebenso herzlich. »Wissen Sie, jetzt fühle ich mich schon viel besser. Aber was ist nun mit heute Abend? Essen wir zusammen?«

»Heute Abend bin ich schon mit Monsieur Lemaitre verabredet. Aber könnten wir nicht alle an einem Tisch sitzen?«

»Nein, das wäre Monsieur Lemaitre bestimmt nicht recht«, sagte Signora Cacciaguerra liebenswürdig. »Und genauso wenig wird es meinem Mann gefallen, dass Monsieur Lemaitre mit Ihnen zu Abend isst.« Eine Erkenntnis, die sie zum Lachen reizte.

Helene, die während des ganzen Gesprächs stehengeblieben war, lächelte dazu. Sie würde heute überhaupt nicht zu Abend essen. Sie hatte plötzlich das Gefühl, dass der heutige Abend ihr Abend war.

Signora Cacciaguerra blieb noch ein paar Minuten, trank ihren Americano aus und erzählte Helene von ihren beiden Söhnen in Mailand. Sie waren elf und dreizehn Jahre alt und sehr verschieden. Der Ältere träumte von einer Zukunft als Maler, der

Jüngere wollte Ingenieur werden und Wolkenkratzer bauen. Sie waren so unterschiedlich, dass sie inzwischen getrennte Zimmer beanspruchten. »Ich würde Ihnen meine Kinder gern vorstellen«, sagte sie begeistert. »Kommen Sie gelegentlich nach Mailand?«

»Leider höchstens alle fünf Jahre einmal.«

Signora Cacciaguerra gab Helene trotzdem ihre Adresse, dann ging sie als Erste hinunter. Sie wolle nicht, sagte sie, dass ihr Mann sie zusammen sähe, weil er sonst womöglich erraten könnte, dass und worüber sie mit ihr gesprochen habe.

Helene folgte ihr ein paar Minuten später. Am Eingang zum Speisesaal traf sie André, der sie einlud, zusammen mit ihm und einem Freund, der eben aus Paris eingetroffen sei, zu Mittag zu essen.

»Das heißt, falls Sie keine Angst haben, sich zu langweilen, wenn Sie zum Abendessen schon wieder mit mir vorliebnehmen müssen«, setzte André hinzu.

Helene nahm die Einladung an.

Am Nachmittag packte Helene der Ordnung halber ihren Koffer und bat die Rezeption, ihre Rechnung fertigzumachen. Der Hoteldirektor zeigte sich überrascht, dass sie schon so bald wieder fortwollte, und Helene sagte, sie würde wahrscheinlich erst am nächsten Tag abreisen, wolle aber die Rechnung beizeiten begleichen. Sie bezahlte einen Tag extra und schob ein stattliches Trinkgeld unter die Lampe auf ihrem Nachttisch. Für Käthe, das Zimmermädchen, legte sie hundertfünfzig Schilling in ein Hotelkuvert. Gerts Brosche steckte sie ebenfalls in einen Umschlag, erwog, ein paar Zeilen dazuzuschreiben, und entschied sich dagegen. Sie adressierte den Umschlag lediglich an Gert von Böchlein. An ihren Mann oder ihren Sohn brauchte sie nicht zu schreiben, obwohl sie beiden ein freundschaftliches Lebewohl hätte senden können. Aber so ein Abschiedsbrief würde sie nur unnötig aufwühlen und ihrem Sohn später, wenn er erwachsen war, erneut weh tun, sofern ihm überhaupt je etwas weh tun konnte. Die Einzigen, von denen sie sich hatte verabschieden wollen und denen sie auch Lebewohl gesagt hatte, waren ihre fidelen Freundinnen am Münchner Hauptbahnhof am Tag ihrer Abreise nach Alpenbach.

Um sechs Uhr verließ sie in Skianzug mit Mütze und Fäustlingen das Hotel. Zu dieser Stunde nahmen die meisten Gäste ein Bad und kleideten sich für den Abend um, und sie war froh, dass ihr in der Halle niemand begegnete. Als sie den verschneiten Fußweg einschlug und sich an den Aufstieg machte, ging sie davon aus, dass sie den Gipfel erst bei völliger Dunkelheit erreichen würde. Sie bedauerte es, dem Hotel durch einen Todesfall Unannehmlichkeiten zu bereiten, aber der Tod war vermutlich immer unangenehm: Wenn man beispielsweise ins Wasser ging, würden viele Menschen tagelang nach dem Leichnam suchen müssen; und wenn die Leiche Tage oder Wochen später unverhofft am Flussufer auftauchte, würde auch das lästige Scherereien verursachen. Immerhin würde sie nicht direkt im Hotel sterben. Sie nahm an, sie würde in einer meterhohen Schneewächte landen und dort entweder erfrieren oder ersticken. Doch solche Vorstellungen erschreckten sie nicht länger, waren bedeutungslos geworden. Und was, wenn ich Gert auf dem Gipfel treffe und er das Gleiche vorhat wie ich?, dachte Helene und lachte leise, so sicher war sie, dass er sich nichts antun würde.

Als sie sich dem Gipfel näherte, konnte sie den Weg schon nicht mehr erkennen. Mit beiden Händen zog sie sich an den kahlen, zerklüfteten Felswänden empor. Oben angekommen, zögerte sie nicht länger als zehn Sekunden. Sie hielt nur inne, um ein paarmal tief Luft zu holen, dann machte sie einen Schritt nach vorn, stürzte kopfüber vom Felsrand und ließ sich ins Bodenlose fallen. Der Wind pfiff ihr durch die Mütze hindurch in die Ohren. Obwohl sie im Sturzflug hinabsauste, fühlte sie sich schwerelos, körperlos. Sie sah ihr ganzes Leben vorbeiziehen, von der blondgelockten Kindheit über ihre Studienjahre, die Ehe und deren allmähliches Scheitern bis zu den letzten Etappen ihres Lebens in München… aber alles ging so rasch, dass es eine einzige Panoramaaufnahme hätte sein können, ein Schnappschuss… *klick!* Und alles in allem, dachte sie, war das Leben gar nicht so schlecht. Das war ihr letzter Gedanke, bevor es endgültig *klick!* machte und finster wurde.

Julian Barnes

Ein perfekter Flirt

Anfang der neunziger Jahre war er einmal in Zürich gewesen und dort in einen schmucklosen, wenig einladenden Zug nach München gestiegen. Der Grund für diese Schäbigkeit wurde bald ersichtlich: Die Endstation war Prag, und es handelte sich um altes kommunistisches rollendes Material, das gnädigerweise die untadelig kapitalistischen Gleise beflecken durfte. Am Fenster saß ein tweedgewandetes Schweizer Paar, mit Reisedecken, Butterbroten und älteren Koffern bepackt (das war schon in Ordnung, ein Koffer konnte – sollte sogar – älter sein), die nur ein Herr in mittleren Jahren aus England in das Gepäcknetz zu wuchten vermochte. Ihm gegenüber saß eine große, blonde Schweizerin in scharlachroter Jacke und schwarzen Hosen, die ein gewisses Goldgeklimper verbreitete. Er hatte sich gedankenlos wieder seiner europäischen Ausgabe des *Guardian* zugewandt. Der Zug hatte gemächlich holpernd die ersten Kilometer zurückgelegt, und wenn er langsamer wurde, ging jedes Mal neben ihm mit lautem Knall die Abteiltür auf. Dann fuhr der Zug wieder schneller, und die Tür polterte mit einem weiteren ungedämpften Krachen wieder zu. Alle paar Minuten wurden ein, zwei oder gar vier stumme Flüche gegen einen unbekannten tschechischen Wagenkonstrukteur ausgestoßen. Nach einer Weile legte die Schweizerin ihre Zeitschrift hin, setzte eine dunkle Brille auf und lehnte den Kopf zurück. Die Tür knallte noch ein paarmal, bis der Herr aus England den Fuß dagegenstellte. Dazu musste er sich etwas verdrehen, und in dieser unbequemen, wachsamen Haltung verharrte er etwa eine halbe Stunde lang. Sein Dienst endete, als ein Schaffner mit der Metallzange an das Fenster klopfte (ein Geräusch, das er schon jahrzehntelang nicht mehr gehört hatte). Sie wachte auf, zeigte ihre Fahrkarte vor, und als der Beamte gegangen war, sah sie ihn an und sagte:

»Vous avez bloqué la porte, je crois.«

»Oui. Avec mon pied«, hatte er pedantisch erläutert. Und dann, ebenso unnötig: »Vous dormiez.«

»Grâce à vous.«

Sie fuhren an einem See vorüber. Welcher das sei, hatte er gefragt. Sie konsultierte das andere Paar auf Deutsch. »Der Bodensee«, sagte sie. »Hier ist das einzige Schweizer U-Boot gesunken, weil man vergessen hatte, die Tür zuzumachen.«

»Wann war das?«, fragte er.

»Das sollte ein Witz sein.«

»Aha...«

»Je vais manger. Vous m'accompagnerez?«

»Bien sûr.«

Im Speisewagen wurden sie von breithüftigen tschechischen Kellnerinnen mit müdem Gesicht und naturbelassenem Haar bedient. Er bestellte ein Pils und eine Prager Omelette, sie einen unansehnlichen Haufen von diesem und jenem mit einer Scheibe Rindfleisch, Speck und einem grausam zugerichteten Spiegelei obendrauf. Seine Omelette erschien ihm so köstlich wie diese unverhoffte Situation. Er trank Kaffee, sie ein Glas heißes Wasser, in dem ein Teebeutel Marke Winston Churchill baumelte. Noch ein Pils, noch ein Tee, noch ein Kaffee, eine Zigarette, während die sanfte deutsche Landschaft vorüberratterte. Sie waren sich uneins gewesen über das Unglücklichsein. Sie sagte, Unglücklichsein käme vom Kopf, nicht vom Herzen her und würde von den im Kopf entstehenden falschen Vorstellungen hervorgerufen; er sah die Sache pessimistischer, unheilbarer und behauptete, Unglücklichsein käme ausschließlich vom Herzen her. Sie nannte ihn *Monsieur*, und sie redeten sich schicklicherweise per *vous* an; er fand die Spannung zwischen dieser sprachlichen Förmlichkeit und der unterstellten Intimität höchst sinnlich. Er lud sie zu seinem Vortrag am selben Abend in München ein. Sie antwortete, sie habe eigentlich nach Zürich zurückfahren wollen. Auf dem Bahnsteig in München hatten sie sich auf beide Wangen geküsst, und er hatte gesagt: »A ce soir, peut-être, sinon à un autre train, une autre ville…« Es war ein vollendeter Flirt gewesen, dessen Vollendung sich dadurch bestätigte, dass sie nie zu seinem Vortrag erschien.

Kurt Tucholsky

Die Kunst, falsch zu reisen

> Wem Gott will rechte Gunst erweisen,
> den schickt er in die –
> »Alice! Peter! Sonja! Legt mal die Tasche hier in das Gepäcknetz, nein, da! Gott, ob einem die Kinder wohl mal helfen! Fritz, iss jetzt nicht alle Brötchen auf. Du hast eben gegessen!«
> in die weite Welt!

Wenn du reisen willst, verlange von der Gegend, in die du reist, *alles*: schöne Natur, den Komfort der Großstadt, kunstgeschichtliche Altertümer, billige Preise, Meer, Gebirge – also: vorn die Ostsee und hinten die Leipziger Straße. Ist das nicht vorhanden, dann schimpfe.

Wenn du reist, nimm um Gottes willen keine Rücksicht auf deine Mitreisenden – sie legen es dir als Schwäche aus. Du hast bezahlt – die andern fahren alle umsonst. Bedenke, dass es von ungeheurer Wichtigkeit ist, ob du einen Fensterplatz hast oder nicht; dass im Nichtraucher-Abteil einer raucht, muss sofort und in den schärfsten Ausdrücken gerügt werden – ist der Schaffner nicht da, dann vertritt ihn einstweilen und sei Polizei, Staat und rächende Nemesis in einem. Das verschönt die Reise. Sei überhaupt unliebenswürdig – daran erkennt man den *Mann*.

Im Hotel bestellst du am besten ein Zimmer und fährst dann anderswohin. Bestell das Zimmer nicht ab; das hast du nicht nötig – nur nicht weich werden.

Bist du im Hotel angekommen, so schreib deinen Namen mit allen Titeln ein… Hast du keinen Titel… Verzeihung… ich meine: wenn einer keinen Titel hat, dann erfinde er sich einen. Schreib nicht: ›Kaufmann‹, schreib: ›Generaldirektor‹. Das hebt sehr. Geh sodann unter heftigem Türenschlagen in dein Zimmer, gib um Gottes willen dem Stubenmädchen, von dem du ein paar Kleinigkeiten extra verlangst, kein Trinkgeld, das verdirbt das Volk; reinige deine staubigen Stiefel mit dem Handtuch, wirf ein Glas entzwei (sag es aber keinem, der Hotelier hat so viele Gläser!), und begib dich sodann auf die Wanderung durch die fremde Stadt.

In der fremden Stadt musst du zuerst einmal alles genauso haben wollen, wie es bei dir zu Hause ist – hat die Stadt das nicht, dann taugt sie nichts. Die Leute müssen also rechts fahren, dasselbe Telefon haben wie du, dieselbe Anordnung der Speisekarte und dieselben Retiraden. Im Übrigen sieh dir *nur* die Sehenswürdigkeiten an, die im Baedeker stehen. Treibe die Deinen erbarmungslos an alles heran, was im Reisehandbuch einen Stern hat – lauf blind an allem andern vorüber, und vor allem: rüste dich richtig aus. Bei Spaziergängen durch fremde Städte trägt man am besten kurze Gebirgshosen, einen kleinen grünen Hut (mit Rasierpinsel), schwere Nagelschuhe (für Museen sehr geeignet) und einen derben Knotenstock. Anseilen nur in Städten von 500 000 Einwohnern aufwärts.

Wenn deine Frau vor Müdigkeit umfällt, ist der richtige Augenblick gekommen, auf einen Aussichtsturm oder auf das Rathaus zu steigen; wenn man schon mal in der Fremde ist, muss man alles mitnehmen, was sie einem bietet. Verschwimmen dir zum Schluss die Einzelheiten vor Augen, so kannst du voller Stolz sagen: Ich hab's geschafft.

Mach dir einen Kostenvoranschlag, bevor du reist, und zwar auf den Pfennig genau, möglichst um hundert Mark zu gering – man kann das immer einsparen. Dadurch nämlich, dass man überall handelt; dergleichen macht beliebt und heitert überhaupt die Reise auf. Fahr lieber noch ein Endchen weiter, als es dein Geldbeutel gestattet, und bring den Rest dadurch ein, dass du zu Fuß gehst, wo die Wagenfahrt angenehmer ist; dass du zu wenig

Trinkgelder gibst; und dass du überhaupt in jedem Fremden einen Aasgeier siehst. Vergiss dabei nie die Hauptregel jeder gesunden Reise:

Ärgere dich!

Sprich mit deiner Frau nur von den kleinen Sorgen des Alltags. Koch noch einmal allen Kummer auf, den du zu Hause im Büro gehabt hast; vergiss überhaupt nie, dass du einen Beruf hast.

Wenn du reisest, so sei das Erste, was du nach jeder Ankunft in einem fremden Ort zu tun hast: Ansichtskarten zu schreiben. Die Ansichtskarten brauchst du nicht zu bestellen: Der Kellner sieht schon, dass du welche haben willst. Schreib unleserlich – das lässt auf gute Laune schließen. Schreib überall Ansichtskarten: in der Bahn, in der Tropfsteingrotte, auf den Bergesgipfeln und im schwanken Kahn. Brich dabei den Füllbleistift ab und gieß Tinte aus dem Federhalter. Dann schimpfe.

Das Grundgesetz jeder richtigen Reise ist: *Es muss was los sein* – und du musst etwas ›vorhaben‹. Sonst ist die Reise keine Reise. Jede Ausspannung von Beruf und Arbeit beruht darin, dass man sich ein genaues Programm macht, es aber nicht innehält – hast du es nicht innegehalten, gib deiner Frau die Schuld.

Verlang überall ländliche Stille; ist sie da, schimpfe, dass nichts los ist. Eine anständige Sommerfrische besteht in einer Anhäufung derselben Menschen, die du bei dir zu Hause siehst, sowie in einer Gebirgsbar, einem Oceandancing und einer Weinabteilung. Besuche dergleichen – halte dich dabei aber an deine gute, bewährte Tracht: kurze Hose, kleiner Hut (siehe oben). Sieh dich sodann im Raume um und sprich: »Na, elegant ist es hier gerade nicht!« Haben die andern einen Smoking an, so sagst du am besten: »Fatzkerei, auf die Reise einen Smoking mitzunehmen!« – hast *du* einen an, die andern aber nicht, mach mit deiner Frau Krach. Mach überhaupt mit deiner Frau Krach.

Durcheile die fremden Städte und Dörfer – wenn dir die Zunge nicht heraushängt, hast du falsch disponiert; außerdem ist der Zug, den du noch erreichen musst, wichtiger als eine stille Abendstunde. Stille Abendstunden sind Mumpitz; dazu reist man nicht.

Auf der Reise muss alles etwas besser sein, als du es zu Hause hast. Schieb dem Kellner die nicht gut eingekühlte Flasche Wein mit einer Miene zurück, in der geschrieben steht: »Wenn mir mein Haushofmeister den Wein so aus dem Keller bringt, ist er entlassen!« Tu immer so, als seist du aufgewachsen bei …

Mit den lächerlichen Einheimischen sprich auf alle Fälle gleich von Politik, Religion und dem

Krieg. Halte mit deiner Meinung nicht hinterm Berg, sag alles frei heraus! Immer gib ihm! Sprich laut, damit man dich hört – viele fremde Völker sind ohnehin schwerhörig. Wenn du dich amüsierst, dann lach, aber so laut, dass sich die andern ärgern, die in ihrer Dummheit nicht wissen, worüber du lachst. Sprichst du fremde Sprachen nicht sehr gut, dann schrei: Man versteht dich dann besser.

Lass dir nicht imponieren.

Seid ihr mehrere Männer, so ist es gut, wenn ihr an hohen Aussichtspunkten etwas im Vierfarbendruck singt. Die Natur hat das gerne.

Handele. Schimpfe. Ärgere dich. Und mach Betrieb.

Die Kunst, richtig zu reisen

Entwirf deinen Reiseplan im Großen – und lass dich im Einzelnen von der bunten Stunde treiben.

Die größte Sehenswürdigkeit, die es gibt, ist die Welt – sieh sie dir an.

Niemand hat heute ein so vollkommenes Weltbild, dass er alles verstehen und würdigen kann: Hab den Mut zu sagen, dass du von einer Sache nichts verstehst.

Nimm die kleinen Schwierigkeiten der Reise nicht so wichtig; bleibst du einmal auf einer Zwischenstation sitzen, dann freu dich, dass du am Leben bist, sieh dir die Hühner an und die ernsthaften Ziegen, und mach einen kleinen Schwatz mit dem Mann im Zigarrenladen.

Entspanne dich. Lass das Steuer los. Trudele durch die Welt. Sie ist so schön: Gib dich ihr hin, und sie wird sich dir geben.

Nachweis

Julian Barnes (* 19. Januar 1946, Leicester)
Ein perfekter Flirt (Titel des Herausgebers). Aus dem Englischen von Gertraude Krueger. Auszug aus der Erzählung: Der Tunnel. Aus: Julian Barnes, Dover-Calais. Haffmans Verlag, Zürich 1996. Copyright © 1996 by Julian Barnes.

Doris Dörrie (* 26. Mai 1955, Hannover)
Winnetous rechter Fuß. Aus: Doris Dörrie, Für immer und ewig. Copyright © 1991 by Diogenes Verlag, Zürich.

Friedrich Dürrenmatt (5. Januar 1921, Konolfingen bei Bern – 14. Dezember 1990, Neuchâtel)
Der Kahnfahrer. Zuerst erschienen im Tintenfass Nr. 27, Diogenes Verlag, Zürich. Aus dem Nachlass von Friedrich Dürrenmatt, der sich im Schweizerischen Literaturarchiv in Bern befindet. Copyright © 2003 by Diogenes Verlag, Zürich.

F. Scott Fitzgerald (24. September 1896, St. Paul / Minnesota – 21. Dezember 1940, Hollywood)
Die rauhe Überfahrt. Aus dem Amerikanischen von Walter E. Richartz. Aus: F. Scott Fitzgerald, Drei Stunden zwischen zwei Flügen. Copyright © 2006 by Diogenes Verlag, Zürich.

Arnon Grünberg (*22. Februar 1971, Amsterdam)
Uschi und Septembrius. Aus dem Niederländischen von Rainer Kersten. Abdruck mit freundlicher Genehmigung des Autors. Copyright © 2007 by Diogenes Verlag, Zürich.

Elke Heidenreich (* 15. Februar 1943, Korbach / Waldeck)
Kleine Reise. Aus: Elke Heidenreich, Kolonien der Liebe, Erzählungen. Copyright © 1992 by Rowohlt Verlag GmbH, Reinbek bei Hamburg.

Patricia Highsmith (19. Januar 1921, Fort Worth / Texas – 4. Februar 1995, Locarno / Tessin)
Nichts Auffallendes. Aus dem Amerikanischen von Christa E. Seibicke. Aus: Patricia Highsmith, Die Augen der Mrs. Blynn. Copyright © 2002 by Diogenes Verlag, Zürich.

John Irving (* 2. März 1942, Exeter / New Hampshire)
Die Pension Grillparzer. Aus dem Amerikanischen von Irene Rumler. Für die deutsche Ausgabe Copyright © 2001 Diogenes Verlag, Zürich.

Dezsö Kosztolányi (29. März 1885, Szabadka [heute Subotica] – 3. November 1936, Budapest)
Der Schaffner (Titel des Herausgebers). Aus dem Ungarischen von Christina Viragh. Auszug aus: Dezsö Kosztolányi, Ein Held seiner Zeit. Die Bekenntnisse des Kornél Esti. Copyright © 2004 by Rowohlt Berlin Verlag GmbH, Berlin.

Andrej Kurkow (* 23. April 1961, St. Petersburg)
Die letzte Landung. Aus dem Russischen von Angelika Schneider. Aus: Tintenfass Nr. 24. Copyright © 2000 Diogenes Verlag, Zürich.

Loriot, eigentlich Bernhard-Viktor Christoph-Karl von Bülow (12. November 1923, Brandenburg an der Havel – 22. August 2011, Ammerland am Starnberger See)
Hasch. Aus: Loriot, Gesammelte Prosa. Copyright © 2006 Diogenes Verlag, Zürich.

W. Somerset Maugham (25. Januar 1874, Paris – 16. Dezember 1965, Cap Ferrat)
Mister Allwissend. Aus dem Englischen von Friedrich Torberg. Aus: W. Somerset Maugham, Der Rest der Welt. Ge-

sammelte Erzählungen II. Copyright © 2005 Diogenes Verlag, Zürich.

Sławomir Mrożek (29. Juni 1930, Borzecin, Polen – 15. August 2013, Nizza)
Der Nachtexpress. Aus dem Polnischen von Christa Vogel. Aus: Sławomir Mrożek, Das Leben für Anfänger. Copyright © 2004 by Diogenes Verlag, Zürich.

Vladimir Nabokov (23. April 1899, St. Petersburg – 2. Juli 1977, Lausanne)
Wolke, Burg, See. Aus dem Englischen von Dieter E. Zimmer. Aus: Vladimir Nabokov, Erzählungen 2, 1935–1951. Gesammelte Werke Band 14. Copyright © 1966, 1983, 1984, 1989 Rowohlt Verlag GmbH, Reinbek bei Hamburg.

Ingrid Noll (* 29. September 1935, Schanghai)
Der Schnappschuss. Aus: Ingrid Noll, Falsche Zungen. Copyright © 2004 by Diogenes Verlag, Zürich.

Joachim Ringelnatz, eigentlich Hans Bötticher (7. August 1883, Wurzen bei Leipzig – 16. November 1934, Berlin)
Die wilde Miss vom Ohio. Aus: Joachim Ringelnatz, Die wilde Miss vom Ohio. © 1994 by Diogenes Verlag, Zürich.

Bernhard Schlink (* 6. Juli 1944, Bielefeld)
Die Frau an der Tankstelle. Aus: Bernhard Schlink, Liebesfluchten. Copyright © 2000 by Diogenes Verlag, Zürich.

Meir Shalev (* 29. Juli 1948, Nahalal / Israel)
Der freundliche Gasthof. Aus dem Hebräischen von Mirjam Pressler. Aus: Tintenfass Nr. 27, Diogenes Verlag, Zürich 2003. Abdruck mit freundlicher Genehmigung des Autors und der Agentur Liepmann, Zürich.

Martin Suter (* 29. Februar 1948, Zürich)
Ferienplanung. Aus: Martin Suter, Huber spannt aus. Copyright © 2005 by Diogenes Verlag, Zürich.

Kurt Tucholsky (9. Januar 1890, Berlin – 21. Dezember 1935, Göteborg)

Die Kunst, falsch zu reisen. Aus: Kurt Tucholsky, Ausgewählte Werke. Rowohlt Verlag GmbH, Reinbek bei Hamburg.

Urs Widmer (21. Mai 1938, Basel – 2. April 2014, Zürich)

In Hotels. Aus: Urs Widmer, Vor uns die Sintflut. Copyright © 1998 by Diogenes Verlag, Zürich.

Leon de Winter (* 26. Februar 1954, 's-Hertogenbosch)

Der Schmetterlingsfänger (Titel des Herausgebers). Aus dem Niederländischen von Hanni Ehlers. Auszug aus: Leon de Winter, Leo Kaplan. Copyright © 2002 by Diogenes Verlag, Zürich.

Das Diogenes Hörbuch zum Buch

Früher war mehr Strand
Hinterhältige Reisegeschichten

Enthält:
Ingrid Noll, *Der Schnappschuss*
Gelesen von Cordula Trantow

Doris Dörrie, *Ohne Gepäck*
Autorenlesung

Martin Suter, *Der letzte Kofferträger*
Live-Autorenlesung

Friedrich Dürrenmatt, *Der Kahnfahrer*
Gelesen von Hans Korte

Sławomir Mrożek, *Der Nachtexpress*
Gelesen von Christian Ulmen

Leon de Winter, *Der Schmetterlingsfänger*
Gelesen von Hans Korte

Urs Widmer, *In Hotels*
Live-Autorenlesung

1 CD, Spieldauer 72 Min.

Bernhard Schlink im Diogenes Verlag

»Bernhard Schlink gehört zu den größten Begabungen der deutschen Gegenwartsliteratur. Er ist ein einfühlsamer, scharf beobachtender und überaus intelligenter Erzähler. Seine Prosa ist klar, präzise und von schöner Eleganz.«
Michael Kluger / Frankfurter Neue Presse

»Makellos-schlichte Prosa. Schlink ist ein Meister der deutschen Sprache.«
Eckhard Fuhr / Die Welt, Berlin

Die gordische Schleife
Roman

Selbs Betrug
Roman

Der Vorleser
Roman
Auch als Diogenes Hörbuch erschienen, gelesen von Hans Korte

Liebesfluchten
Geschichten
Sämtliche Geschichten unter dem Titel *Liebesfluchten* auch als Diogenes Hörbuch erschienen, gelesen von Charles Brauer; außerdem die Geschichte *Seitensprung* als Diogenes Hörbuch, gelesen von Charles Brauer

Selbs Mord
Roman

Vergewisserungen
Über Politik, Recht, Schreiben und Glauben

Die Heimkehr
Roman
Auch als Diogenes Hörbuch erschienen, gelesen von Hans Korte

Vergangenheitsschuld
Beiträge zu einem deutschen Thema

Das Wochenende
Roman
Auch als Diogenes Hörbuch erschienen, gelesen von Hans Korte

Sommerlügen
Geschichten
Auch als Diogenes Hörbuch erschienen, gelesen von Hans Korte

Gedanken über das Schreiben
Heidelberger Poetikvorlesungen

Selb-Trilogie
Selbs Justiz · Selbs Betrug · Selbs Mord
Drei Bände im Schuber

Außerdem erschienen:

Bernhard Schlink & Walter Popp
Selbs Justiz
Roman
Auch als Diogenes Hörbuch erschienen, gelesen von Hans Korte

Martin Suter im Diogenes Verlag

»Martin Suter hat die seltene Gabe, Schweres leicht erscheinen zu lassen. Er schreibt einen Bestseller nach dem anderen, die inhaltlich wie literarisch glänzen.«
Michael Knoll / Bücher, Kiel

»Wenn es überhaupt einen Schriftsteller gibt, dessen Feder man gern entsprungen wäre, dann ihn.«
Elmar Krekeler / Berliner Morgenpost

Die Romane:

Small World
Roman
Auch als Diogenes Hörbuch erschienen, gelesen von Dietmar Mues

Die dunkle Seite des Mondes
Roman
Auch als Diogenes Hörbuch erschienen, gelesen von Gert Heidenreich

Ein perfekter Freund
Roman

Lila, Lila
Roman
Auch als Diogenes Hörbuch erschienen, gelesen von Daniel Brühl

Der Teufel von Mailand
Roman
Auch als Diogenes Hörbuch erschienen, gelesen von Julia Fischer

Der letzte Weynfeldt
Roman
Auch als Diogenes Hörbuch erschienen, gelesen von Gert Heidenreich

Der Koch
Roman
Auch als Diogenes Hörbuch erschienen, gelesen von Heikko Deutschmann

Die Zeit, die Zeit
Roman
Auch als Diogenes Hörbuch erschienen, gelesen von Gert Heidenreich

Die *Allmen*-Krimiserie:

Allmen und die Libellen
Roman
Auch als Diogenes Hörbuch erschienen, gelesen von Gert Heidenreich

Allmen und der rosa Diamant
Roman
Auch als Diogenes Hörbuch erschienen, gelesen von Gert Heidenreich

Allmen und die Dahlien
Roman
Auch als Diogenes Hörbuch erschienen, gelesen von Gert Heidenreich

Allmen und die verschwundene María
Roman
Auch als Diogenes Hörbuch erschienen, gelesen von Gert Heidenreich

Außerdem erschienen:

Richtig leben mit Geri Weibel
Sämtliche Folgen

Business Class
Geschichten aus der Welt des Managements

Business Class
Neue Geschichten aus der Welt des Managements

Huber spannt aus
und andere Geschichten aus der Business Class

Unter Freunden
und andere Geschichten aus der Business Class

Das Bonus-Geheimnis
und andere Geschichten aus der Business Class

Abschalten
Die Business Class macht Ferien

Business Class
Geschichten aus der Welt des Managements
Diogenes Hörbuch, 1 CD, live gelesen von Martin Suter

Doris Dörrie im Diogenes Verlag

»Es ist vollkommen gleichgültig, ob Sie Doris Dörrie in der Badewanne, im Intercity-Großraumwagen, im Lehnstuhl oder in der Straßenbahn lesen, nur: Lesen Sie sie!« *Deutschlandfunk, Köln*

»Heute streiten sich die Feuilletonisten, ob sie besser Bücher schreiben kann oder besser Filme dreht. Die Antwort ist einfach: Doris Dörrie kann beides.«
Deutschland, Bonn

Liebe, Schmerz und das ganze verdammte Zeug
Vier Geschichten
Daraus die Geschichte *Männer* auch als Diogenes Hörbuch erschienen, gelesen von Anna König

»Was wollen Sie von mir?«
Erzählungen. Mit Fotos von Helge Weindler

Der Mann meiner Träume
Erzählung
Auch als Diogenes Hörbuch erschienen, gelesen von Heike Makatsch

Für immer und ewig
Eine Art Reigen

Bin ich schön?
Erzählungen

Samsara
Erzählungen

Was machen wir jetzt?
Roman

Happy
Ein Drama

Das blaue Kleid
Roman

Mitten ins Herz
und andere Geschichten. Ausgewählt von Daniel Keel. Mit einem Nachwort der Autorin

Und was wird aus mir?
Roman
Auch als Diogenes Hörbuch erschienen, gelesen von Doris Dörrie

Kirschblüten – Hanami
Ein Filmbuch

Alles inklusive
Roman
Auch als Diogenes Hörbuch erschienen, gelesen von Maria Schrader, Petra Zieser, Maren Kroymann und Pierre Sanoussi-Bliss

Kinderbücher:

Mimi
Mit Bildern von Julia Kaergel

Mimi und Mozart
Mit Bildern von Julia Kaergel